Magia e Religião na Inglaterra Medieval

Catherine Rider

Magia e Religião
na Inglaterra Medieval

Tradução:
Fabíola Cardoso

MADRAS

Publicado originalmente em inglês sob o título *Magic and Religion in Medieval England*, por Reaktion Books.
© 2012, Catherine Rider.
Direitos de edição e tradução para o Brasil.
Tradução autorizada do inglês.
© 2014, Madras Editora Ltda.

Editor:
Wagner Veneziani Costa

Produção e Capa:
Equipe Técnica Madras

Tradução:
Fabíola Cardoso

Revisão da Tradução:
Larissa Ono

Revisão:
Arlete Genari
Ana Paula Luccisano
Neuza Rosa

Dados Internacionais de Catalogação na Publicação (CIP)
(Câmara Brasileira do Livro, SP, Brasil)

Rider, Catherine
    Magia e religião na Inglaterra Medieval / Catherine Rider ; tradução Fabíola Cardoso. -- São Paulo : Madras, 2014.
    Título original: Magic and Religion in Medieval England.
    Bibliografia.
    ISBN 978-85-370-0908-6

    1. Inglaterra - História da Igreja - 1066-1485 2. Magia - Aspectos religiosos 3. Magia - Inglaterra I. Título.

14-02904   CDD-261.5

Índices para catálogo sistemático:
  1. Magia e religião : Cristianismo :
     História 261.5

É proibida a reprodução total ou parcial desta obra, de qualquer forma ou por qualquer meio eletrônico, mecânico, inclusive por meio de processos xerográficos, incluindo ainda o uso da internet, sem a permissão expressa da Madras Editora, na pessoa de seu editor (Lei nº 9.610, de 19.2.98).

Todos os direitos desta edição, em língua portuguesa, reservados pela

MADRAS EDITORA LTDA.
Rua Paulo Gonçalves, 88 – Santana
CEP: 02403-020 – São Paulo/SP
Caixa Postal: 12183 – CEP: 02013-970
Tel.: (11) 2281-5555 – Fax: (11) 2959-3090
www.madras.com.br

Impressão e acabamento: Yangraf Gráfica e Editora

Índice

Agradecimentos..7

Referências..9

Introdução 11
   Compreendendo a magia e a religião na Idade Média..............14
   O que é magia?...18
   Magia e a Reforma da Igreja..23

**Capítulo 1 – Prevendo o Futuro e Curando os Doentes:
Magia, Ciência e o Mundo Natural** 33
   Interpretando o Universo 35
   Escolhendo a hora certa 44
   Medicinas natural e não natural 48

**Capítulo 2 – Encantamentos, Rezas e Profecias:
Magia e Religião** 57
   Tirando a sorte 60
   Interpretando sonhos 63
   Palavras para curar os doentes 68
   Quem pode curar e prever o futuro? 75

Capítulo 3 – Mulheres Voadoras, Fadas e Demônios 85
   Crenças sobre seres sobrenaturais..88
   O que são seres sobrenaturais?..96
   Diferenciando contato mágico e contato legítimo 100

Capítulo 4 – Dano e Proteção..109
    Crenças sobre magia nociva..111
    Quão crível era a magia nociva?...................................116
    Contra-atacando a magia nociva..................................124

Capítulo 5 – Canalizando as Estrelas e Invocando Demônios: Textos Mágicos..133
    Escritores pastorais e textos mágicos..........................140
    Histórias de feiticeiros invocadores de demônios.......147

Capítulo 6 – Argumentando Contra a Magia...............157
    Argumentando contra a magia no confessionário.......161
    Pregando contra a magia...166
    Pregando sobre praticantes mágicos............................173

Capítulo 7 – Ação Contra a Magia....................................179
    Ação na paróquia..185
    Ação dos bispos..190
    Penalizando a magia..201

Conclusão – Religião e Magia: Inglaterra Medieval e Além.......207

Bibliografia Selecionada 219
    Fontes primárias impressas...219
    Fontes secundárias 221

Agradecimentos

Muitas pessoas contribuíram para a escrita deste livro, de diferentes formas. Muito da pesquisa foi feita durante o *Junior Research Fellowship,* na *Christ's College,* em Cambridge. E o tempo ininterrupto que passei lá contribuiu bastante para os resultados. A escrita foi feita na Universidade de Exeter; sou muito grata a meus colegas de lá, pelo interesse contínuo e pelo período de licença para pesquisa, e à turma das aulas de Temática Especial "Magia na Idade Média", por me fazer pensar mais ainda sobre muitos aspectos da magia medieval. Michael Leaman, da Reaktion Books, sugeriu escrever este livro em sua forma atual, e ele e um leitor anônimo fizeram muitos comentários úteis nas versões antigas. Neil Ker Memorial Fund, da British Academy, que proveu fundos para um projeto relacionado a manuais sobre confissões, permitiu que eu viajasse a fim de observar manuscritos em Lincoln e Worcester. Jonathan Barry, Simon Barton, David d'Avray, Chris Fletcher, Ian Forrest, Sarah Hamilton, Sophie Page, Laura Sangha e Alex Walsham deram muitos *feedbacks* úteis em esboços destes capítulos.

Meus pais leram o manuscrito inteiro e ajudaram a compilar a bibliografia.

Finalmente, Laurence Bassett tem vivido com muitas conversas sobre magia medieval ao longo dos anos, e é para ele que este livro é dedicado.

Referências

Todas as traduções foram feitas por mim, a não ser que a tradução seja mencionada nas Referências. Em citações de fontes primárias, forneci o latim original se o texto apenas sobrevive em manuscritos ou em antigos livros impressos. Eu também modernizei a escrita de trabalhos ingleses. Muitos trabalhos medievais sobre penitência foram divididos em livros e então subdivididos, talvez diversas vezes, para ajudar os leitores a encontrar seus lugares em diferentes manuscritos nos quais não existiria nenhuma numeração de páginas consistente. Para facilitar a referência, onde não houver uma edição moderna de um texto, anotei essas subdivisões assim como as páginas e o número das folhas em que serão encontradas. Por exemplo:

"Gratian, *Decretum,* 26.1.3" – referência ao *Decretum,* de Gratian, Caso 26, questão 1, capítulo 3;

"John of Freiburg, *Summa; Confessorum*, 1.11.21" – referência ao livro 1, título 11, capítulo 21 da *Summa*; enquanto 'John Bromyard, *Summa Praedicantium*, Sortilegium 1 é referência ao capítulo no *sortilegium*, artigo 1 na *Summa,* de Bromyard.

> bl = London, British Library [Biblioteca Britânica]
> cul = Cambridge University Library [Biblioteca da Universidade de Cambridge]
> obl = Oxford, Bodleian Library [Biblioteca de Bodleian]

Figura 1. Bruxas em cima de vassouras: uma ilustração extraída de *The Famous History of the Lancashire Witches* [A Célebre História das Bruxas de Lancashire] *(c. 1780)*.

Introdução

Em algum ponto do fim do século XII, um evento curioso aconteceu. Enquanto Mestre G (nós não sabemos seu nome verdadeiro) – um membro da casa do Arcebispo de Canterbury – saía de sua casa em uma manhã, conheceu William, um monge. Imediatamente William disse a ele que voltasse para casa, pois encontrar um monge na estrada era um presságio ruim; significava que haveria perigo na jornada. Mestre G recusou-se a ouvir; ele ignorou o conselho do monge, julgando ser conversa fiada. "Não é fundado na raiz da fé", e continuou seu caminho. Porém, mais tarde naquele dia, ele e seu cavalo caíram em um buraco cheio de água e escaparam apenas porque o mesmo monge, William (que por acaso estava próximo dali), mobilizou as pessoas para resgatá-los. Esse incidente foi testemunhado por diversos outros membros da casa do Arcebispo de Canterbury e os levou a questionar. Estaria G errado? As pessoas deveriam confiar em presságios, no final das contas? Um deles recorreu a um amigo, o escritor e clérigo Peter de Blois, em busca de conselhos, e Peter respondeu com uma carta. Nela, ele categoricamente afirmou que jamais deveríamos depositar nossa fé em presságios, ainda que às vezes pareçam tornar-se realidade.[1]

É possível que Peter de Blois simplesmente tenha inventado esse ocorrido porque era uma forma divertida de apresentar seu ponto de vista sobre presságios – a reaparição de William, o monge, para resgatar G parece conveniente demais para ser verdade –, mas mesmo que ele tenha feito isso, sua carta ainda oferece um raro *insight* sobre as crenças em previsões do futuro na Inglaterra medieval, e as formas como conseguiam

---

1. J.-P. Migne, ed., *Patrologia Latina* (Paris, 1855), vol. 207, cols. 190-95.

influenciar o dia a dia da vida e estimular discussões. Estritamente falando, a teologia oficial estava do lado do azarado Mestre G, como apontou Peter de Blois. Por séculos, os clérigos estudiosos medievais definiram a crença em presságios como forma de magia e, às vezes, alegavam que apenas os camponeses ignorantes levavam os presságios a sério. No entanto, a carta de Peter mostra que as coisas eram mais complexas. William, o monge que acreditava em presságios, não era um camponês ignorante e, tampouco, obviamente, o homem que procurou os conselhos de Peter de Blois, já que a resposta dele está escrita em latim. Além disso, membros do clero que acreditavam em presságios podiam justificar suas visões com referências da Bíblia, porque esta possui muitas passagens em que as pessoas previam o futuro, às vezes com a ajuda de sinais vindos de Deus. Peter de Blois enfatizou que essas histórias da Bíblia não nos dão abertura para tentar prever o futuro, mas outros leitores interpretaram de forma diferente. Então, a carta de Peter de Blois possui uma significância que vai além de um grupo de clérigos discutindo se o Mestre G poderia, ou deveria, ter tomado alguma atitude para evitar ensopar-se no buraco. Ela mostra quão complexo era o relacionamento entre magia e religião na Era Medieval e como até os clérigos instruídos poderiam encontrar dificuldade em decidir se algo era mágico ou religioso. Na Inglaterra medieval, assim como em muitos outros lugares e momentos da história, diversas crenças e rituais não oficiais coexistiam com os que eram sancionados oficialmente pela Igreja. Os clérigos instruídos condenavam alguns deles como mágica, mas nem sempre era fácil fazê-lo, porque muitas práticas não oficiais faziam uso de linguajar, rituais e objetos religiosos, e as pessoas que os usavam conseguiam muitas vezes justificar suas práticas citando precedentes da Bíblia, como Peter de Blois falou que algumas pessoas faziam em relação a presságios.

Encantamentos que eram recitados diante de pessoas doentes, para curá-las, muitas vezes invocavam Deus e santos; feitiços para o amor e outros propósitos poderiam fazer uso de substâncias consagradas, como a eucaristia; e uma forma de prever o futuro era por meio de um livro sobre tirar a sorte, intitulado *Lots of the Saints* ou *Lots of the Apostles,* que alegava ser baseado no exemplo deixado pelos Apóstolos no Novo Testamento. Cada uma dessas práticas mantinha uma relação diferente com a religião oficial. Encantos de cura passavam facilmente por rezas e muitos foram vistos como perfeitamente legítimos; mas, do outro lado do espectro, o mau uso de substâncias consagradas para propósitos profanos era regularmente condenado como magia pelos conselhos da Igreja medieval.

Portanto, os membros do clero medieval tinham de estabelecer um limite entre atividades religiosas devotas, porém não oficiais, e magia inaceitável. Também tinham de decidir quão duramente se oporiam às práticas que julgavam inaceitáveis, visto que possuíam recursos limitados e outras prioridades mais urgentes. Essas prioridades ficam claras nos pronunciamentos oficiais que os bispos ingleses medievais faziam para suas dioceses nos conselhos das igrejas que comandavam. Eles mencionavam a magia, mas dedicavam muito mais atenção a outros assuntos. O clero instruiu seus paroquianos sobre doutrinas básicas, como deveriam se comportar, seguindo o celibato e evitando a violência? Os leigos iam à missa aos domingos, obedeciam às regras da Igreja sobre casamento e pagavam seus dízimos?[2] Bispos estavam principalmente interessados em estabelecer objetivos claros para assegurar que tanto os clérigos quanto os leigos alcançassem um padrão mínimo de comportamento. Além disso, era uma tarefa muito mais complexa começar a mexer na massa de práticas e crenças não oficiais, e os resultados eram ainda mais difíceis de medir.

No entanto, o problema sobre como lidar com crenças e práticas religiosas não ortodoxas continuou. Era um problema com o qual os homens do clero sempre tinham de lidar. Os antigos cristãos do Império Romano confrontaram isso quando debateram quais elementos da cultura pagã eram compatíveis com a Cristandade e quais não eram; e a mesma questão voltava sempre que a Cristandade se espalhava pelos povos pagãos do Leste e do Norte da Europa. No entanto, o problema não surgia apenas quando cristãos entravam em contato com não cristãos. Povos que há tempos eram cristãos continuaram a inovar, adaptando a linguagem e os rituais religiosos para servir dentro de suas circunstâncias e mudar suas ideias sobre o que era aceitável. Isso significava que o debate sobre onde traçar a linha entre a magia e a religião não focava a adoração pagã, mas diversas práticas ritualísticas – as coisas que muitas pessoas faziam para adquirir riqueza, prosperidade, boa fortuna e proteção contra o mal. Fica claro pelas leituras de comentários sobre magia feitos por clérigos medievais que havia muitas dessas práticas, e ainda mais foi documentado nos séculos seguintes.[3] Pessoas medievais de todas as classes da sociedade – instruídos e não instruídos, clérigos e leigos, homens e mulheres – tentavam influenciar o mundo ao seu redor das mais variadas formas, e seus

---

2. Norman Tanner e Sethina Watson, "Least of the Laity: the Minimum Requirements for a Medieval Christian", *Journal of Medieval History*, 32 (2006), p. 395-423.

3. Ver Stephen Wilson, *The Magical Universe: Everyday Ritual and Magic in Pre-Modern Europe* (London e New York, 2000).

motivos são fáceis de compreender. Eles viviam em um mundo incerto: a vida era curta, e o risco de um infortúnio devastador de guerra, doenças ou fome estava sempre presente. Eles queriam ser saudáveis e desejavam o mesmo às suas crianças. Esperavam evitar possíveis perigos que se encontravam no futuro. Queriam estar seguros e ser prósperos, ter colheitas garantidas e negociações bem-sucedidas. Almejavam amor e boa relação com pessoas em posições de poder. Eles não apenas buscavam esses objetivos por meio da religião, é claro, mas rezas e rituais religiosos ofereciam uma ferramenta poderosa, pois acreditavam que os auxiliariam. Quando os clérigos escreveram sobre essas práticas, ofereceram vislumbres de uma visão de mundo que era baseada na Cristandade, mas que estendeu a religião para além do padrão mínimo, o que os bispos tentaram reforçar e usar de diversas formas. Muito dessa visão de mundo não é bem conhecido. O que os clérigos diziam a esse respeito é fragmentado e muitas vezes escondido em manuscritos nunca publicados ou pouco estudados. Este livro busca revelar o que são e proporcionar um cenário mais completo da vida religiosa da Inglaterra medieval e a forma como o clero instruído respondia a ela.

Compreendendo a magia e a religião na Idade Média

O relacionamento entre magia e religião na Idade Média há tempos tem chamado a atenção de historiadores, tanto no período de conversão ao Cristianismo quanto nos séculos antes da Reforma. Muito dessa atenção foi estimulada por um livro influente, *Religião e o Declínio da Magia,* de Keith Thomas, que foi publicado pela primeira vez em 1971. A obra de Thomas foca principalmente os séculos XVI e XVII, mas se inicia com um capítulo que ele intitula "Magia na Igreja medieval". Nele, Thomas argumenta que, para fazer com que os pagãos se convertessem, clérigos do começo da Idade Média ofereciam àqueles "magia" cristã para substituir a versão pagã. E por magia ele queria dizer o uso de rituais sagrados e substâncias que servissem a propósitos diários em vez de propósitos de outro mundo; e ele tinha em mente práticas como respingar água-benta para abençoar casas, campos e animais domésticos, ou tocar sinos de igrejas para se proteger de tempestades. Então, para muitas pessoas, a Igreja medieval "agia como um repositório de poder sobrenatural que poderia ser acessado pelo fiel para ajudar seus problemas diários".⁴ Thomas argumenta que esses usos da "magia cristã" persistiram na Inglaterra até a Reforma no século XVI, quando protestantes a acusaram de ser pagã e seu uso foi diminuindo gradualmente.

Desde 1971, muitos historiadores se basearam nas ideias de Thomas. Em particular, um livro de Valerie Flint sobre magia no período antes de 1100, publicado em 1991, argumenta, como Thomas, que alguns missionários cristãos substituíram práticas mágicas pagãs com alternativas cristãs. Essa foi a origem da "magia cristã" de Thomas, mas Flint argumenta que não deveríamos enxergar isso como uma diminuição dos padrões devocionais pelo clero, que era incapaz de evitar que a magia invadisse o Cristianismo. Ao contrário, era uma tentativa calculada e complacente de cristianizar práticas ritualísticas valorizadas e diversas, e então preservar o que era considerado bom sobre o paganismo dentro de um contexto cristão. Apenas em séculos cristãos mais seguros e futuros os clérigos passaram a ver essa "magia cristã" como algo inaceitável, porque a essa altura as circunstâncias nas quais ela surgiu haviam sido esquecidas.⁵

Essas perspectivas se provaram controversas – particularmente o uso da palavra "magia" por Thomas e Flint para descrever práticas que eram muitas vezes sancionadas pelo clero medieval. Por exemplo, *The Stripping of the Altars* [A revelação dos altares], estudo influente de Eamon Duffy sobre religião na Inglaterra dos séculos XV e XVI, argumenta vigorosamente que a então chamada "magia" não era um legado pagão. Pelo contrário, era altamente cristã e formava a base comum da religião medieval inglesa, compartilhada por todos, clérigos e leigos, instruídos e não instruídos, da mesma forma.⁶ Karen Jolly, ao pesquisar sobre os séculos X e XI, também questionou o uso da expressão "magia cristã", apontando que o clero cristão jamais consideraria magia o que eles estavam fazendo. Ao contrário, ela argumenta que é melhor falar em "práticas médias", formas legítimas de usar o poder cristão para influenciar o mundo natural, sem impor ideias modernas sobre o que considera "magia" ou "religião" em textos medievais.⁷

Enquanto isso, outros historiadores exploraram a visão própria da Igreja sobre "magia" e "superstição". Em contraste com os historiadores

---

4. Keith Thomas, *Religion and the Decline of Magic* (London, 1971), p. 32.
5. Valerie Flint, *The Rise of Magic in Early Medieval Europe* (Oxford, 1991), p. 83-4.
6. Eamon Duffy, *The Stripping of the Altars: Traditional Religion in England, 1400-1580* (New Haven, CT, 1992), capítulo 8.
7. Karen Jolly, *Popular Religion in Late Saxon England* (Chapel Hill, NC, 1996), p. 15-18, 89-90.

mencionados até então, esses escritores não iniciaram com o que os medievais estavam fazendo e perguntaram se deveríamos enxergar isso como "magia". Ao contrário, eles questionaram com o que os próprios clérigos estavam preocupados. Muitos livros sobre isso foram escritos na Alemanha entre 1970 e 1980, e mais recentemente outros historiadores começaram a discutir a atitude da Igreja quanto à "superstição", incluindo Euan Cameron, Michael Bailey e Kathleen Kamerick.[8] Enquanto Duffy debate práticas que eram amplamente compartilhadas por clérigos e leigos, esses historiadores focam nos aspectos da vida religiosa que provocavam debate e ansiedade, e no clérigo instruído que não se preocupava com o fato de a magia invadir a religião. Esses autores buscam abordagens bem diferentes, mas possuem uma coisa em comum: todos eles se concentram nos extremos da Idade Média; o começo da Idade Média, antes de 1100, ou o período que seguiu desde 1400 até a Reforma no século XVI. Em contrapartida, o período entre 1100 e o século XV recebeu muito menos atenção, apesar de um livro de Carl Watkins discutir (entre outras coisas) a relação entre magia e religião na Inglaterra do século XII.[9] Ao contrário, historiadores que investigaram a magia nesses séculos focaram em outros assuntos: particularmente a mudança de atitude dos intelectuais em relação à magia (especialmente teólogos acadêmicos e advogados) e os textos medievais sobreviventes que mostravam às pessoas como praticar magia. A atitude da Igreja medieval em relação a práticas mágicas mais generalizadas foi, portanto, comparativamente negligenciada.[10]

Essa omissão é importante porque o período entre os séculos XI e XV presenciaram diversos desenvolvimentos que afetaram profundamente o relacionamento entre a magia e a religião. No século XII,

---

8. Dieter Harmening, *Superstitio: Überlieferungs- und Theoriegeschichtliche Untersuchungen zur Kirchlich-Theologischen Aberglaubensliteratur des Mittelalters* (Berlim, 1979); Karin Baumann, *Aberglaube für Laien: zur Programmatik und Überlieferung Mittelalterlicher Superstitionenkritik* (Würzburg, 1989); Michael D. Bailey, "A Late-Medieval Crisis of Superstition?" *Speculum*, 84 (2009), p. 633-61; Michael D. Bailey, "Concern over Superstition in Late Medieval Europe", in *The Religion of Fools? Superstition Past and Present*, ed. S. A. Smith e Alan Knight, *Past and Present*, Suplemento 3 (Oxford, 2008), p. 115-33; Euan Cameron, *Enchanted Europe: Superstition, Reason and Religion, 1250-1750* (Oxford, 2010); Kathleen Kamerick, "Shaping Superstition in Late Medieval England", *Magic, Ritual and Witchcraft*, 3 (2008), p. 29-53.

9. C. S. Watkins, *History and the Supernatural in Medieval England* (Cambridge, 2007), capítulos 3-4.

10. Sobre textos mágicos, veja os trabalhos citados no capítulo 5. A respeito de escrita acadêmica, veja Jean-Patrice Boudet, *Entre science et nigromance: astrologie, divination et magie en l'Occident médiéval* (Paris, 2006) e os trabalhos citados por Cohn e Peters no capítulo 7.

textos que descreviam como praticar magia começaram a aparecer na Europa cristã. Alguns deles eram trabalhos de séculos de existência, que foram traduzidos do árabe e do grego, enquanto outros eram novas composições baseadas em rituais cristãos. Ao mesmo tempo, práticas religiosas cristãs estavam passando por fiscalizações mais minuciosas do que antes, como resultado de um movimento reformista comandado por clérigos de alto escalão. Esse movimento buscava melhorar a educação do clero e o conhecimento religioso dos leigos, e exigia que alguns clérigos instruídos tomassem interesse pelos pecados e problemas que existiam no mundo ao redor deles, em uma escala muito maior que antes. Como parte disso, reformistas debatiam constantemente com um novo interesse sobre o que consideravam ser práticas mágicas diversificadas.

A emergência por novos livros sobre magia e o movimento reformista dentro da Igreja forçaram clérigos instruídos a pensarem sobre a relação entre magia e religião em termos mais precisos do que antes. Eles precisavam encontrar um modo de decidir quais práticas eram legítimas e quais não, e uma forma de explicar isso para padres menos instruídos e suas congregações. O primeiro problema que encararam foi definir magia. Por um lado, tinham de pensar no limite entre magia e ciência. De fato, alguns fenômenos aparentemente mágicos realmente eram baseados em forças da natureza, como era afirmado às vezes em textos mágicos árabes? Por outro, eles tinham de decidir o que pensavam sobre práticas que pareciam religiosas. Qual era exatamente a diferença entre profecias divinamente inspiradas e métodos mágicos para prever o futuro, ou entre rezas e encantamentos de cura?

O segundo problema se relacionava às práticas que não pareciam coincidir nem com a religião nem com a ciência. Uma vez que os clérigos começaram a tomar um interesse mais profundo em crenças religiosas diversas, eles descobriram muitas ideias não ortodoxas que nem sempre coexistiriam facilmente com o Cristianismo oficial. O que eles deveriam pensar sobre a crença em fadas, por exemplo, ou a ideia de que mulheres estranhas vindas de outro mundo voavam por aí à noite? O terceiro e último problema se relacionava a como eles colocavam seus conhecimentos em prática. Como eles poderiam persuadir outras pessoas de suas visões e impedir que usassem magia? Esses problemas e a forma como clérigos instruídos tentavam resolvê-los formam o tema deste livro.

O que é magia?

Os clérigos medievais, portanto, encaravam problemas complexos quando pensavam sobre o que era a magia e como deveria ser distinguida da religião. E também não estavam sozinhos nisso. O mesmo problema teve um papel importante no conhecimento moderno sobre magia e, desde o século XIX, estudiosos têm sugerido várias formas de distinção entre magia e religião.[11] Alguns historiadores consideram essas definições modernas da magia ferramentas úteis para iluminar as crenças do povo medieval. Como vimos, Keith Thomas e Valerie Flint definem a magia de maneiras que os clérigos medievais não teriam feito, argumentando que algumas práticas religiosas medievais eram "mágicas", mesmo que o clero medieval não visse dessa forma.

Sua abordagem pode ser criticada por impor ideias modernas sobre o que é magia a fontes medievais, mas tanto Thomas como Flint o fazem como um ponto de partida para explorar as similaridades entre a religião permitida e a "magia" condenada. No entanto, muitos historiadores da Idade Média rejeitaram essa abordagem afirmando ser anacrônica, a exemplo do que alguns estudiosos de outras áreas fizeram.[12] Eles argumentam que o que importa não é se pensamos que algo é mágico, mas se teria sido compreendido como magia na época. Portanto, eles preferiram começar perguntando o que o povo medieval propriamente pensava ser a magia.[13] Este livro também usa definições medievais de magia, porque é o ponto inicial lógico para explorar o que "magia" significava para os clérigos medievais e possibilita que percebamos quais práticas os preocupavam e por quê. Ainda assim, Thomas e Flint chamaram a atenção para um ponto importante: existiam, às vezes, semelhanças notáveis entre religião e magia, e isso representava um problema, não apenas para historiadores modernos, mas também para os clérigos medievais, que se esforçavam para categorizar algumas práticas como uma ou outra.

---

11. Sobre abordagens para definir magia desde o século XIX, veja Stanley Jeyaraja Tambiah, *Magic, Science, Religion and the Scope of Rationality* (Cambridge, 1990).

12. Hildred Geertz, "An Anthropology of Religion and Magic, I", *Journal of Interdisciplinary History*, 6 (1975), p. 76-7. Para a réplica de Thomas, ver Keith Thomas, "An Anthropology of Religion and Magic, II", *Journal of Interdisciplinary History*, 6 (1975), p. 91-109.

13. Richard Kieckhefer, *Magic in the Middle Ages* (Cambridge, 1989), p. 15-16; Richard Kieckhefer, "The Specific Rationality of Medieval Magic", *American Historical Review*, 99 (1994), p. 822-3; Karen Jolly, "Medieval Magic: Definitions, Beliefs, Practices", in *Witchcraft and Magic in Europe: the Middle Ages*, ed. Karen Jolly, Catharina Raudvere e Edward Peters (London, 2002), p. 11-12.

Encontrar definições medievais de magia não é algo totalmente linear, porque não havia apenas uma palavra para "magia" na Idade Média, não mais do que existe no inglês moderno: usamos magia, feitiçaria, bruxaria, encantamentos e outras palavras, cada uma delas com uma conotação levemente diferente. Os clérigos medievais também usavam vários termos, e a situação é ainda mais complicada porque escreveram tanto em latim quanto em suas línguas nativas. A palavra mais comum em latim que esses homens do clero usavam era *sortilegium*. Isso originalmente significava "tirar a sorte", mas com a aproximação do século XII, o termo englobou um conjunto muito maior de práticas, como veremos. Mais raramente eles usavam outras palavras, incluindo "arte da magia" (artes mágicas), *maleficiam* (que originalmente se referia ao uso da magia para causar mal às pessoas), necromancia ou nigromancia (que originalmente significava invocar o espírito dos mortos, mas passou a significar invocar demônios) ou, quando escrito em inglês, "bruxaria" (*witchcraft*). Finalmente, alguns escritores usavam a palavra "superstição". Na teologia acadêmica, isso não significava exatamente a mesma coisa que magia, mas em espaços menos informados, o clero às vezes usava os dois termos alternadamente para descrever o mesmo grupo de práticas e crenças.[14] Quais eram essas práticas? A partir do século XII, os clérigos medievais geralmente tiraram sua lista de práticas mágicas do *Decretum*, uma compilação de passagens de textos legais e teológicos antigos que foram reunidos por Graciano, um professor de direito da cidade italiana de Bolonha, em meados do século XII.

O *Decretum* tornou-se um dos livros fundamentais para ensinar lei canônica nas universidades medievais e possuía uma enorme influência sobre os escritores futuros. Foi estruturado ao redor de uma série de casos legais imaginários, e o Caso 26 lidava com *sortilegium*.[15] Aqui, Graciano incluiu as seguintes crenças e práticas: vários métodos de adivinhação (prever o futuro); o uso de encantamentos de cura e amuletos; crenças relacionadas a presságios e seres sobrenaturais misteriosos; um uso neo-ortodoxo de rituais religiosos, tais como rezar a missa para os mortos em nome de uma pessoa viva para que ela morra.

Igualmente importante, Graciano discutiu por que essas coisas eram mágicas. Sobre este assunto, ele copiou diversas passagens dos escritos muito anteriores de Santo Agostinho (430 d.C.), um teólogo que exerceu influência profunda no pensamento medieval. Nesses escritos, Agostinho

---

14. Bailey, "Late-Medieval Crisis", p. 633.
15. Gratian, *Decretum*, ed. E. Friedberg, *Corpus Iuris Canonici*, vol. I (Leipzig, 1879, repr. Graz, 1959), Caso 26.

listou diversas práticas que descrevia como "supersticiosas" e "artes da magia". O que tudo isso tem em comum, ele argumentou, era que não funcionavam de nenhuma forma física explicável. Encantamentos de cura e amuletos, por exemplo, não apresentavam nenhum efeito físico no corpo e, similarmente, astrologia e presságios não possuíam conexão causal alguma com os eventos que supostamente previam. Ao contrário, essas práticas agiam como sinais para demônios, que entravam em cena para produzir o resultado desejado. Nesse sentido, homens e demônios faziam "contratos".[16] A maior parte dos clérigos não fugiu significativamente da definição de magia de Agostinho, mas alguns escritores de fato a modificaram a partir do século XIII, ao desenvolverem o conceito de "magia natural" (*magia naturalis*), que se conjugava com a visão de Agostinho sobre a magia depender de demônios. A magia natural baseava-se nas propriedades "ocultas" das substâncias naturais. Essas eram propriedades que não podiam ser explicadas pelo conhecimento científico medieval, mas ainda assim acreditava-se que faziam parte do mundo natural e não dependiam de demônios para que funcionassem. Um exemplo clássico era o poder de o ímã atrair o ferro.[17]

Então, teoricamente, o limite entre magia e religião era bem claro: a magia dependia dos demônios, enquanto a religião apelava a Deus. Qualquer coisa que se baseasse nas forças da natureza (mesmo as ocultas) não era, estritamente falando, mágico ou religioso. Mas, na prática, podia ser difícil definir se um fenômeno não explicado tinha ligação com demônios ou com forças ocultas naturais.

Para complicar ainda mais, Agostinho argumentava que os próprios demônios eram parte do mundo natural e faziam seus feitiços manipulando forças naturais.[18] Portanto, o limite entre o mundo da magia e o da religião não era tão claro como parecia. Poderia ser igualmente difícil decidir se outras práticas invocavam Deus ou demônios. Até fenômenos claramente religiosos, como milagres, poderiam ser superficialmente semelhantes à magia. Tanto a magia como os milagres eram eventos maravilhosos que não poderiam ser explicados, e, ao longo da Idade Média, histórias sobre santos bateram nessa tecla pelo efeito dramático. Elas contam que antigos santos cristãos no período do Império Romano enfrentavam magos pagãos e venciam suas mágicas com milagres.

---

16. Augustine, *De Doctrina Christiana*, edição e tradução de R. P. H. Green (Oxford, 1995), p. 91-101.
17. Kieckhefer, "Specific Rationality", p. 819.
18. Robert Bartlett, *The Natural and the Supernatural in the Middle Ages* (Cambridge, 2008), p. 20.

Conheceremos alguns deles nos capítulos seguintes, incluindo São Tiago, o Apóstolo, que dizem ter vencido demônios invocados pelo mago pagão Hermógenes para atacá-lo; e São Cipriano, um antigo mago que se converteu ao Cristianismo após sua magia ter sido vencida pela reza de um santo. Em histórias como essas, as similaridades entre magia e milagres provavelmente não teriam surpreendido a plateia tanto assim, porque os ouvintes sabem que, obviamente, os santos não estavam realmente praticando magia. Porém, no cotidiano, magos e santos não eram fáceis de serem apontados, e práticas religiosas não oficiais eram muito mais difíceis de categorizar.

Outro termo que precisa de uma explanação é "bruxaria". "Bruxaria" pode simplesmente ser uma palavra alternativa para "magia" e era frequentemente usada por clérigos medievais que escreviam em inglês. No entanto, como outros historiadores, usarei "bruxaria" de forma mais específica para descrever os crimes punidos em julgamentos de bruxas em algumas partes da Europa a partir do século XV. Bruxaria, neste sentido, não foi encontrada na Inglaterra medieval, mas mesmo assim não deixa de ser relevante para um livro sobre magia e religião nesse período. Uma razão para isso é o fato de os últimos julgamentos de bruxas afetarem como os historiadores enxergavam a magia. Muito trabalho foi perdido traçando as origens medievais dos julgamentos de bruxas, e alguns antigos julgamentos britânicos foram estudados sob essa perspectiva, mais notavelmente o caso de 1324, de Alice Kyteler, discutido no capítulo 7.

Como passou a ser definida a partir do século XV, a bruxaria era mais do que magia. Além da prática da magia (geralmente para ferir pessoas e animais), acreditava-se que as bruxas tinham renegado a Deus e prometido fidelidade ao Diabo. Afirmava-se que organizavam encontros chamados *sabbaths* e às vezes iam voando. Lá, adoravam o Diabo, realizavam orgias e cometiam outros crimes, incluindo matar e comer crianças. Em vez de serem consideradas usuárias individuais de magia, acreditava-se que as bruxas faziam parte de uma seita secreta e maligna, e praticavam os crimes medievais mais terríveis que os cristãos podiam imaginar. Não existe evidência de que alguém tenha ido a um *sabbath* ou cometido a maior parte desses crimes em associação à bruxaria, mas a ideia de que uma seita secreta estava trabalhando internamente para enfraquecer a Cristandade era muito poderosa.

Do século XVI em diante, livros e panfletos que circulavam na Inglaterra começaram a discutir bruxaria e muitos dos estereótipos sobre as bruxas persistem até a atualidade na imagem de uma mulher malvada e voadora que pratica magia negra.

Por esse motivo, a percepção das pessoas da época em relação às bruxas pode ser muito familiar para um espectador moderno. Dois trabalhos do século XVIII, desenhados após um julgamento de bruxas ter encerrado, na Inglaterra, mostram o estereótipo de uma forma bastante reconhecível, completa com chapéu pontudo, criaturas demoníacas e vassouras (ilustrações 1 e 2). Afirma-se que essas imagens são datadas de séculos depois do fim da Idade Média. O estereótipo das bruxas de fato se desenvolveu a partir de várias vertentes da cultura medieval, mas somente se unificou no fim da Idade Média, nas décadas de 1430 e 1440, nos Alpes. As novas ideias sobre bruxas viajou para algumas partes da Europa no século XV e então se espalhou amplamente no fim do século XVI e começo do XVII: o primeiro julgamento de bruxas na Inglaterra aconteceu em 1560.[19] Esses julgamentos de bruxas estão fora do escopo deste livro, mas algumas das práticas e crenças mencionadas neles também podem ser encontradas na Inglaterra medieval. Por exemplo, o julgamento de bruxas se alimentava de uma crença muito mais antiga de que a magia podia ser usada para ferir outros. E mais importante, a existência do julgamento de bruxas em períodos posteriores nos incita a fazer perguntas importantes sobre a Idade Média. Se as pessoas da Idade Média acreditavam em magia, então por que não vemos um equivalente medieval aos julgamentos de bruxas posteriores? Essa é uma pergunta difícil de responder, mas o capítulo fim deste livro irá sugerir algumas possíveis razões.

Figura 2. Bruxas com criaturas demoníacas em uma xilogravura inglesa, *c.* 1720.

---

19. J. A. Sharpe, *Instruments of Darkness: Witchcraft in England, 1550-1750* (London, 1996), p. 108. Para os julgamentos alpinos do século XV, ver meu capítulo 7.

Magia e a Reforma da Igreja

Muitas das fontes que nos falam sobre magia e religião na Inglaterra foram escritas como parte do movimento reformista da Igreja, que já foi mencionado: uma força-tarefa para melhorar a educação clerical e o cuidado pastoral dos leigos. Seus objetivos foram formalmente apresentados no Quarto Concílio de Latrão de 1215, um conselho da Igreja articulado por um papa desejoso de uma reforma na dinâmica, Inocêncio III, que atraiu o clero da Europa toda.[20] O Concílio visava rejuvenescer a Cristandade no sentido mais amplo possível: para melhorar os padrões comportamentais, tanto entre o clero como entre os leigos, acabar com a heresia e lançar uma nova cruzada para reconquistar territórios na Terra Santa. Ao fazê-lo, influenciou mudanças sociais, econômicas e religiosas que estavam acontecendo. Isso incluiu o crescimento das cidades, aumentando os níveis de educação e o surgimento de movimentos religiosos radicais, alguns dos quais foram condenados como hereges. Inocêncio III tentou cultivar esse entusiasmo religioso de diversas formas, por exemplo, ao aprovar a criação de duas novas ordens de frades por São Francisco e São Dominique: monges viajantes cuja missão era pregar para as pessoas da Europa. Mas ele também buscava regular tal questão e o Concílio fazia parte disso.

O Quarto Concílio de Latrão criou diversos decretos conectados ao cuidado pastoral do povo leigo. Ditava que "todos, de ambos os sexos", deveriam confessar para o padre de sua paróquia ao menos uma vez por ano, no fim da Quaresma, antes de receber a comunhão no domingo de Páscoa. Dois outros decretos focaram em como o clero poderia ser educado para oferecer cuidado pastoral eficiente. Isso era um problema porque a educação clerical variava bastante na Idade Média. Padres ingleses medievais formavam um grupo muito diversificado, desde os bispos que geralmente vinham de famílias aristocratas até padres paroquiais que, com muita frequência, pareciam vir de uma aristocracia rural ou de famílias campesinas ricas da região local.[21] Eles não precisavam frequentar seminários (isso se tornou uma exigência apenas no século XVI) e somente uma minoria estudava na universi-

---

20. Sobre reformas, ver Colin Morris, *The Papal Monarchy: the Western Church from 1050 to 1250* (Oxford, 1989), p. 433-8, 489-96.
21. C. H. Lawrence, "The English Parish and its Clergy in the Thirteenth Century", em *The Medieval World*, ed. Peter Linehan and Janet Nelson (London, 2001), p. 655; Nicholas Bennett, "Pastors and Masters: the Beneficed Clergy of North-East Lincolnshire, 1290-1340", em *The Foundations of Medieval English Ecclesiastical History*, ed. Philippa Hoskin (Woodbridge, 2005), p. 47-8.

dade, apesar de a proporção aumentar durante a Idade Média. Mas eles precisavam saber recitar a liturgia em latim e, igualmente importante, deviam ser pessoas de bom caráter, alguém que sua comunidade pudesse respeitar.[22] Alguns padres aprenderam o latim nas escolas dos monastérios ou das catedrais, e outros em escolas locais, mas muitos devem ter aprendido principalmente no ofício, trabalhando para um padre mais velho. Portanto, os padrões educacionais variavam amplamente, e o Quatro Concílio de Latrão tentou estabelecer medidas para tornar o treinamento mais formal. Ordenou que catedrais e igrejas que pudessem arcar com as despesas escolhessem um mestre para ensinar os estudiosos pobres, e arcebispos deveriam prover um mestre que ensinasse teologia e cuidado pastoral. O Concílio também ordenou que os bispos disponibilizassem pregadores treinados para pregar aos leigos e realizar sínodos regulares para monitorar o comportamento dos clérigos e leigos da mesma forma. Existe muito debate sobre o quanto desse programa reformatório ambicioso foi posto em prática, mas os bispos ingleses de fato tentaram implementar parte dele.[23] Eles realizaram mais sínodos e a pregação realmente aumentou, na maior parte graças às novas ordens de frades. Também parece que muitos leigos se confessavam uma ou mais vezes ao ano, e isso pode ter acontecido mesmo antes de 1215. Existem menos evidências de bispos e arcebispos indicando mestres para ensinar o clero, mas algumas catedrais já possuíam escolas, e alguns bispos tentaram educar padres por meio dos sínodos diocesanos, produzindo tratados sobre o cuidado pastoral para que copiassem. Níveis da educação sacerdotal na Inglaterra medieval continuaram a ser debatidos, mas parece plausível que, apesar de alguns padres paroquianos terem sido bem instruídos, muitos outros talvez não obtiveram uma compreensão muito sofisticada da teologia acadêmica e talvez ela não tenha sido necessária para atuar de forma bem-sucedida em suas funções cotidianas.[24] Os decretos do Concílio também exigiram que os clérigos instruídos escrevessem uma grande quantidade de

---

22. Leonard Boyle, "The 'Oculus Sacerdotis' e Some Other Works of William of Pagula", *Transactions of the Royal Historical Society*, 5ª ser. 5 (1955), p. 92, repr. em Boyle, *Pastoral Care*.

23. Marion Gibbs e Jane Lang, *Bishops and Reform, 1215-1272* (London, 1934), p. 131-73; Helen Birkett, 'The Pastoral Application of the Lateran IV Reforms in the Northern Province, 1215-1348', *Northern History*, 43 (2006), p. 199-219.

24. Para perspectivas diferentes veja Lawrence, "English Parish", p. 661-6; Jeffrey H. Denton, "The Competence of the Parish Clergy in Thirteenth-Century England", em *The Church and Learning in Later Medieval Society*, ed. Caroline Barron e Jenny Stratford (Donington, 2002), p. 273-85.

manuais para ensinar aos padres a lidar com os leigos, o que os historiadores chamam de manuais do pastoral ou *pastoralia*.[25] Eles não apareceram do nada no século XIII: sermões e penitências (guias para aplicar penitências) foram escritos por séculos, e os manuais pastorais do século XIII basearam-se fortemente nesse trabalho mais antigo; mas o volume de material sobrevivente do ano 1215 em diante é muito maior. Manuais pastorais foram escritos por um grupo grande de clérigos instruídos, incluindo bispos, administradores diocesanos, frades e o ocasional padre paroquiano. Muitos de seus leitores eram desses mesmos grupos.

Dependendo do autor e dos leitores pretendidos, os manuais pastorais variavam amplamente. No século XIII, a maioria deles foi escrita em latim, a língua internacional da Igreja, o que significava que muitos trabalhos compostos na Europa continental circulavam amplamente pela Inglaterra; porém, séculos mais tarde, manuais também surgiram em francês (falado pela aristocracia inglesa no século XIV) e em inglês, direcionado a leigos alfabetizados e padres que preferiam ler em sua língua nativa. Alguns desses manuais vernaculares trabalhavam duro para criar um conteúdo interessante para a audiência geral. Por exemplo, *Handlyng Synne*, escrito por Robert Mannyng no começo do século XIV, apresentava muitas histórias bonitas com lições de moral – incluindo muitas histórias dramáticas e, às vezes inventadas, sobre a magia. Manuais pastorais também divergiam no formato. Alguns eram grandes livros densos, conhecidos como *Summae*, trabalhos de referência que formavam a teologia e a lei canônica em relação aos deveres do padre. Às vezes, *Summae* circulavam amplamente: por exemplo, o *Summa for Confessors*, completado pouco depois de 1215 por Thomas de Chobham, administrador da diocese de Salisbury, sobrevive em mais de cem manuscritos.[26] No entanto, grandes livros como esses consumiam muito tempo para ser copiados, e isso os tornava caros. Escritos em latim, provavelmente, também eram muito difíceis para alguns padres paroquianos lerem e mais abrangentes do que precisavam ser, já que eram feitos para cobrir cada situação possível que um padre tivesse de tratar, não importando o quão incomum fosse. Por essas

---

25. Leonard Boyle, "*Summae Confessorum*", em *Les Genres Littéraires dans les Sources Théologiques et Philosophiques Médiévales: Définition, Critique et Exploitation* (Louvain--la-Neuve, 1982), p. 227-37; Pierre Michaud-Quantin, *Sommes de Casuistique et Manuels de Confession au Moyen Age (XII-XVI siècles)* (Louvain, 1962); Leonard Boyle, *Pastoral Care, Clerical Education and Canon Law, 1200-1400* (London, 1981).

26. Thomas of Chobham, *Summa Confessorum*, ed. F. Broomfield (Louvain, 1968), p. lxxvi.

razões, era mais comum que pertencessem a instituições como catedrais, fraternidades e monastérios, e fossem lidos por padres relativamente bem instruídos. Mas também existiam manuais mais baratos e acessíveis que resumiam os pontos-chave da doutrina ou a informação básica que um padre precisava saber para que pudesse ouvir as confissões. Eles eram menores e simplificados, ou seja, mais propensos a serem lidos por padres paroquianos ou frades com uma educação limitada. Outros manuais eram novamente voltados para a pregação em vez da confissão. Incluíam coleção de sermões e materiais que podiam ser usados para escrever sermões, como os *exempla*, histórias curtas que apresentavam uma lição de moral de forma divertida.

Todos esses manuais pastorais foram projetados para combater o comportamento que homens instruídos do clero consideravam inaceitáveis e encorajar a crença e prática corretas. Por esse motivo, muitos deles discutiam magia, em mais ou menos detalhes. *Exempla* eram particularmente preferidos, já que histórias sobre magia era uma forma dramática e bonita de animar um sermão. No entanto, comentários sobre magia em manuais pastorais não atraíram muita a atenção dos historiadores que escrevem sobre o século XIII em diante. Isso é surpreendente porque os sermões e penitências antigos sempre foram considerados grandes fontes de informação sobre magia no período anterior a 1100.[27] Alguns historiadores procuraram a magia na literatura pastoral alemã no fim da Era Medieval,[28] mas os manuais pastorais ingleses não foram muito pesquisados para isso, com a exceção de um artigo escrito em 1957 por G. R. Owst, um especialista em pregação medieval.[29] Parte da razão pela qual manuais pastorais mais tardios foram negligenciados provavelmente é que eles não eram teologicamente sofisticados ou inovadores; eles não possuíam novas teorias sobre o que era magia ou por que ela funciona. Mas justamente essa falta de sofisticação faz deles fontes valiosas sobre como a magia era vista pela maioria do clero, que não era muito instruída. Pelo fato de buscarem corrigir o comportamento das pessoas, os manuais pastorais *às vezes* também descreviam o que seus autores consideravam ser práticas atuais, proporcionando vislumbres provocativos das crenças populares medievais.

---

27. Flint, *Rise of Magic*, Harmening, *Superstitio* e Bernadette Filotas, *Pagan Survivals, Superstitions and Popular Cultures in Early Medieval Pastoral Literature* (Toronto, 2005).
28. Mais notavelmente Baumann, *Aberglaube für Laien*.
29. G. R. Owst, "*Sortilegium* in English Homiletic Literature of the Fourteenth Century", em *Studies Presented to Sir Hilary Jenkinson*, ed. J. Conway Davies (London, 1957), p. 272-303.

Esses vislumbres não eram diretos porque, como todos os textos medievais, manuais pastorais possuem limitações – uma delas *é o apoio em textos antigos. Muitos autores copiaram e recopiaram citações de trabalhos dos pais da Igreja*, como Santo Agostinho, e outros textos ainda mais antigos, muitas vezes pegando essas transcrições de compilações como *Decretum* de Graciano. Isso torna difícil estabelecer o quanto eles refletiam a situação na Inglaterra medieval. Por exemplo, manuais pastorais ingleses mencionavam "adivinho": pessoa que previa o futuro ao inspecionar as entranhas de animais de sacrifício. Essa é uma prática que existiu no Império Romano, mas não há evidências de que ainda acontecia na Inglaterra do século XIII. Portanto, é provável que tais referências tenham sido simplesmente copiadas como parte de uma lista de nomes muito mais antiga para praticantes de magia. Mesmo no fim da Inglaterra medieval, os escritos eclesiásticos sobre magia eram muito conservadores. Os manuais pastorais mais atuais copiaram os mais antigos, e trabalhos do século XIII foram copiados e impressos por volta do século XVI.

Pelo fato de os manuais pastorais serem muito conservadores, alguns historiadores afirmam que eles nos contam pouco sobre a realidade da magia medieval – tudo neles foi copiado de textos muito mais antigos e, portanto, seus comentários não refletiam o que estava acontecendo na própria época dos manuais.[30] É um problema sério, mas ainda assim é possível aprender algo sobre as práticas recorrentes nesses trabalhos. Mesmo que tenham se apoiado fortemente em fontes antigas, não o fizeram às cegas. Muitos escritores pastorais copiaram partes de textos antigos e omitiram outras, o que sugere que estavam escolhendo passagens que julgavam mais relevantes. E, ainda, alguns escritores adicionaram detalhes que não pareciam vir de fontes antigas. Por exemplo, *Fasciculus Morum,* um manual de pregação do começo do século XIV, escrito em latim, criticava a crença popular em "elfos" – escrevendo a palavra em inglês, o que é incomum e sugere que o autor estava baseando seus comentários em crenças contemporâneas.[31] Essas variações sugerem, ao menos, que alguns escritores pastorais estavam pensando sobre magia por si mesmos.

Um segundo problema é o fato de os manuais pastorais serem apenas reflexos oblíquos das práticas reais. Eles nos contam o que seus autores – clérigos bem instruídos – achavam que as pessoas faziam, e eles discutem os assuntos que seus autores pensavam ser mais importantes. Então, não

---

30. Harmening, *Superstitio*, p. 318; Filotas, *Pagan Survivals*, p. 51.
31. Ver capítulo 3, nota 152.

podemos assumir que refletem precisamente as atitudes generalizadas em relação à magia. De fato, como todos nós vemos, existiam algumas formas de magia sobre as quais os manuais pastorais não falavam muito. Todavia, são fontes úteis para a história da magia e religião precisamente porque nos contam quais aspectos da magia mais preocupavam os homens do clero bem instruídos, além de mostrarem como esses homens decidiam se algo deveria ser classificado como religião ou magia. Também existem meios de superar ambos os problemas, pelo menos até certo ponto. Podemos examinar um grande número de manuais pastorais de perto, buscando essas variações. Quais comentários eram regularmente copiados e quais eram incomuns? Quais detalhes os autores individuais adicionavam e de onde afirmavam tirar suas informações: de suas próprias observações, de boatos ou de fontes já escritas? Também podemos ver quais práticas causavam maior preocupação aos escritores pastorais. O que eles discutiam com maior frequência e mais minuciosamente? O que condenavam como erros generalizados e o que eles apontavam como raro ou exótico? Para responder a essas perguntas ajudará se compararmos os manuais pastorais mais longos, que buscavam ser abrangentes, com os mais curtos, que reuniam apenas o que julgavam ser o mais importante. Até práticas incomuns podem ter sido mencionadas em um manual pastoral extenso, no caso de algum futuro leitor precisar de tal informação. Um tratado curto, em contrapartida, estava mais propenso a focar em práticas que pensavam ser comuns.

Outra abordagem é comparar os textos pastorais com outras fontes contemporâneas que mencionam a magia. Felizmente, um conjunto dessas fontes sobreviveu à Inglaterra medieval. Magia era primeiramente vista como uma ofensa moral em vez de um crime (a não ser que fosse usada para ferir alguém), e, portanto, caía na jurisdição da Igreja.

Sendo assim, casos de magia foram apresentados para os tribunais da Igreja, que existiam em todas as dioceses. Os registros dos tribunais da Igreja sobreviveram a partir do século XIV e, apesar de casos de magia *não terem sido muito comuns, alguns apareceram realmente.* Esses casos oferecem informações valiosas sobre práticas de magia que podem ser comparadas com manuais pastorais e também podem nos dizer por que alguns praticantes acabaram no tribunal. Outras fontes também registraram informações sobre magia. Textos médicos algumas vezes incluíam curas que poderiam ser definidas como mágicas, e a história descreve alguns casos de magia, em especial incidentes publicamente notórios envolvendo a família real. Referências à magia não são muito frequentes nessas fontes, mas quando de fato acontecem nos dão *insights* sobre quais práticas e crenças eram recorrentes na Inglaterra medieval. Então, manuais pastorais nos dizem muito sobre o relacionamento entre magia e religião na Inglaterra desse período. Apesar de sua dependência em relação a trabalhos mais antigos, descrevem crenças e práticas não ortodoxas que seus autores pensavam existir no mundo ao seu redor. Para além desses detalhes, eles nos dizem muito sobre como os homens do clero se relacionavam com a magia. Diante da necessidade de instruir os leigos, os autores dos manuais pastorais começaram a dar maiores orientações sobre como exatamente as práticas mágicas podiam ser distinguidas da ciência por um lado, e da religião, por outro. Eles focaram especialmente em magia que era usada para adoração e cura. Quais curas funcionavam naturalmente e quais métodos de previsão do futuro simplesmente dependiam da observação do mundo natural? Quais palavras em um encantamento ou amuleto eram magias e quais tipos de pessoas poderiam (ou não poderiam) ser confiadas a usar práticas religiosas não oficiais corretamente? Mesmo quando escritores pastorais pegavam coisas emprestadas de textos mais antigos, estavam mais propensos a extrair passagens que tratassem dessas preocupações práticas.

Assim como focavam questões da prática, manuais pastorais também mostravam que o clérigo instruído estava especialmente interessado em práticas e crenças que se encontravam no limite entre religião, ciência e magia, provavelmente porque essas práticas eram as mais difíceis de serem detectadas e contra-argumentadas, então era neste ponto que se pensava que os padres precisavam de mais orientação. Mesmo os padres instruídos podiam ter diferentes pontos de vista sobre o que, exatamente, era legítimo e o que não era, como mostra a carta de Peter de Blois. A escrita pastoral sobre magia, portanto, serviu para definir os limites da religião legítima e para reforçar a autoridade do clero enquanto especialistas que decidiam se uma prática específica era legítima ou não. Entretanto, escritores pastorais também mencionavam outros problemas menos comuns. Quando escreviam sobre o uso da magia para lesar outras pessoas e a crença em fadas e outros seres sobrenaturais, eles às vezes questionavam se a magia era mesmo tão ameaçadora quanto as pessoas pensavam. Aqui eles exploraram os limites entre ilusão e realidade, e os limites do que os magos podiam fazer. Além disso, às vezes eles usavam tipos menos comuns de magias como um cenário bonito para histórias com lição de moral. Podemos perceber um aspecto diferente do relacionamento entre magia e religião, um aspecto que é exótico, até divertido, e que nem sempre levava os poderes dos magos muito a sério. Esse lado da magia está faltando nas discussões sóbrias sobre quais práticas podem ser aceitas e quais deveriam ser rejeitadas, e tem recebido pouca atenção dos historiadores. A história da magia e da religião na Inglaterra medieval é, portanto, uma parte da história de como as pessoas pensavam sobre suas crenças religiosas e atividades devocionais. É a história de como o clero instruído tentou decidir quais eram as linhas divisoras entre magia e religião diante de situações reais e crenças. Mas também é a história de um leque muito mais amplo de povos medievais porque a magia influenciava o cotidiano das pessoas de diversas formas. Era uma resposta a preocupações universais e podia ser do dia a dia ou exótica, perigosa ou útil. Então, este livro é a respeito de como o clero e os leigos deram sentido à diversidade de ideias e práticas religiosas que existiam no mundo ao seu redor; e como, por sua vez, usaram essas práticas para dar sentido às suas próprias vidas.

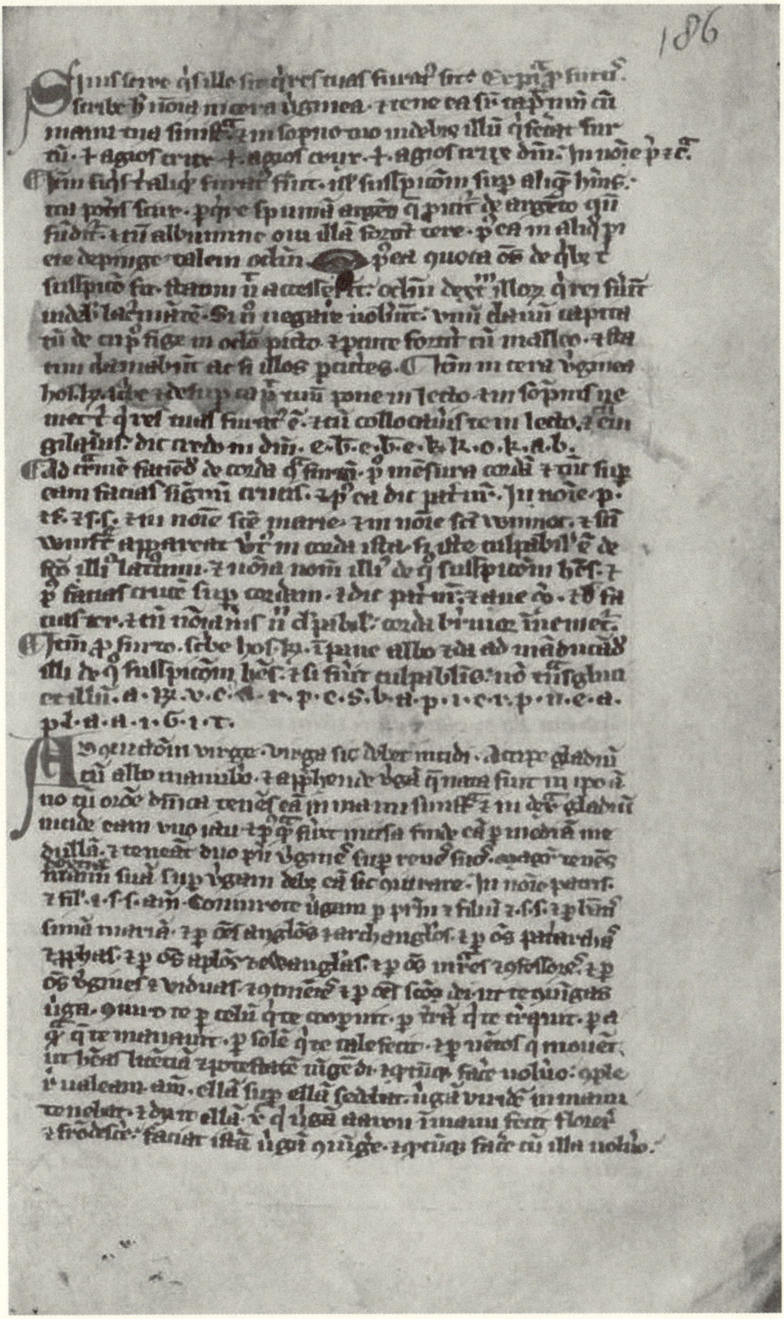

Figura 3. Detalhes sobre um "experimento" para identificar ladrões, tirado de um tratado médico do fim do século XIII.

Capítulo 1
Prevendo o Futuro e Curando os Doentes: Magia, Ciência e o Mundo Natural

Experimentos para bens roubados: se você quer saber quem roubou suas coisas, escreva esses nomes em cera virgem e os segure acima de sua cabeça com a mão esquerda, e em seus sonhos você verá a pessoa que cometeu o roubo: "+ *agios crux + agios crux + agios crux domini*. Em nome do pai, filho e Espírito Santo". [*agios* é "sagrado" em grego, *crux domini* é o equivalente em latim para "cruz do Senhor".] Da mesma forma, se alguém roubou algo de você ou suspeita de algo que fizeram, você conseguirá saber dessa forma. Pegue os resíduos de prata, que são respingados da prata quando ela é despejada, e moa vigorosamente com clara de ovo. Depois, pinte um olho como este (veja a figura 3) na parede. Então chame todos que você suspeita ao mesmo tempo. Assim que chegarem, você verá o olho direito da pessoa culpada lacrimejar.[32]

---

32. "*Experimenta pro furtis: Si uis scire quis ille sit qui res tuas furatus sit, scribe hec nomina in cera uirginea et tene ea super caput tuum cum manu tua sinistra, et in sopno* [sic] *tuo uidebis illum qui fecerat furtum: + agios crux + agios crux + agios crux domini. In nomine patris etc. Item si quis tibi aliquid furatus fuerit uel susspicionem super aliquod habueris, ita poteris scire: perquire spumam argenti que proicitur de argento quando funditur, et cum albumine oui illam fortiter tere. Postea in aliquo pariete depinge talem oculum. Postea conuoca omnes de quibus tibi susspicio fit. Statim ut accesserint, oculum dextrum illorum qui rei fuerint uidebis lacrimantẹm*". obl ms e.Mus 219, f. 186r.

Esses dois métodos para identificar um ladrão foram copiados no fim de uma coleção de tratados médicos no fim do século XIII, assim como muitos outros "experimentos": como cortar um galho ao meio e juntá-lo novamente, como colocar sua mão em água fervendo sem se queimar, como restaurar a harmonia entre dois amigos em conflito, prevenir que seus inimigos façam algo contra você e incitar a luxúria em mulheres. Alguns destes talvez tenham sido usados primeiramente como entretenimento, em especial os que são truques, por exemplo, cortar e juntar o galho. No entanto, identificar ladrões era uma questão séria, e a adivinhação que buscava descobrir esse tipo de informação oculta ou prever o futuro é uma das formas da magia que o clero inglês medieval, responsável pelos manuais de cuidado pastoral, pregação e confissão, discutia com maior frequência e em mais detalhes.

O escriba que copiou essas informações não as chamava de "magia". Ao contrário, chamava de "experimentos", ou seja, um fenômeno que não poderia ser explicado pela ciência medieval, mas que cuja eficácia havia sido provada. No entanto, ao contrário da ciência experimental moderna, "experimentos" medievais não envolviam testes rigorosos e geralmente bastava que um antigo escritor respeitado dissesse que funcionava. Experimentos como esses eram geralmente apontados como eficazes por causa das forças da natureza, mas os escritores medievais não sabiam exatamente como eles agiam. Isso se configurava como um problema porque, se as forças por trás dos experimentos não fossem compreendidas, sempre era possível que não fossem naturais de forma alguma e, pelo contrário, funcionassem por causa dos demônios; em outras palavras, talvez fossem magia. Portanto, esses "experimentos" para identificar ladrões apontavam para um problema crucial do clero medieval instruído: como você faz a distinção entre formas legítimas de manipular as forças da natureza e a magia? Ou em termos modernos, como você traça a linha entre magia e ciência?

Os homens do clero medieval encaravam esse problema quando pensavam sobre dois tipos de magia em particular: adivinhação e cura. Ambos foram discutidos detalhadamente pelos manuais pastorais, e o clero instruído muitas vezes dava muito mais atenção a isso do que outros tipos de magia, precisamente porque nesses casos era difícil traçar linhas firmes entre religião, ciência e magia. Era óbvio que algumas formas de prever o futuro dependiam da observação de causa e efeito, e também se acreditava que muitas práticas de cura funcionavam puramente por meios naturais, ao afetar o equilíbrio dos humores em seu corpo (estes eram quatro substâncias que pensavam encontrar no corpo, e anciãos e escritores médicos medievais acreditavam que o equilíbrio entre eles determinava a saúde ou a doença). A existência desses métodos naturais de adivinhação e cura significava que havia muito espaço para argumentar sobre o que era legítimo e o que não era. O clero instruído via como seu trabalho definir e policiar esses limites, e garantir que a medicina e as previsões não entrassem no escopo de magia demoníaca. Essa tarefa se encaixava bem em outras correntes de pensamento maiores da Europa medieval. Nos séculos XII e XIII, antigos trabalhos científicos gregos, especialmente aqueles de Aristóteles, estavam sendo traduzidos do árabe para o latim, e do original, em grego. Esses tratados estimulavam intelectuais medievais a estudar o mundo natural de forma mais aprofundada, e também a pensar mais precisamente sobre o que era considerado "natural" e o que era "sobrenatural".[33] Mas isso não era apenas uma questão teórica a ser discutida por um pequeno grupo de homens instruídos. Escritos pastorais sobre magia mostram que o questionamento sobre onde o mundo natural acabava e a magia começava era relevante para todos, porque em algum momento da vida quase todo mundo ficaria doente, teria algo roubado, ficaria ansioso sobre o futuro ou gostaria de garantir boa sorte. Portanto, decidir quais meios de lidar com esses problemas eram naturais e quais eram magia tratava-se de uma questão pastoral importante.

Interpretando o Universo

Muitas formas de prever o futuro eram baseadas na observação do mundo natural e os eventos aparentemente aleatórios que aconteciam na vida cotidiana. Quase tudo era potencialmente significativo, desde o movimento das estrelas e o canto de um pássaro, até o encontro com um tipo de pessoa específica no caminho, como foi na história de Mestre G e William, o monge. Interpretar esses sinais não era visto necessariamente como magia. Acreditavam fortemente que às vezes Deus usava o mundo natural para se comunicar com a humanidade, e então as crônicas medievais regularmente falavam de cometas, eclipses e outros fenômenos naturais incomuns com eventos mais ordinários. Eles estavam muito cientes de que alguns desses fenômenos (como os eclipses) tinham causas físicas previsíveis, mas, além disso, também viam como

---

33. Robert Bartlett, *The Natural and the Supernatural in the Middle Ages* (Cambridge, 2008), p. 29-32.

sinais de Deus, que possuíam um significado muito maior.³⁴ Mesmo que Deus não estivesse envolvido, era amplamente reconhecido que alguns eventos futuros podiam ser deduzidos com a observação apenas.

Qualquer um poderia prever o clima com um grau considerável de sucesso se avistassem nuvens cinzentas adiante, e pessoas com conhecimento especializado poderiam fazer muito mais. Por exemplo, astrólogos afirmavam conseguir oferecer previsões do tempo a longo prazo, e muitos tratados explicando como fazê-lo sobreviveram durante a Europa medieval.³⁵ Médicos também podiam prever o futuro dentro de seus próprios campos de especialidade. Prognósticos médicos são feitos desde os tempos antigos, mas agregaram um novo significado na Idade Média. No Cristianismo medieval era importante saber se você estava morrendo, para que pudesse ter uma "boa morte": em que houve tempo para confessar seus pecados e receber o último sacramento.³⁶

Homens do clero inglês do fim da época medieval nunca sugeriram que perceber presságios como cometas, previsões do tempo ou prognósticos médicos constituía magia. Era bem o contrário: eles deixavam claro que não se tratava disso. No entanto, além desses meios reconhecidos para interpretar o mundo natural, significados foram agregados a um conjunto amplo de outros fenômenos naturais e eventos ao acaso que os homens do clero consideravam muito mais difíceis de aceitar. Escritores ingleses pastorais da Idade Média davam muitos exemplos disso, às vezes adicionando novos detalhes ao que eles encontravam em fontes mais antigas. Por exemplo, Thomas de Chobham, um administrador da Catedral Salisbury que escreveu *Summa for Confessors* pouco depois de 1215 e circulou amplamente na Inglaterra medieval, criticava as pessoas que acreditavam que, se um cachorro uivasse em uma casa, algum morador em breve ficaria doente ou morreria.³⁷ Mais de um século depois, ele foi citado por Ranulph Higden, um monge de Chester, que adicionou outra crença: se uma pega-rabilonga* cantasse no telhado de uma casa, um visitante

---

34. Ibid., p. 66.
35. Stuart Jenks, "Astrometeorology in the Middle Ages", *Isis*, 74 (1983), p. 194.
36. See Luke Demaitre, "The Art and Science of Prognostication in Early University Medicine", *Bulletin of the History of Medicine*, 77 (2003), p. 765-88.
37. Thomas of Chobham, *Summa Confessorum*, ed. F. Broomfield (Louvain, 1968), p. 477-8.
*N.T.: Pega-rabilonga é uma ave da família Corvidae, bem comum por toda a Europa. Fonte: http://pt.m.wikipedia.org/wiki/Pega-rabuda.

em breve chegaria.[38] Então, por volta de 1400, Robert Rypon, um monge da Paróquia da Catedral de Durham, reclamou em um sermão que, "se alguém encontra uma ferradura ou chave de ferro, diz (como o povo faz) 'Eu ficarei bem hoje'".[39] Provavelmente havia muitas crenças similares a esta, e os clérigos podiam sempre adicionar novos detalhes caso desejassem. O que tinha de errado em acreditar nesses presságios? O que era diferente entre prever o tempo baseando-se nas nuvens cinzas e prever um visitante por um pega-rabilonga no telhado? Logo no começo do século XIV, Santo Agostinho discutiu o tema a fundo, e seus comentários tiveram grande influência na visão do clero futuro sobre a adivinhação. Agostinho argumentava energicamente que presságios como este não tinham nenhuma conexão real com os eventos que eles previam. Pelo contrário, ele ria das pessoas que acreditavam nessas "práticas altamente fúteis"; citando o escritor romano Cato, ele explicita que não era um presságio se um camundongo roesse seus chinelos, mas se esses chinelos roessem o camundongo, então você saberia que algo estranho estava acontecendo. Ele também denunciou o uso de astrologia para prever o futuro das pessoas pelo mesmo motivo: as estrelas não possuíam uma conexão real com os eventos que os astrólogos afirmavam prever. Afinal, gêmeos nascidos quase na mesma hora podem levar vidas significativamente diferentes ao longo do tempo, então qual era a utilidade de fazer previsões baseadas na hora em que uma pessoa nasceu? No século XII, os comentários de Agostinho foram reunidos no *Decretum,* de Graciano, um dos livros teóricos de Direito mais influentes; então foram conhecidos posteriormente por muitos clérigos instruídos.[40] Agostinho fazia uso da zombaria para atacar presságios, mas também argumentava que eram um problema sério porque os demônios poderiam usar as superstições das pessoas para seu próprio ganho. Se demônios vissem pessoas considerando os presságios, então eles poderiam intervir para fazer com que se tornasse realidade, para distanciar os desavisados da fé em Deus – e é por isso que acreditar em presságios era magia, assim como em outras formas de interação

---

38. "*ut quando canis ululat in domo, creditur quod inde sit aliquis cito moriturus et quando pica garrit in tecto, creditur quod aliquis hospes sit cito superuenturus*". Ranulph Higden, *Speculum Curatorum*, cul ms mm.i.20, f. 37v.

39. "*Si quis inueniat ferrum equi vel clauum ferri vulgariter dicit, 'Bene valebo isto die'.*" Robert Rypon, *Sermons*, bl ms Harley 4894, f. 33v.

40. Augustine, *De Doctrina Christiana*, ed. e trad. R. P. H. Green (Oxford, 1995), p. 93-9; Gratian, *Decretum*, ed. E. Friedberg, *Corpus Iuris Canonici*, vol. 1 (Leipzig, 1879, repr. Graz, 1959), 26.2.6.

com demônios (consciente ou involuntariamente) também eram.[41] Escritores pastorais na Inglaterra medieval conheciam bem o Agostinho deles e tratavam presságios com a mesma combinação de zombaria e seriedade. Então, um *exemplum* ou lição de moral, contado pelo frade John Bromyard no século XIV, ridicularizava uma crença que nós já encontramos na carta de Petter de Blois sobre presságios: a ideia de que um encontro com um monge ou padre na estrada significava má sorte na jornada. Nessa história, um padre ficou chateado porque, ao passar por uma mulher na estrada, esta atravessa para afastar qualquer agouro que pudesse chegar até ela após experienciar o presságio ruim. O padre rebateu empurrando-a em um buraco, para mostrá-la que acreditar em presságios era muito mais perigoso do que encontrar um padre![42] Porém, colocar sua fé em presságios poderia ter consequências muito piores. Outro *exemplum* que era amplamente copiado contava sobre uma mulher que ouviu o cuco cantar cinco vezes no Dia do Trabalhador. Ela considerou isso um presságio, dizendo que só teria mais cinco anos de vida e, então, quando ela pouco depois ficou doente, recusou-se a confessar, acreditando que ficaria melhor. Já que é uma lição de moral, ela morre pouco depois sem receber os últimos sacramentos – um aviso aos que se sentirem tentados a acreditar em presságios.[43]

Contar o canto de pássaros era simples, barato e não exigia instrução; então quase todo mundo poderia acreditar em presságios como esses, mas alguns escritores pastorais também expressavam preocupações em relação a uma forma mais acadêmica de interpretar o mundo natural: astrologia. Astrologia era uma habilidade especializada. O praticante deveria ler textos astrológicos, que geralmente eram em latim, saber a posição dos planetas, e aritmética o suficiente para calcular os horóscopos de forma eficiente. O nível de conhecimento técnico envolvido é evidente nos cálculos astrológicos medievais sobreviventes, como os deixados pelo astrólogo e médico Richard Trewythian, que viveu em Londres no século XV (figura 4).[44] Alguns tipos de astrologia eram aceitos como naturais, já que muitas pessoas da Idade Média acreditavam que as estrelas poderiam afetar o mundo natural e até o corpo humano; por exemplo, a faculdade de medicina

---

41. Augustine, *De Doctrina Christiana*, p. 99.
42. John Bromyard, *Summa Praedicantium* (Nuremberg, 1518), "Sortilegium" 3, f. 356v.
43. Para uma versão, ver A. Lecoy de la Marche, ed., *Anecdotes Historiques, Légendes et Apologues tirés du Recueil Inédit d'Etienne de Bourbon* (Paris, 1877), p. 315.
44. Em Trewythian, ver Sophie Page, "Richard Trewythian and the Uses of Astrology in Late Medieval England", *Journal of the Warburg and Courtauld Institutes*, 64 (2001), p. 193-228.

da Universidade de Paris apontou para uma conjuntura maligna dos planetas como uma das causas da peste negra, em 1348.[45] Mas nem todos os tipos de astrologia eram aceitos como puramente naturais, e, apesar das aparências conhecidas, Agostinho denunciou a astrologia como falsa e mágica, assim como os presságios. Pelo fato de a astrologia ter sido restrita a pessoas instruídas e com acesso aos livros, para muitos homens do clero isso era menos do que uma prioridade do que as crenças generalizadas sobre presságios eram, e muitos manuais pastorais não mencionavam a astrologia. No entanto, alguns mencionaram, incluindo os que eram amplamente lidos na Inglaterra medieval. Quando o fizeram, escolheram a mesma abordagem que usaram em outras formas de adivinhação, focando na hipótese de a astrologia conseguir prever o futuro por meios naturais.

No processo, eles se dedicaram a fazer uma distinção entre os tipos de astrologia legítimos e os ilícitos, de uma forma que Agostino não havia feito. O raciocínio deles foi explicado em um dos manuais pastorais medievais de maior circulação, o *Summa for Confessors*, escrito pelo frade dominicano alemão John de Freiburg, em 1297-1298:

> se alguém fizer uma observação cuidadosa das estrelas para prever eventos futuros acidentais ou do acaso, ou até prever a ação futura das pessoas com convicção, isso virá de uma opinião falsa e vã e, portanto, terá envolvimento com a opinião de um demônio, então será uma adivinhação supersticiosa e ilícita. Mas se alguém faz uso da observação das estrelas para prever coisas futuras que são causadas por corpos celestiais, como secas e chuvas, e outras coisas do tipo, não serão adivinhações ilícitas.[46]

Em outras palavras, astrologia podia prever genuinamente certas coisas e tornava-se magia apenas quando se estendia para além disso e previa a ação futura das pessoas. Isso não podia ser previsto, pois Deus havia dado o livre-arbítrio à humanidade, o que dava o poder de as pessoas passarem por cima das estrelas. Aqui John estava esboçando as

---

45. Rosemary Horrox, ed. e trans., *The Black Death* (Manchester, 1994), p. 159.
46. "*Si quis consideratione astrorum utatur ad precognoscendum futuros casuales vel fortuitos eventus, vel etiam ad precognoscendum futura opera hominum per certitudinem, procedet hec ex falsa opinione et vana, et tunc opinio demonis se immiscet, unde erit divinatio superstitiosa et illicita. Si vero aliquis utatur consideratione astrorum ad precognoscendum futura que ex celestibus causantur corporibus, puta siccitates et pluvias et alia huiusmodi, non erit illicita divinatio.*" John of Freiburg, *Summa Confessorum* (Lyons, 1518), 1.11.5, f. 31r. Sobre John, veja Leonard Boyle, "The *Summa Confessorum* of John of Freiburg and the Popularization of the Moral Teaching of St. Thomas and Some of his Contemporaries", em Boyle, *Pastoral Care, Clerical Education and Canon Law* (London, 1981), artigo III.

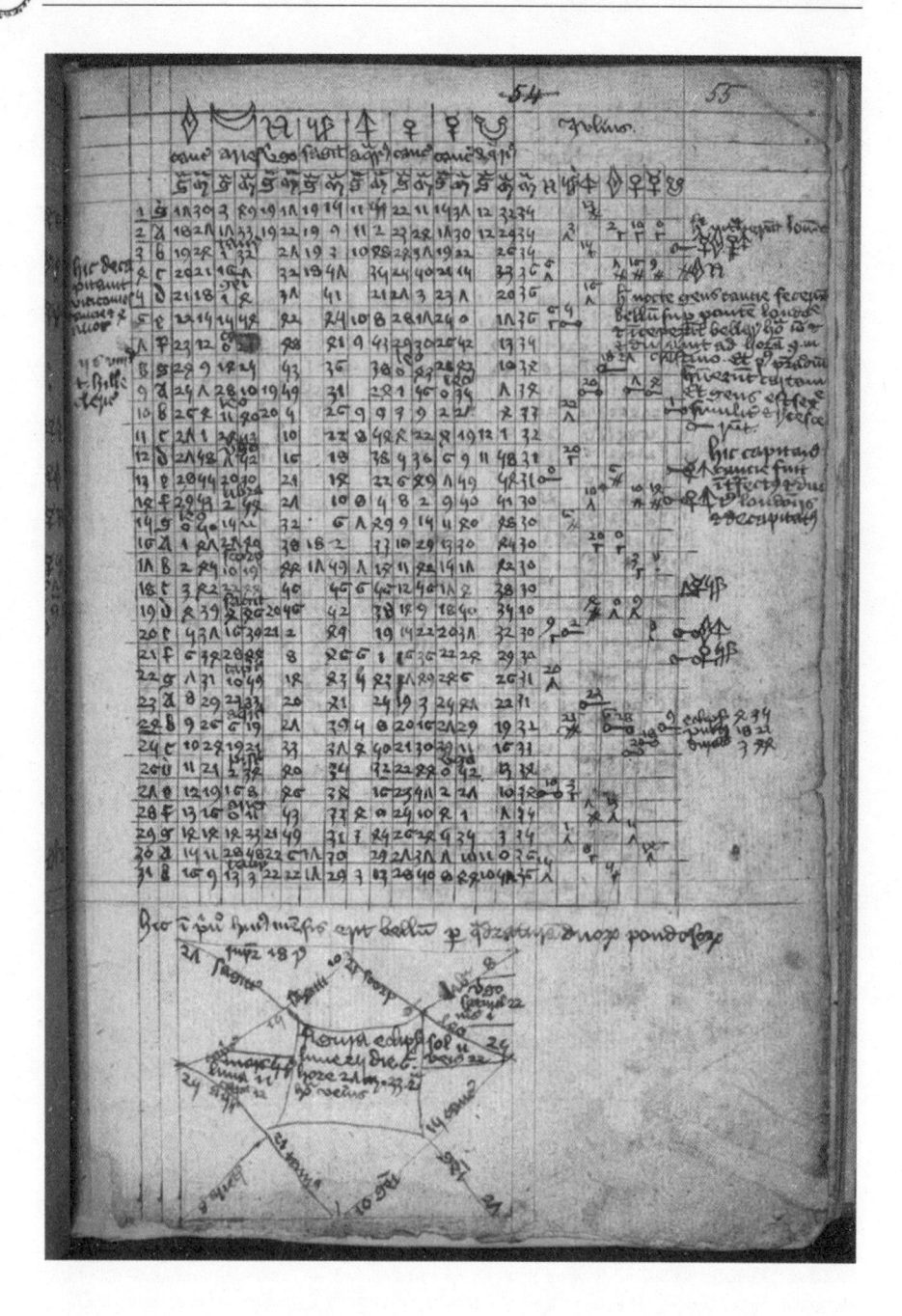

Figura 4. Cálculos astrológicos relacionados a julho de 1450, feitos por Richard Trewythian, astrólogo do século XV.

ideias desenvolvidas um pouco antes pelo teólogo Tomás de Aquino, mas ele também refletia um consenso mais ampliado entre muitos intelectuais sobre as possibilidades e os limites da astrologia.[47]

Então, na teoria, estava claro por que presságios e o uso da teologia para prever a ação futura das pessoas era magia, e por que previsão do tempo, prognósticos médicos e outras formas de astrologia não eram. Com presságios e astrologia, os sinais que as pessoas observavam não tinham conexão genuína com os eventos previstos, mas em prognósticos e previsão do tempo, a previsão era baseada puramente em observação dos processos naturais. Mas muitas coisas não eram tão bem definidas. Na prática, muitas pessoas parecem ter aceitado como naturais uma variedade mais ampla de previsões do futuro do que os escritores pastorais aceitaram; ou pelo menos eles não parecem enxergá-las como muito erradas. O astrólogo londrino Richard Trewythian, por exemplo, usou a astrologia para prever um conjunto amplo de eventos e descobrir informações sobre o presente.[48] A maior parte de suas previsões era relacionada ao mundo natural, como a previsão do tempo ou a qualidade da colheita daquele ano; ou eram previsões gerais de eventos como guerras, mas alguns eram mais questionáveis. Por exemplo, ele parece ter perguntado sobre o resultado de alguns eventos políticos da década de 1450. Essa era uma atividade potencialmente perigosa porque poderia, nas circunstâncias erradas, levar a acusações de traição: era considerado um pequeno passo entre prever a morte do rei e tentar realizá-la. Em outros casos, Trewythian questionava sobre ações de agentes individuais: uma pessoa desaparecida retornaria? Quem cometeu um roubo? E os bens roubados, seriam encontrados? Se um escritor estritamente pastoral tivesse examinado o que o Trewythian estava fazendo, teria considerado algumas dessas previsões difíceis de explicar como naturais. No entanto, não existem evidências de que Trewythian e seus clientes sentiam tais inquietações. Isso era verdade em relação a alguns clérigos e leigos também. Um dos horóscopos de Trewythian foi desenhado para um abade cuja taça de ouro havia sido roubada: provavelmente Thomas, um abade do pequeno monastério de Bayham, em Sussex. Trewythian apresentou uma descrição detalhada do ladrão (pele avermelhada, cabelo castanho ensebado, barba rala e olhos pequenos), mas também previu que o abade não o encontraria.[49]

---

47. Hilary M. Carey, *Courting Disaster: Astrology at the English Court and University in the Later Middle Ages* (Basingstoke, 1992), p. 14.
48. Page, "Richard Trewythian", p. 200-6.
49. Ibid., p. 206.

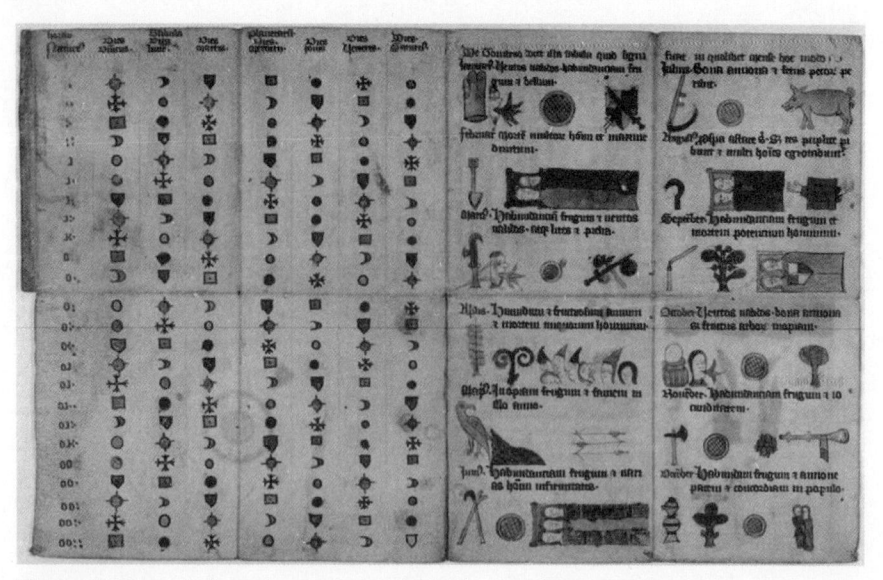

Figura 5. Prognósticos do trovão extraído de um almanaque agrícola anônimo do século XIV.

Outras pessoas com alguma educação também escreveram instruções para prever o futuro, o que se estendia para além das definições estritas do que era natural. O método para detectar o ladrão citado no começo deste capítulo é um exemplo, e existem muitos outros. Um particularmente atraente é um mapa do século XIV (um de uma série de mapas relacionados a tópicos religiosos e astrológicos) que mostra o que um trovão significa se for ouvido em cada mês do ano. Trovão em janeiro significa ventos fortes, plantações fartas e guerra, enquanto trovão em dezembro simboliza plantações e cereais fartos, mas também significa paz e acordo (ilustração 5).[50] Previsões com trovões como essa parecem ter sido relativamente comuns na Inglaterra medieval. Outro mapa na mesma linha provê prognósticos para as colheitas baseado no dia da semana em que o Ano-Novo cai. O manuscrito provavelmente veio de Worcestershire e contém retratos de dois homens, Harry, o *hayward* (retratado com seu cachorro, Talbat), e Piers, o *pinder*. *Haywards* e *pinders** eram oficiais empregados em casas do campo medievais, e

---

50. "*Januarius: Uentos ualidos, habundanciam frugum et bellum... December: Habundanciam* minha emenda: leia-se '*habundam*' no ms] *frugum et annone, pacem et concordiam in populo.*" obl ms Rawlinson d.939, parte 3. Nesse ms ver John B. Friedman, "Harry the Haywarde and Talbat his Dog: an Illustrated Girdlebook from Worcestershire", em *Art into Life: Collected Papers from the Kresge Art Museum Medieval Symposia,* ed. Carol Garrett Fisher e Kathleen L. Scott (East Lansing, 1995), p. 115-53.

Harry e Piers talvez fossem os donos do mapa – apenas alguns dos leigos que estavam aprendendo a ler em escala progressiva, e que, no fim do século XIV, estavam comprando e adquirindo manuscritos.

> No entanto, prognósticos como esse não pertenciam somente aos leigos. Clérigos possuíam manuscritos semelhantes, inclusive clérigos interessados em cuidado pastoral, que também eram público-alvo de muitos manuais pastorais. Por exemplo, uma coleção anônima do século XV de trabalhos relacionados ao cuidado pastoral contém, em sua maioria, o tipo de material que podemos esperar: pequenos tratados sobre confissão, notas sobre os sete pecados capitais, *exempla* e notas sobre tópicos teológicos. Mas entre eles existe um conjunto de prognósticos baseados no dia da semana em que o Natal cai, semelhante às previsões do Ano-Novo feitas no mapa de Harry e Piers: se o dia do nascimento do Senhor acontecer em um domingo, será um bom inverno, e uma Quaresma com ventanias, verão seco. As vinhas serão boas, e as ovelhas se multiplicarão e serão saudáveis naquele ano. Haverá paz, o mel será bom e muitas pessoas ricas morrerão. Se [cair] em uma segunda, o inverno será variável. A Quaresma será boa, o verão terá ventanias, e irá tomar de muitas pessoas [o texto em latim parece estar incompleto aqui]. As vinhas não serão boas.[51]

Essas previsões não eram definitivamente mágicas, mas estavam no limite do que poderia ser previsto naturalmente. Assim como no mapa do Trovão de Harry e Piers, muitas das previsões aqui são afirmações generalizadas sobre o tempo, as doenças e as taxas de mortalidade entre pessoas e animais – assuntos que podem ser legitimamente previsíveis para aqueles com conhecimento do mundo natural. Mas conectar trovões à guerra ou a acordos seria mais difícil de justificar como naturais tanto quanto seriam as previsões baseadas no dia da semana em que o Natal e o Ano-Novo caem. Portanto, os prognósticos do Natal em uma compilação de textos pastorais sugere que uma parte do clero, assim como dos leigos, na Inglaterra medieval, eram menos estritos sobre adivinhação do que os escritores pastorais. Isso era verdade mesmo em

---

*N.T.: *Hayward* e *pinder* eram funções específicas de trabalhadores das casas de campo da época medieval. Os *haywards* eram encarregados da manutenção das grades e muros da propriedade, assim como garantir que nenhum animal fugisse; os *pinders* cuidavam do espaço onde animais sem supervisão dos donos eram levados.

51. "*Si dies nativitatis domini in die dominica euenerit, erit bona yemps et quatragesima ventosa, sicca estas. Vites bone erunt et oues multiplicate sane in illo anno erunt. Pax erit, mel erit bonum et multi sani* [minha emenda: leia-se '*sanes*' no ms] *morientur. Si in die lune, yemps mutabilis erit, quatragesima bona, estas ventosa et de pluribus* [...] *auferret* [minha emenda: leia-se '*aufert*' no ms]. *Vites non erunt bone.*" bl ms Harley 206, f. 9v.

relação a alguns padres instruídos e inclinados ao trabalho pastoral que possuíam tratados sobre confissão e pregação.

Escolhendo a hora certa

Da observação do mundo natural, era um passo pequeno tentar maquinar presságios favoráveis para tornar realidade o futuro desejado. Richard de Wetheringsett, escritor pastoral e teólogo, escrevendo pouco depois de 1215, queixou-se das pessoas que trocavam presentes e evitavam agir de certas formas em determinados momentos exatamente por este motivo:

> As pessoas estão erradas desta forma quando, em *hounsels* [amuletos de boa sorte] do Ano-Novo ou da semana ou do dia, elas não querem oferecer nada aos seus vizinhos a não ser que recebam primeiro um *hounsel*. Elas recusam [a dar] fogo aos vizinhos enquanto uma vaca estiver dando à luz ou quando a brisa aquece pequenos animais [ou: "galinhas"] e assim por diante; ou começam a semear sementes em casamentos ou mesmo em funerais dos mortos.[52]

Essas crenças não são encontradas em manuais pastorais mais antigos e podem muito bem terem vindo das observações do próprio Richard. O dia do Ano-Novo parece ter atraído particularmente práticas deste tipo e assim tem sido por séculos. No século XII, Graciano citou comentários sobre as superstições do Ano-Novo de fontes mais antigas, e eles ainda estavam sendo mencionados em um sermão de Ano-Novo escrito pelo pregador John Mirk, por volta de 1400.[53] Nem era apenas um caso de homens do clero copiando antigas proibições: práticas feitas no Ano-Novo e em outros momentos para garantir a boa sorte futura parecem ter sido recorrentes na Inglaterra medieval. Mirk disse que não

---

52. *"Sic errant qui in hancellis noui anni vel septimane vel diei nolunt vicinis aliquid concedere nisi hansellum prius ceperint. Ignem vetant vicinis dum parit vacca, vel aura fovit pullos et huiusmodi, vel seminare incipiunt* [minha emenda: é dito '*inceperint*' no ms] *in traductionibus sponsarum et etiam in funeribus mortuorum."* Richard of Wetheringsett, *Summa*, cul ms Ii.iv.12, p. 168-9. Sobre Richard, veja Joseph Goering, "The *Summa 'Qui bene present'* and its Author", em *Literature and Religion in the Later Middle Ages: Philological Studies in Honor of Siegfried Wenzel*, ed. Richard G. Newhauser e John A. Alford (Binghamton, NY, 1995), p. 143-59.
53. Gratian, *Decretum*, 26.7.14, 26.7.16; *John Mirk's Festial*, ed. Susan Powell, Early English Texts Society, ser. 334 original (Oxford, 2009), vol. I, p. 44.

daria muitos detalhes sobre elas caso fossem "colocadas em prática", e Richard de Wetheringsett não era o único escritor inglês medieval a incluir detalhes não encontrados em fontes mais antigas. No começo do século XIV, o autor anônimo de um manual de pregação chamado *Fasciculus Morum* criticava a troca de presentes que as pessoas faziam no Ano-Novo "pela qual acreditavam que ficariam bem ou mal naquele dia, semana, mês ou ano em particular" e, a exemplo de Richard, ele atribuiu palavras em inglês para isso: *hansels* (novamente) e "presente do Ano-Novo".[54] Algumas décadas mais tarde, Ranuph Higden descreveu um tipo de adivinhação de Ano-Novo que envolvia colocar feijões próximo ao fogo. A previsão podia ser baseada em como os feijões pulam mediante o contato com a superfície quente, do mesmo modo que as pessoas às vezes faziam com grãos em séculos anteriores.[55] Da mesma forma com presságios, muitas outras crenças desse tipo podem ter passado sem terem sido registradas.

Outros dias também possuíam significados especiais. Muitos escritores pastorais ingleses da Idade Média reclamavam de pessoas que praticavam adivinhações e magia na noite do dia de São João Batista (24 de junho), provavelmente por causa de sua posição no solstício de verão. Assim como do Ano-Novo, as superstições do dia de São João também podem ser facilmente encontradas em fontes de períodos anteriores.[56] Quando refletiam sobre essas práticas, a questão-chave para os homens do clero medieval era: havia uma razão natural para justificar por que alguns dias ou horários talvez fossem melhores que outros para praticar certas atividades? Raymond de Peñafort foi o primeiro escritor pastoral a discutir o tema claramente nesses termos. Raymond era um frade dominicano catalão que compilou um livro, ou *summa*, sobre penitência nos anos 1220, que foi lido por muitos e citado por homens posteriores do clero, incluindo muitos da Inglaterra. Ele argumentava que fazer coisas em momentos específicos não era magia, se fosse baseado no conhecimento sobre o mundo natural:

> Campesinos que prestavam atenção no tempo para semear a terra ou cortar árvores, ou coisas similares, que possuem uma razão específica e natural

---

54. S. Wenzel, ed. e trans., *Fasciculus Morum: a Fourteenth-Century Preacher's Handbook* (University Park, pa, 1989), p. 579.

55. "*in primo anni ponunt fabas iuxta ignem ad prenoscendum commencionem aliquorum*". Higden, *Speculum Curatorum*, f. 37r; Stephen Wilson, *The Magical Universe: Everyday Ritual and Magic in Pre-Modern Europe* (London e New York, 2000), p. 387-8.

56. Ver capítulo 6, nota 294.

para que sejam feitas dessa forma, não são condenados aqui. Da mesma forma, os médicos quando prescrevem remédios, sangrias e coisas similares, cujas razões específicas e apresentadas podem ser atribuídas ao conhecimento médico.[57]

Escritores mais antigos não usavam com muita frequência a palavra "natural" para descrever fenômenos que possuíam explicações físicas, e o uso feito por Raymond refletia seu crescente uso em círculos acadêmicos, que foram inspirados pelos trabalhos científicos de Aristóteles. No entanto, a abordagem de Raymond era similar à de Agostinho: existia uma razão física para que essas coisas funcionassem, e não se tratava de magia. Ambas as exceções também faziam sentido. Era óbvio que a agricultura dependia de as coisas serem feitas nos momentos certos, e a ideia de que alguns procedimentos médicos deveriam ser feitos em determinados momentos também era amplamente seguida na medicina medieval. O tempo era particularmente importante em sangrias, e tratados sobre o assunto muitas vezes aconselhavam médicos e cirurgiões a prestar atenção na época do ano, no dia do mês, na hora do dia e na fase da Lua antes de fazer seus pacientes sangrarem. Eles também deveriam evitar os "Dias Egípcios", que acreditavam ser os aniversários dos dias em que Deus mandou as pragas ao Egito na Bíblia e eram amplamente vistos como agourentos.[58]

Em relação aos presságios, não eram apenas os leigos que prestavam atenção nesses detalhes. Algumas observações sobre bons dias para sangrias em março, abril e maio foram copiadas no início de um manuscrito que pertencia a Abingdon Abbey, e também incluía vários textos sobre cuidado pastoral.[59] Portanto, Raymond estava fazendo concessões sensíveis ao conhecimento científico vigente, e a maior parte dos escritores pastorais futuros seguiu seu caminho.

A maioria, mas não todos. Um clérigo que via as coisas de forma diferente era John de Mirfield (morto em 1407), padre e escritor de medicina, afiliado ao Hospital St. Bartholomew em Smithfield, Londres, o ancestral do Hospital St. Bartholomew moderno. Durante seu tempo em St. Bartholomew, Mirfield compilou dois livros, um manual pastoral e uma coleção de receitas médicas, e sua base tanto em cuidado pastoral

---

57. Raymond de Peñafort, *Summa de Paenitentia*, ed. X. Ochoa and A. Diez (Rome, 1976), col. 391.
58. Linda E. Voigts e Michael R. McVaugh, "A Latin Technical Phlebotomy and its Middle English Translation", *Transactions of the American Philosophical Society*, 74 (1984), p. 5.
59. bl ms Harley 209, f. 1v.

como em medicina lhe proporcionou uma perspectiva única sobre curas mágicas. Em seu manual pastoral, ele usa seus conhecimentos médicos detalhados para desmistificar a ideia de que a sangria deveria ser feita em dias especiais e propícios, quando as estrelas exerciam uma influência favorável:

> Mas estas coisas não deveriam ser de forma alguma observadas, já que o aspecto benigno ou maligno de um corpo celeste não apresenta uma influência principal que é fixada e determinada desta forma, porque a influência varia de acordo com a diversidade e os cursos de aspectos diversos [ângulos entre planetas] e os raios diversos que descem [dos céus]. E então, eles nem sempre podem se alinhar de uma forma prescrita em algum dia específico do mês.[60]

Em outras palavras, a influência dos planetas no corpo humano era complexa demais para ser reduzida a uma série de dias "bons" e "ruins" no mês. Mirfield defendia sua visão com a citação de uma experiência verídica de um médico mais antigo, Bernard de Gordon, que escreveu um tratado sobre sangria em 1308:

> Gordon diz sobre si mesmo: "No entanto, acontece que calculei cuidadosamente a hora em que a Lua estivesse precisamente em Gêmeos. E, posteriormente, queria drenar sangue de mim mesmo naquela hora, mas não lembrei [que era uma hora "ruim" quando a Lua estivesse em Gêmeos]. E então, quando tudo estava pronto, lembrei que era aquele momento a hora maldita que eu havia notado anteriormente. Mas eu não queria desistir por causa disso; ao contrário, fiz a sangria e nada poderia ter sido melhor para mim".[61]

A visão de Mirfield sobre momentos observados para sangrias era mais estrita do que a de outros homens do clero e também de muitos médicos,

---

60. *"Sed talia nullo modo sunt obseruanda, quoniam aspectus orbis beniuolus aut maliuolus non habet ita generalem infixam et determinatam influentiam, cum influentia varietur secundum diuersitatem et cursus diuersorum aspectuum et diuersorum radiorum descendencium. Et ita non possunt concurrere determinate semper in aliquo certo die mensis."* John of Mirfield, *Florarium Bartholomei*, cul ms mm.ii.10, ff. 239r-v. Em Mirfield, ver Carole Rawcliffe, 'The Hospitals of Later Medieval London', *Medical History*, 28 (1984), p. 9.

61. *"Michi tamen accidit"*, ait ipsemet de Gordonia, *"quod computauerim diligenter horam in qua precise luna esset in Geminis. Et postea volui facere fleubotomiam michi ipsi in illa eadem hora, sed non eram memor. Et tunc quando totum fuit paratum occurrit memorie mee quod tunc fuerit hora illa mala prius a me notata, sed nolui propter hoc dimittere; immo feci fleubotomiam et nunquam melius mihi fuit".* John of Mirfield, *Florarium Bartholomei*, f. 239v. Veja também Luke Demaitre, *Doctor Bernard de Gordon: Professor and Practitioner* (Toronto, 1980), p. 164.

mas ele abordava a questão da mesma forma que escritores pastorais mais antigos, perguntando se as crenças generalizadas sobre dias malignos eram baseadas no mundo natural. No entanto, a crença de que existiam dias desafortunados para sangrias estava firmemente enraizada, então não é surpreendente que as visões de Mirfield não tenham sido reproduzidas por outros escritores pastorais.

Medicinas natural e não natural

Os comentários de John de Mirfield sobre sangrias nos levam para outra grande área em que atividades mágicas e naturais se misturam: medicina. Algumas formas de cura de doenças podiam ser potencialmente vistas como magia, principalmente o uso de amuletos no corpo para propósitos de cura e a fala ou escrita de encantos de cura. Novamente, os homens do clero perguntavam: essas práticas poderiam funcionar naturalmente? Mas suas respostas eram um pouco diferentes daquelas que deram para a astrologia, os presságios e a observação de momentos de sorte. Eles estavam menos dispostos a zombar de encantamentos e amuletos como se fossem impossíveis e mais dispostos a considerar que talvez tivessem um efeito físico.

Escritores pastorais da Idade Média começavam com uma passagem de Santo Agostinho, que condenou encantos e amuletos como magia:

> A essa categoria ["arte da magia"] pertenciam todos os amuletos e remédios, que a medicina profissional também condena, sejam eles encantamentos, certas marcas que seus expoentes chamam de "personagens", ou o trabalho de pendurar certas coisas e amarrar uma coisa à outra, ou até fazer as coisas dançarem de alguma forma. O propósito dessas práticas não é curar o corpo, mas estabelecer significados secretos ou mesmo explicitá-los.[62]

Para Agostinho, essas práticas eram magia porque não possuíam um efeito físico direto no corpo, como acontecia na medicina, mas em vez disso agiam como sinais (os "significados" que ele menciona) para demônios, que faziam o resultado desejado acontecer. Mas mesmo quando condenava a magia, Agostinho aceitava curas que funcionassem por meios físicos e reivindicava os membros da medicina profissional como aliados contra as curas mágicas. Esse reconhecimento de que a medicina poderia trabalhar naturalmente significava que muitas práti-

---

62. Augustine, *De Doctrina Christiana*, p. 91-3.

cas médicas nunca foram vistas como magia porque nunca se duvidou de seus efeitos físicos. Isso incluía pomadas, sangrias, cirurgias e a maior parte dos remédios destinados ao uso interno. Acreditava-se que tudo isso afetava o corpo, tanto diretamente (como uma cirurgia) ou ao restaurar os humores de uma pessoa dentro de um equilíbrio saudável. Ao contrário, futuramente, homens do clero focaram no pequeno conjunto de práticas cuja eficácia física era questionável. John de Freiburg argumentou claramente em uma discussão sobre curas mágicas que foi citada posteriormente por muitos escritores:

> Entre as coisas que são feitas para atingir certos efeitos no corpo, deveria ser considerado se são capazes de causar esses efeitos naturalmente; caso consigam, não serão ilícitas. Mas, se não parecerem capazes de causar esses efeitos naturalmente, pode-se assumir que a pessoa está lidando com certos pactos com demônios... Isso é especialmente aparente quando alguns personagens, ou nomes desconhecidos, ou várias outras observações de que qualquer natureza são somadas, o que evidentemente não possuem efeitos naturais.[63]

Da mesma forma quando ele discutiu astrologia, John de Freiburg pegou muito disso emprestado da teologia de Tomás de Aquino, mas ambos os escritores concordavam com Agostinho: algumas curas possuíam efeito físico, que John, assim como Raymond de Peñafort, defininiu como "natural", e qualquer coisa além disso era magia. No entanto, por trás dessa concordância geral com Agostinho, os comentários de John (e Aquino) mostram uma abordagem diferente. Enquanto Agostinho condenou todos os encantamentos, amuletos e caracteres escritos, John de Freiburg e outros escritores pastorais do século XIII em diante foram mais precisos, separando alguns amuletos e encantamentos, mas não tudo. Então John não menciona cada encantamento, mas apenas aqueles que continham "nomes desconhecidos" ou "caracteres".

Assim como também tentavam ser mais precisos sobre o que consideravam magia, posteriormente homens do clero da Idade Média tiveram de lidar com novas práticas que não existiam nos tempos de Agostinho. Por exemplo, no século XV, Alexander Carpenter, o autor

---

63. "*In his que fiunt ad aliquos effectus corporales inducendos, considerandum est utrum naturaliter videantur posse tales effectus causare, et sic non erit illicitum. Si autem naturaliter non videantur tales effectus causare posse, consequens est quod pertineat ad quedam pacta cum demonibus inita... Hoc autem specialiter apparet in hoc cum adhibentur aliqui caracteres vel nomina ignota vel alie quecumque varie observationes quas manifestum est naturaliter efficaciam non habere.*" John of Freiburg, *Summa*, 1.11.11, ff. 31v-32r.

de um manual pastoral longo e detalhado, descreveu o que ele alegava ser um caso verdadeiro de cura, apesar de, na verdade, tê-lo copiado de um comentário da Bíblia, feito pelo teólogo Robert Holcot no século XIV: "Uma vez em Londres, afirmou-se que um homem foi curado de uma febre quartã* por uma antiga imagem de um leão feita de acordo com constelações específicas".[64] Imagens astrológicas como essas provavelmente foram derivadas da ciência e da astrologia árabes, e foram feitas para mobilizar o poder das estrelas a fim de curar uma pessoa doente. Ideias similares fundamentam alguns dos textos astrológicos árabes discutidos no capítulo 5, que foram traduzidos para o latim nos séculos XII e XIII. Alguns observadores argumentaram que imagens de cura como essas eram magia, porque não estava claro como uma imagem de um leão poderia curar a doença de alguém naturalmente. No entanto, outros praticantes da medicina as recomendavam: o médico catalão Arnold de Villanova (morto em 1311) até afirmou ter usado uma para curar as pedras do rim do Papa Bonifácio VIII.[65] Para novas práticas como essa, Agostinho não deu muita atenção. Portanto, quando discutiam cura, muitos escritores pastorais medievais da posteridade, na Inglaterra e em diversos lugares, divergiam das visões de Agostinho em pontos importantes que refletiam as mudanças mais profundas nas culturas medievais intelectual e religiosa. Eles nunca criticaram Agostinho abertamente – seu prestígio era grande demais para isso – mas ainda assim apresentaram ideias próprias e diferentes, feitas para responder às práticas que existiam no mundo ao seu redor.

A mudança mais importante foi na atitude em relação ao uso de pedras e ervas no corpo para curar doenças. Agostinho havia rotulado esses amuletos como magia, mas a partir do século XIII, manuais pastorais muitas vezes os ignoravam porque nessa época o poder de pedras e ervas que causavam um efeito em quem as usasse era amplamente aceito como natural. Textos chamados de lapidários estabeleciam as propriedades das pedras detalhadamente e circulavam de forma abrangente na Inglaterra medieval (e em outros lugares da Europa), tanto em latim como em inglês, a partir do século XII. Eles apresentaram as maravilhosas propriedades das pedras como parte do mundo natural, colocadas ali pelo próprio

---

*N.T.: Outro nome para malária.

64. *"Quondam Londoniis quidam* [minha correção: pela edição, leia-se '*quidem*'] *dicebatur curari a quartana per imaginem leonis auream secundum certas constellationes factam.*"Alexander Carpenter, *Destructorium Viciorum* (Paris, 1516), 6.52; Robert Holcot, *In Librum Sapientiae Regis Salomonis Praelectiones* (Basel, 1586), p. 530.

65. Ver Joseph Shatzmiller, "In Search of the 'Book of Figures': Medicine and Astrology in Montpellier at the Turn of the Fourteenth Century", *AJS Review*, 7 (1982), p. 383-407.

Deus.⁶⁶ Alguns escritores pastorais se posicionaram de forma semelhante. O frade dominicano do século XIII, Thomas de Cantimpré, do território onde atualmente é a Bélgica, até discutiu os poderes das preciosas pedras em sua coleção de *exempla,* para que os padres pudessem usar isso a fim de ilustrar as maravilhas da Criação e então inspirar seus ouvintes à devoção religiosa.⁶⁷ Fora dos círculos instruídos, as pessoas também usavam pedras e plantas por suas propriedades medicinais. Sabemos pouco sobre o uso de plantas porque elas não sobrevivem, mas na ponta mais cara dessa escala acreditavam que muitos exemplares de joias medievais possuíam funções protetoras e curativas, além da decorativa. Por exemplo, um pingente de quartzo do século XIII encontrando em Winchester, e atualmente no Museu Britânico, tem inscrito "AGLA", as letras iniciais da frase hebraica *Ata Gibor Leolam Adonai*, "Tu és poderoso para sempre, ó Senhor" (figura 6). Pode ter sido planejado para combinar as palavras sagradas ao poder do quartzo. A Joia de Middleham, discutida no capítulo 4 (figura 11), um pingente de ouro e safira com rezas inscritas nele, pode ter funcionado de forma semelhante, numa combinação das rezas com os poderes da safira. Fontes escritas nesse período também mencionaram joias que eram usadas para curas.

Um conjunto de anéis de cura até se transformou em um caso judicial em 1220, quando Philip de Albini afirmou que havia emprestado os anéis para Alice de Lundreford e a processou por ela ter se recusado a devolver.⁶⁸ Dado o nível de aceitação do uso de pedras e, provavelmente, também das plantas que parecem ter existido, não é surpreendente que quando os escritores pastorais ingleses mencionavam o assunto (que não acontecia sempre) enfatizassem que *não* era magia. Thomas de Chobham deixou claro que o poder das pedras vinha da natureza:

> Filósofos naturalistas dizem que o poder da natureza está concentrado, acima de tudo, em três coisas: nas palavras, nas ervas e nas pedras. Sabemos um pouco sobre o poder das ervas e das pedras, mas sobre o poder das palavras sabemos muito pouco ou nada.⁶⁹

---

66. Jean-Patrice Boudet, *Entre science et nigromance: astrologie, divination et magie en l'Occident médiéval* (Paris, 2006), p. 123.
67. Frank Klaassen, "English Manuscripts of Magic, 1300-1500: a Preliminary Survey", em *Conjuring Spirits: Texts and Traditions of Medieval Ritual Magic*, ed. Claire Fanger (Stroud, 1998), p. 7.
68. Joan Evans, *Magical Jewels of the Middle Ages Particularly in England* (Oxford, 1922), p. 112.
69. Thomas of Chobham, *Summa Confessorum*, p. 478.

Figura 6. Um pingente de prata e ametista do século XIII com a palavra mágica "AGLA" na parte posterior.

Como veremos a seguir, Thomas fugia do comum ao adotar essa visão das palavras, mas no caso de ervas e pedras a ideia era muito mais ordinária. No século XV, Robert Rypon concluiu o mesmo e fundamentou sua visão citando o escritor pastoral, bispo e teólogo do século XIII, Robert Grosseteste:

> Grosseteste diz que certas ervas possuem poderes de cura e podem ser usadas com o Evangelho [de São João, cujas palavras de abertura eram frequentemente recitadas ou escritas para proteção e cura] ou com as palavras da Reza do Senhor ou Credo, desde que nada mais seja pretendido além da honra de Deus e a saúde da pessoa doente.[70]

Para a maior parte do clero medieval posterior, usar pedras e ervas por suas propriedades medicinais era natural e não magia, apesar do que Agostinho havia dito.

Com outras práticas de cura existia mais espaço para argumentações, mas aqui também o debate girava em torno do que era natural e

---

70. "*Dicit Lincolniensis quod quedam herbe habent virtutem sanatiuam et portari possunt cum euangelio vel orationis dominice verbis vel simboli, ita tamen quod nihil aliud intendatur nisi honor dei et sanitas infirmi.*" Robert Rypon, *Sermons*, f. 34r.

do que era fisicamente possível. Thomas de Chobham foi além quando argumentou, excepcionalmente, que palavras poderiam afetar o corpo de maneira natural, assim como ervas e pedras faziam. Thomas baseou sua perspectiva no que ele afirmava serem exemplos reais: os exorcismos criados pelo Velho Testamento; rei Salomão, que, de acordo com a lenda, fazia muitas coisas incríveis. Quase todo o conhecimento de Salomão perdeu-se ao longo dos séculos, mas ainda assim Thomas afirmou que,

> da mesma forma que certa erva apresenta determinado efeito no corpo humano, e outra erva, um efeito em alguma outra coisa, também acreditavam que, naturalmente, o som de uma sílaba possuía determinado efeito de fazer ou mudar algo; o que afeta certa substância e o som de outra sílaba, outro efeito. E assim como várias ervas juntas possuem um poder em uma medicina que não teriam por si próprias, diversas sílabas ou muitas declarações também apresentam certo efeito em coisas terrenas se forem oferecidas em conjunto – poder que não possuem quando são oferecidas individualmente.[71]

Portanto, combinações de palavras podem apresentar um efeito incrível no corpo simplesmente através de meios físicos. Isso estava dentro dos limites da ciência do século XIII, e alguns escritores científicos concordaram com Thomas que falar as palavras certas poderia causar algum efeito no corpo humano.[72] Mas era sempre a posição de uma minoria, e não foi reproduzida pelos escritores pastorais posteriores. De fato, no século XV, Alexander Carpenter argumentou com a citação do teólogo Robert Holcot (século XIV), dizendo que os exorcismos do rei Salomão eram exemplos ruins: o rei do Velho Testamento muitas vezes caiu em idolatria, então é possível que tenha aprendido seus exorcismos com demônios.[73] Escritores pastorais provavelmente falharam em concordar com o poder das palavras quando aceitaram a força das ervas e das pedras, em parte porque não havia um conjunto consistente de textos científicos sobre o poder das palavras para se opor às condenações de "encantamentos" de Agostinho, da mesma forma que lapidários faziam pelas pedras. Além disso, também é provável que a visão de Thomas de Chobham sobre o poder das palavras não tenha ganhado muita aceitação dos outros escritores pastorais porque era di-

---

71. Thomas of Chobham, *Summa Confessorum*, p. 478.
72. Claire Fanger, "Things Done Wisely by a Wise Enchanter: Negotiating the Power of Words in the Thirteenth Century", *Esoterica*, 1 (1999), p. 97-131.
73. Carpenter, *Destructorium Viciorum*, 6.52; Holcot, *In Librum Sapientiae*, p. 627.

fícil colocar em prática. Thomas talvez houvesse dito algumas palavras que pudessem trabalhar por meio de causas naturais e misteriosas, mas não estava claro quais eram e como qualquer pessoa poderia decidir isso. Em oposição, Agostinho e, seguindo seus passos, escritores da posteridade, como John de Freiburg, ofereciam uma visão muito mais clara, mais fácil de colocar em prática: palavras não trabalhavam naturalmente. Mas o que os escritores pastorais tiravam com uma mão às vezes devolviam com a outra. Como veremos no capítulo 2, palavras foram amplamente usadas na cura medieval, mas a tendência era vê-las não como remédios naturais, e sim como rezas.

✣

Quando pensaram sobre previsão do futuro e cura, então o clero da Inglaterra medieval, interessado em cuidados pastorais, estava diante de um leque muito diversificado de crenças e práticas que faziam uso do mundo natural. Até os escritores pastorais admitiram que muitos eram amplamente usados e difíceis de refutar – em parte porque eram úteis. Diante de uma doença ou incerteza sobre o futuro, havia uma forte tentação para experimentar qualquer método de cura ou adivinhação que pudesse funcionar, sem pensar demais se era natural ou mágico. Um tratado sobre devoção do começo do século XV, *Dives and Pauper*, abordava diretamente esse problema.

O tratado foi escrito na forma de uma conversão entre um leigo rico, Dives, e um homem pobre, Pauper, descrito como um frade. Em dado momento Dives afirma *não* compreender por que é errado usar magia para encontrar um ladrão: seguramente, não é uma boa ação prender um ladrão por quaisquer meios possíveis? Pauper responde com a posição teológica convencional: adivinhação envolve o demônio e, portanto, é errada. Então, ele vai de encontro com a objeção pragmática de Dives com alguns argumentos pragmáticos próprios. O demônio, que é, afinal de contas, o pai de todas as mentiras, pode muito bem apontar o dedo para uma pessoa inocente apenas para causar problemas. Mesmo sem o envolvimento do diabo, adivinhação para identificar ladrões pode levar ao caos: pessoas podem acusar seus inimigos de qualquer coisa que quisessem "e dizer que o demônio ou alguma bruxa contou para elas".

Mas o fato de o trabalho do autor anônimo ter incluído essa troca sugere que nem todos concordavam.[74] Previsões baseadas no mundo

---

74. *Dives and Pauper*, ed. Priscilla Heath Barnum, Early English Texts Society, ser. original, vol. 275 (London, 1976), vol. I, p. 159-61.

natural também eram difíceis de contra-argumentar porque pareciam funcionar. O teólogo do século XIV, Robert Holcot, cujo comentário no Livro da Sabedoria da Bíblia foi amplamente lido e citado por pregadores e escritores pastorais (incluindo, como já vimos, Alexander Carpenter), enfatizava que presságios eram baseados em experiências de muitas pessoas. Os antigos haviam "provado em muitas experiências" que encontrar um monge na rua era um presságio ruim para um dia de caça, e experiências mais recentes estavam também do lado dos presságios: "tem sido experienciado por muitas pessoas que certos tipos de negócios alertam finais ruins: como encontrar uma lebre é algo ruim e encontrar um sapo significa uma coisa boa". De maneira semelhante, baseando-se na experiência "de muitas pessoas", é perigoso ou problemático começar em empregos e viagens em certos dias, como as quintas-feiras.[75] Era possível argumentar que todas as "experiências" estavam erradas, e alguns escritores pastorais fizeram isso, mas os comentários de Holcot apontam para as dificuldades encaradas pelos clérigos instruídos quando argumentavam contra tais crenças diversificadas, abrangentes e úteis, baseadas no mundo natural.

Em resposta a esses problemas, o clero medieval, encarregado de escrever sobre o cuidado pastoral, desenvolveu orientações claras sobre o que era natural e o que era magia. Eles usaram as novas ideias sobre a natureza que se originavam da teologia acadêmica e da escrita científica como uma ferramenta para lapidar um campo de previsões do futuro e cura que fossem naturais e, portanto, legítimas. Além disso, qualquer coisa que não funcionasse de forma natural era magia. Os comentários de Thomas de Chobham sobre o poder das palavras e os de John de Mirfield sobre as sangrias mostram que havia espaço para debates sobre certas práticas, mas opiniões individuais como essas eram comparativamente raras. Entre a maioria dos autores, um consenso emergiu ao longo do século XIII e ficou. Pode não ter considerado o escopo de escritos científicos medievais por completo – tanto a visão de Thomas de Chobham como a de John de Mirfield podem ser encontradas em outros autores também –, mas provavelmente corresponde ao que a maioria do clero instruído achava sensato e a que as pessoas de fato faziam diante de uma doença e outros problemas. Era também mais claro e fácil se comunicar com o clero menos instruído e com os leigos.

---

75. *"Diversi sunt experti quod quedam negocia malos eventus denunciant, sicut obviare lepori est malum et obviare bufoni significat bonum." "Multi experiuntur quod inchoare labores vel itinera certis diebus, puta feria tertia, est periculosum et taediosum."* Holcot, *In Librum Sapientiae,* p. 626, 529.

Uma consequência dessa abordagem era o alto valor dado *às pessoas* que possuíam conhecimento especializado e experiência com o mundo natural. Como vimos, Raymond de Peñafort considerava que campesinos que sabiam sobre agricultura e médicos que sabiam sobre doenças poderiam, legitimamente, fazer coisas em momentos específicos porque compreendiam as razões naturais por trás de suas práticas. Era tão valiosa a habilidade em interpretação do mundo natural que esses especialistas às vezes podiam produzir resultados incríveis que pareciam magia. Thomas de Chobham definiu com precisão:

> Um médico não comete um pecado quando, por meio da sutileza de sua arte, prevê a morte futura de alguém muito antes de ela chegar, mesmo que isso pareça milagroso para pessoas ignorantes. De forma semelhante, quem quer que observe, por meio da investigação natural do ar e dos planetas, um tempo bom ou tempestades no futuro, fertilidade ou esterilidade, pragas e doenças, alegria ou tristeza nas pessoas (porque as pessoas podem ficar felizes ou tristes pela disposição do ar); mesmo que preveja muito antes de acontecer, não está cometendo um pecado, a não ser que misture vaidade ou encantamentos para demônios.[76]

Esses debates sobre até que ponto a adivinhação ou a cura poderiam ser vistas como naturais mostram como os homens instruídos do clero tentaram desenvolver formas mais precisas de distinção entre magia e atividades legítimas, baseadas em outras tendências intelectuais da época. Eles fizeram isso em resposta a preocupações práticas quanto a atividades específicas como medicina, astrologia e agricultura. Dessa forma, podemos ver escritores pastorais aplicando ideias teológicas sobre o mundo natural ao que eles acreditavam ser a experiência vivida na Inglaterra medieval. Eles tentaram navegar por essa experiência usando os conceitos sobre o que era natural e o que era possível. Mas o mundo também poderia ser influenciado de outras formas: por Deus. Uma vez que Deus estivesse envolvido, era irrelevante se algo era natural ou possível, porque Deus poderia surgir da natureza e fazer algo realmente impossível.

---

76. Thomas of Chobham, *Summa Confessorum*, p. 479.

Capítulo 2
Encantamentos, Rezas e Profecias: Magia e Religião

Santa Maria lançou em seu filho um encantamento contra a mordida de elfos e a mordida de homens, e ela juntou osso por osso, sangue ao sangue e junta a junta, e então o garoto recuperou-se.[77]

Esse encantamento foi descoberto em meados do século XIV, pelo frade Hereford e pelo padre John Bromyard. Provavelmente era usado para curar distensões, já que versões desse encantamento foram usadas para tal finalidade no oeste da Inglaterra e em todo o restante da Europa até o fim do século XIX.[78] Bromyard condenava encantamentos como este por considerá-los "mentiras e contrários a fé católica", mas ele também reclamava que nem todos concordavam: "eles dizem, tanto aqueles que fazem como aqueles que consentem, que falam as palavras sagradas de Deus, Santa Maria e outros santos, e muitas rezas".[79] A persistência dos encantamentos sugere que esta de

---

77. "*Sancta Maria carminauit filium suum a morsu alphorum et a morsu hominum et coniunxit os ad os, et sanguinem ad sanguinem, et iuncturam ad iuncturam, et sic puer conualuit.*" John Bromyard, *Summa Praedicantium* (Nuremberg, 1518) "Sortilegium" 7, f. 357v.

78. Jonathan Roper, *English Verbal Charms* (Helsinki, 2005), p. 96.

79. "*Quis christianus non diceret ista verba mendosa et contra fidem esse catholicam...?*" "*Dicunt tam facientes quam consentientes quod sancta verba dicunt dei et sancte Marie et aliorum sanctorum et orationes multas.*" Bromyard, *Summa,* "Sortilegium" 7, f. 357v.

fato era uma visão abrangente. As palavras de John Bromyard apontam para o segundo grande problema que os homens do clero inglês da Idade Média encaravam quando pensavam em magia: como distingui-la da religião legítima. Assim como o limite entre a magia e o mundo natural, a linha entre magia e religião era difícil de identificar, e diferentes pessoas poderiam ter opiniões bem distintas das práticas que estavam próximas desse limite.

A situação era ainda mais complicada porque todos os escritores religiosos medievais aceitavam que, na teoria, era possível para algumas pessoas preverem o futuro por meio do poder de Deus. A Bíblia possuía muitos trechos sobre profecias, desde a habilidade de José para interpretar sonhos no Gênesis até a visão derradeira do fim do mundo no Apocalipse. Curas milagrosas também estavam firmemente inseridas na tradição cristã. Era especialmente proeminente no Novo Testamento, que nos conta como Jesus curou muitos doentes, deficientes e pessoas possuídas. Considerando esses precedentes bíblicos, lendas medievais fazem menções a falas dos santos sobre como Deus ajudou esses homens e mulheres especiais a serem curados e a profetizar, e eles frequentemente moldavam suas histórias baseando-se nos milagres de cura do próprio Cristo. A Golden Legend, uma coleção popular do século XIII sobre a vida dos santos, incluía muitas dessas histórias: São Remo previu as pessoas passando fome, e São Dominique, "movido pelo espírito da profecia", previu para o prior de um monastério em Bolonha que ele mesmo morreria muito antes do que de fato ocorreu, enquanto Santa Inês trouxe de volta à vida um jovem que havia sido morto pelo demônio quando tentou estuprá-la (uma atitude que os padres pagãos locais confundiram com magia).[80] No entanto, apesar desses exemplos claros de profecias milagrosas e curas, a Bíblia também possuía muitos avisos contra falsos profetas. Portanto, os homens do clero medieval estavam bem cientes de que precisavam encontrar formas de distinguir entre milagres verdadeiros e falsos e determinar quando a inspiração divina estava presente e quando não estava.

A partir do século XII, os clérigos que estavam interessados em cuidado pastoral começaram a desenvolver ideias mais claras sobre quais práticas deveriam ser consideradas magia e quais deveriam ser religiosas. Homens do clero em séculos anteriores também estiveram interessados nesse assunto e acusaram certas práticas não oficiais de cura e adivinhação de serem magia, e seus comentários continuaram a

---

80. Jacobus de Voragine, *The Golden Legend*, trad. W. G. Ryan (Princeton, NJ 1993), vol. II, p. 52, 217, vol. I, p. 103.

ser citados por autores futuros. Mas no século XIII, clérigos instruídos discutiam de forma mais aprofundada sobre exatamente onde o limite entre magia e religião se encontrava, assim como o fizeram quando pensavam no limite entre a magia e o mundo natural. Eles abordaram diferentes práticas, passando caso a caso, oferecendo uma medida de aceitação para algumas enquanto condenavam outras de forma severa. No entanto, no geral, o clero estava muito mais cauteloso em relação a adivinhações e curas que se misturavam com a religião do que as que se misturavam com formas de interpretar o mundo natural e manipular as forças da Natureza.

Enquanto os clérigos lidavam com essas questões, os escritores pastorais discutiam algumas práticas detalhadamente: tirar a sorte ou realizar práticas aleatórias (por exemplo, jogar dados) para determinar a vontade de Deus quando decisões importantes tinham de ser feitas; a interpretação de sonhos; e o uso de encantamentos ou rezas em curas, tanto quando eram faladas diante da pessoa doente ou quando eram escritas e usadas como amuleto. Suas reações a essas práticas mostravam um espaço para variação que existia quando o clero pensava na diferença entre magia e religião, e também alguns dos fatores que os levavam a rotular algumas práticas como religiosas e outras como magia.

Quando pensaram sobre os limites da magia e da religião, os homens do clero também tiveram de confrontar um assunto mais profundo: quem tinha o direito de oferecer adivinhações ou curas religiosas? Quando as pessoas afirmavam prever o futuro, os clérigos estavam reivindicando a autoridade e o conhecimento para fazê-lo corretamente – de que eles poderiam revelar o futuro conhecido apenas por Deus e garantir que não estavam se comunicando com demônios. De forma semelhante, se alguém afirmasse que suas rezas eram capazer de curar, isso também era uma reinvindicação de conhecimentos religiosos especiais e *status*. Homens do clero estavam preocupados com isso; sem a autoridade da Igreja, tais pessoas poderiam estar enganadas e adaptar rituais cristãos de forma inaceitável e mágica. Portanto, quando eles condenavam a adivinhação e a cura mágica, faziam-no em partes porque queriam reservar a autoridade de cura e previsão do futuro para as pessoas sancionadas pela Igreja, as quais poderiam confiar que agiriam de maneira responsável.[81]

---

81. Jean-Claude Schmitt, "Appropriating the Future", em *The Future in the Middle Ages*, ed. J. A. Burrow e Ian Wei (Woodbridge, 2000), p. 10-1.

Tirando a sorte

No Novo Testamento, os apóstolos estão descritos tirando a sorte após a Crucificação, quando elegeram Matias como o 12º Apóstolo, em substituição a Judas Iscariotes (Salmo 1:23-6). Esse incidente atraiu muita atenção de comentaristas da posteridade porque, no século XV, conselhos da Igreja estavam criticando sorteios como magia, assim como outras atividades aleatórias que eram usadas para gerar respostas para perguntas. Eles elegeram, para receber críticas em especial, um livro chamado *Lots of the Saints*. Para usar o *Lots of the Saints,* jogava-se três dados, e cada combinação de números levava a uma previsão. Três "seis", por exemplo, levavam a essa resposta otimista:

> Após o Sol, as estrelas aparecem, e o Sol mais uma vez recupera sua luz brilhante. Então, também em breve, sua mente voltará à luz do ponto em que você parece estar na dúvida. E chegará até você, e você obterá o que deseja com a ajuda de Deus. Agradeça a Ele.[82]

Como mostra essa previsão, o *Lots of the Saints* era veementemente cristão em sua linguagem. Combinado com o precedente dos Apóstolos, isso gerava um problema para os clérigos da posteridade que tinham dúvidas sobre tirar a sorte. Se era errado tirar a sorte, então por que Deus permitiu que os Apóstolos o fizessem? Havia algo realmente errado em todas as situações? Teólogos cristãos mais antigos adotavam diferentes perspectivas sobre isso, e os comentários de São Jerônimo (morto em 420) do teólogo anglo-saxão Bede (morto em 734) e outros foram reunidos pelo professor de direito Graciano, em seu livro sobre lei canônica, o *Decretum*, na década de 1140. O próprio Graciano propôs uma concessão simples: tirar a sorte não era, em si, errado, e Deus havia permitido no passado, mas agora era proibido caso encorajasse as pessoas a buscarem a idolatria pagã. A razão por trás disso era o fato de que tirar a sorte encorajava as pessoas a direcionar a fé ao destino em vez de Deus – um argumento que expressa uma preocupação maior quanto às pessoas comuns não poderem ser confiadas a atividades como tirar a sorte e curar de modo responsável.[83] Pelo fato de o livro de Graciano ter sido lido amplamente nos séculos seguintes, sua perspectiva

---

82. William E. Klingshirn, "Defining the Sortes Sanctorum: Gibbon, Du Cange and Early Christian Lot Divination", *Journal of Early Christian Studies*, 10 (2002), p. 95.

83. Gratian, *Decretum*, ed. E. Friedberg, *Corpus Iuris Canonici*, vol. I (Leipzig, 1879, repr. Graz, 1959), 26.2.1-4.

foi transmitida aos instruídos homens do clero da posteridade, na Inglaterra e em todo o restante da Europa.

No entanto, a solução de Graciano não evitava que outros grupos dentro da Igreja pensassem de forma diferente. O *Lots of the Saints* continuou a ser copiado até o fim da Idade Média, e por volta do século XII havia adquirido um novo nome, o *Lots of the Apostles*, ligando-o fortemente ao ato de tirar a sorte dos apóstolos, e então proporcionou uma dose extra de legitimidade.[84] Tirar a sorte também continuou a acontecer, mais perceptivelmente durante as eleições dos bispos. Durante algum tempo, entre 1216 e 1227, o papa Honório III repreendeu o colegiado de Lucca, na Itália, por tirar a sorte para decidir quem do colegiado da catedral nomearia os candidatos para a diocese. Neste caso, as coisas acabaram relativamente bem: Mestre Robert foi devidamente eleito, e Honório o considerou um candidato ideal e o confirmou como bispo. Porém, o papa proibiu tirar a sorte em momentos futuros.[85]

Esses debates sobre se era legítimo tirar a sorte não eram limitados apenas a textos isolados, como *Lots of the Saints/Apostles,* e a algumas situações específicas, como as eleições episcopais. Faziam parte de uma ampla mudança nas visões do clero instruído sobre se era legítimo praticar atividades que pediam a Deus a revelação de suas vontades em relação à Humanidade. O problema aqui era assumir que Deus iria intervir para responder a perguntas em relação ao dia a dia. Por séculos, muitos homens do clero não viram nada de errado com isso, mesmo se alguns tivessem dúvidas em relação ao *Lots of the Saints*. No entanto, a partir do século XII, alguns intelectuais estavam começando a ver isso como algo ímpio: as pessoas não deveriam, pensavam eles, esperar que Deus respondesse a perguntas sobre assuntos mundanos, especialmente se houvesse outras formas de resolver o problema. Era perfeitamente legítimo rezar por ajuda, mas as pessoas não deveriam praticar uma atividade que exigia uma resposta de Deus ou sequer tentasse forçá-Lo a fazer isso.[86]

A maior parte do debate centrava-se na prática do julgamento por provação. Isso foi usado para resolver casos legais quando não havia outras fontes de provas. Houve diversas formas, mas geralmente era

---

84. Klingshirn, "Defining the Sortes Sanctorum", p. 102-3.

85. *Decretals of Gregory ix* 5.21.3 em E. Friedberg, ed., *Corpus Iuris Canonici*, vol. II.

86. Catherine Rider, "Magic and Unorthodoxy in Late Medieval English Pastoral Manuals", em *The Unorthodox Imagination in Late Medieval Britain*, ed. Sophie Page (Manchester, 2010), p. 103.

exigido que a pessoa acusada passasse por um teste perigoso ou doloroso, como colocar a mão na água fervendo ou segurar uma barra de ferro quente. Uma vez realizado o teste, acreditava-se que Deus relevaria a verdade do caso: se a mão queimada da pessoa acusada estivesse cicatrizando bem após três dias, Deus estava confirmando estar ao seu lado, mas se inflamasse, o acusado era culpado. Julgamento por provação era uma prática secular, e os homens do clero antigo a promoviam como uma atividade religiosa, mas, com a chegada do século XIII, ela estava sendo cada vez mais atacada por teólogos instruídos que contestavam a forma como a prática aparentemente forçava Deus a intervir nos assuntos humanos. Consequentemente, em 1215, o papa Inocêncio III proibiu os clérigos de participarem de provações e, ao fim do século XIII, alguns manuais pastorais estavam até acusando a provação como uma forma de magia.[87]

É provável que a mesma preocupação com práticas que exigiam respostas de Deus estava por trás da proibição de tirar a sorte por Honório III, mas por algum tempo ainda permaneceram assunto para discussões. Alguns escritores pastorais do começo do século XIII continuaram a acreditar que a tiragem da sorte poderia ser legítima dentro de algumas circunstâncias. Por exemplo, na década de 1220, o frade catalão Raymond Peñafort, que escreveu um livro ou *Summa* amplamente copiado sobre penitência, permitia algumas formas de tiragem da sorte:

> Se a causa for honesta, e a necessidade, urgente, por exemplo, se houver uma disputa sobre a eleição de candidatos e ambos forem iguais em todos os aspectos, eu acredito que, seguindo o exemplo de Matias, a sorte possa ser tirada.[88]

Thomas de Chobham, escritor inglês do início do século XIII, administrador da diocese de Salisbury que escreveu uma *summa* para confessores pouco depois de 1215, concordava: tirar a sorte pode ser permissível se usada para buscar informações que fossem necessárias e não fossem prejudiciais para ninguém, e se não houvesse outra forma de responder a essa pergunta.[89] Tanto o livro de Raymond quanto o de Thomas foram amplamente copiados e influenciaram o que muitos

---

87. Robert Bartlett, *Trial by Fire and Water: the Medieval Judicial Ordeal* (Oxford, 1986), p. 86-90.
88. Raymond of Peñafort, *Summa de Paenitentia*, ed. X. Ochoa and A. Diez (Rome, 1976), col. 390.
89. Thomas of Chobham, *Summa Confessorum*, ed. F. Broomfield (Louvain, 1968), p. 467.

escritores da posteridade falaram sobre magia – mas não a respeito desse tema. Uma vez que a carta de Honório III, a qual repreendia os clérigos de Lucca, tornou-se uma parte integral da lei canônica, qualquer apoio remanescente à tiragem de sorte desapareceu. Sob a luz dessa mudança, William de Rennes, que comenta a *Summa* de Raymond de Peñafort na década de 1240, abertamente contradiz as afirmações de Raymond sobre tirar a sorte: "eu não acredito que tiragens de sorte deveriam ter espaço nas eleições de hoje em dia".[90] Nenhum outro manual pastoral posterior reivindicou que o sorteio pudesse ser legítimo em certas circunstâncias.

É claro, uma proibição papal e a falta de empatia do clero instruído não impediram todos os métodos de previsão do futuro por jogo de dados ou tiragem de sorte. O *Lots of the Apostles* continuou a ser copiado e foi traduzido do latim para línguas vernáculas europeias, que apenas o tornaram mais acessível.[91] Outros textos que davam instruções para adivinhações por jogo de dados ou outras atividades de probabilidades também sobreviveram. Alguns podem ter sido criados para entreter em vez de gerar previsões sérias: um conhecido como "Sorte do Dado" faz referência a amantes famosos, como rei Arthur e seus cavaleiros, o que sugere ter sido escrito como uma forma de entretenimento da corte.[92] Todavia, ainda que os guias de previsão do futuro continuassem a ser lidos e provavelmente usados, a ideia de que essa era uma forma legítima de discernir entre a vontade divina e uma atividade religiosa desapareceu do meio instruído do clero.

Interpretando sonhos

O clero instruído era ainda mais desconfiado das pessoas que faziam previsões do futuro interpretando sonhos, mesmo existindo alguns paralelos impressionantes entre a tiragem de sorte e a interpretação de sonhos. Havia precedentes sólidos para ambas as atividades na Bíblia. Novamente, teólogos cristãos mais antigos eram cautelosos, mas não condenavam todas as interpretações de sonhos indiscriminadamente.

---

90. "*non credo quod hodie locum habeat sors in electionibus*". William of Rennes, Glossário impresso em *Summa de Penitentia,* Raymond of Peñafort (Rome, 1603, repr. Farnborough, 1964), p. 104.

91. W. L. Braekman, "Fortune-Telling by the Casting of Dice", *Studia Neophilologica*, 52 (1980), p. 6.

92. Ibid., p. 13.

Ao contrário, o autor mais importante sobre o assunto, o papa Gregório, o Grande (morto em 604), fazia distinção entre muitos tipos diferentes de sonhos. Alguns tinham causas físicas detectáveis, como fome, embriaguez, ansiedade ou lembranças de eventos recentes. Alguns sonhos vinham de Deus, mas outros eram inspirados pelo Diabo. Pelo fato de os sonhos poderem ter tantas causas diferentes, Gregório advertia para os sonhadores serem extremamente cautelosos sobre como eles interpretavam os sonhos, mas ele não desconsiderou a possibilidade de sonhos divinamente inspirados, sendo seus comentários copiados por escritores posteriores.[93] E, novamente, tratados que diziam às pessoas como interpretar seus sonhos circularam pela Idade Média apesar das dúvidas eclesiásticas. Na Inglaterra medieval, os donos dos tratados incluíam o rei Ricardo II e os monastérios de Reading e Bury St. Edmunds.[94] No entanto, escritores pastorais medievais estavam unidos para condenar a interpretação de sonhos o tanto quanto conseguissem. Eles advertiam que sonhos aparentemente inspirados divinamente poderiam acabar não tendo nenhum significado ou, pior, manipulações demoníacas. Então, Richard de Wetheringsett, que escreveu um manual para padres pouco depois de 1215, afirmou ser ridículo esperar por uma revelação divina. Richard e o escritor pastoral francês amplamente lido, Guillaume Peyraut (que escreveu na década de 1230), também afirmaram que sonhos levavam muitas pessoas ao erro.[95]

Alguns escritores individuais foram além para minimizar qualquer possibilidade sobre pessoas comuns poderem ter sonhos proféticos. John Bromyard, o frade de Hereford, que foi tão crítico em relação a encantamentos, era um dos mais extremistas. De acordo com Bromyard, ninguém, sob quaisquer circunstâncias, deveria acreditar em seus sonhos. Mesmo se os sonhos excepcionalmente vissem a ser revelações divinas, os eventos que previam aconteceriam (ou não) pela vontade de Deus, independentemente se o sonhador acreditou no sonho.[96] O manual de pregação de Bromyard era amplamente lido por autores de sermões posteriores, e pelo menos um pregador citou-o sobre esse assunto: Robert Rypon, monge da Catedral Durham,

---

93. Steven F. Kruger, *Dreaming in the Middle Ages* (Cambridge, 1992), p. 50-3.
94. Ibid., p. 15.
95. "*stultum est*". "*Multos errare fecerunt somnia*". Richard of Wetheringsett, *Summa*, p. 170; Peraldus, *Summa*, p. 242.
96. Bromyard, *Summa*, "Sortilegium" 4, f. 357r.

por volta de 1400.⁹⁷ No entanto, a maior parte dos homens do clero era moderada e não descartava totalmente a possibilidade de sonhos inspirados divinamente. Por exemplo, um dos contemporâneos de Bromyard e companheiro frade dominicano, Robert Holcot, admitiu que alguns sonhos eram enviados por bons espíritos e ele foi citado na década de 1420 pelo escritor pastoral Alexander Carpenter.⁹⁸ Holcot e Carpenter também sugeriram outra possibilidade: alguns sonhos poderiam proporcionar um *insight* sobre o futuro por razões puramente naturais. Para apoiar a afirmação, citou os trabalhos de Aristóteles e o teólogo do século XIII, Alberto Magno, o qual disse que os sonhos poderiam trazer mudanças físicas no corpo, como instabilidade dos quatro humores; então poderiam avisar se ele ou ela estavam ficando doentes.⁹⁹ Isso proporcionou maior suporte para a ideia de que alguns sonhos podiam prever o futuro, mas levou-os para fora da esfera das revelações divinas e para o mundo natural.

No entanto, apesar de Robert Holcot e (seguindo ele) Alexander Carpenter serem um pouco mais dispostos que John Bromyard a reconhecer que alguns sonhos eram divinamente inspirados e outros poderiam ser confiáveis por razões naturais, eram pouco encorajadores. Suas conclusões eram: "Primeiro, adivinhações por sonhos são lícitas [em algumas circunstâncias]. Segundo, tais adivinhações não deveriam ser esperadas em todos os sonhos. Terceiro, adivinhação por sonhos é muito perigoso".¹⁰⁰ Apesar das diferenças nas ênfases, esses escritores compartilhavam uma mensagem importante: sonhos que pareciam prever o futuro deveriam ser tratados com grande cautela, e sua crença neles era por sua conta e risco.

Para ressaltar esse ponto, havia muitos autores de manuais de pregação e sermões chamados *exempla*, sobre pessoas cujos sonhos inicialmente pareciam inspirados divinamente, mas na verdade acabavam sendo obra de demônios. Nessas histórias, os sonhos provaram-se falsos ou tornaram-se realidade de formas inesperadas e terríveis. John Bromyard coletou diversos exemplos desses, já que se encaixavam bem em sua forte convicção contra a crença em sonhos. Ele faz

---

97. Robert Rypon, *Sermons*, bl ms Harley 4894, f. 34v.

98. Robert Holcot, *In Librum Sapientiae Regis Salomonis Praelectiones* (Basel, 1586), p. 666; Alexander Carpenter, *Destructorium Viciorum* (Paris, 1516), 6.50.

99. Holcot, *In Librum Sapientiae*, p. 666-7; Carpenter, *Destructorium Viciorum*, 6.50.

100. "*Prima quod divinatio per somnia est licita. Secunda quod talis divinatio non est ab omnibus somniis expectanda. Tertia quod divinatio per somnia est multum periculosa.*" Carpenter, *Destructorium Viciorum*, 6.50; Holcot, *In Librum Sapientiae*, p. 667.

um relato sobre um homem que sonhou que, se matasse certo eremita, tornar-se-ia rei da Sicília. Ele matou o eremita, mas não se tornou rei e, ao contrário disso, consequentemente, foi enforcado por assassinato. Bromyard também recontou a lenda do papa Silvestre II (morto em 1002), que dizem ter vendido a alma para o Diabo em troca de poderes mágicos. O Diabo disse a Silvestre que ele não morreria até que entrasse voluntariamente em Jerusalém, então o papa pensou que estava seguro; mas quando entrou na Igreja da Cruz Sagrada em Jerusalém, em Roma, ele sabia que havia sido enganado e foi salvo apenas por um arrependimento de última hora.[101] Pregadores também usaram essa história e outras como esta: Thomas de Chobham contou uma em um sermão no começo do século XIII, enquanto Robert Rypon recontou diversas das histórias de Bromyard sobre sonhos em um sermão sobre magia.[102] Portanto, enquanto eles não negavam a possibilidade de sonhos inspirados divinamente, na prática os escritores pastorais ingleses medievais ensinavam os leigos a serem desconfiados de seus próprios sonhos e sustentavam isso com histórias que afirmavam ser verídicas.

Essas advertências sobre sonhos eram particularmente um aspecto dos manuais de confissão e pregação. Em outras circunstâncias, homens do clero estavam dispostos a discutir sonhos proféticos. Afinal de contas, os sonhos proféticos encontrados na Bíblia eram bastante conhecidos. Por exemplo, um saltério iluminado feito em Oxford, no século XIII, representava os três Reis Magos do Novo Testamento sendo avisados em um sonho por um anjo para que não revelassem a localização do menino Jesus para o rei Herodes (figura 7). Mesmo trabalhos escritos tendo como assunto as pregações podem promover alguns sonhos proféticos como algo bom: o *Golden Legend* contou como as mães de São Dominique e Bernard de Clairvaux tiveram sonhos sobre a grandeza futura de seus filhos enquanto estavam grávidas.[103] No entanto, essas histórias lidavam com circunstâncias especiais e provavelmente não eram vistas como guia de conduta para o dia a dia. Enquanto eles instruíam os leigos sobre a distinção entre práticas legítimas e ilegítimas, escritores pastorais eram muito menos liberais e mais cientes dos perigos de acreditar em sonhos.

---

101. Bromyard, *Summa*, "Sortilegium" 4, ff. 356v, 357r.

102. Thomas of Chobham, *Sermones*, ed. Franco Morenzoni, *Corpus Christianorum Continuatio Mediaevalis* vol. LXXXII/A (Turnhout, 1993), p. 237; Robert Rypon, *Sermons*, f. 34r.

103. Jacobus de Voragine, *Golden Legend*, vol. I, p. 44-5, 98.

Figura 7. Os três Reis Magos são advertidos em um sonho por um anjo para não voltarem a Herodes; de um saltério inglês de *c*. 1240.

Palavras para curar os doentes

À primeira vista, escritores pastorais ingleses da Idade Média pareciam igualmente desconfiados das formas religiosas de cura. Por exemplo, muitos citavam uma crítica a "encantamentos" medicinais que surgiram séculos atrás e que chegaram até eles pelo *Decretum*, de Graciano:

> Não é permitido dar crédito a certos encantamentos ou observações [recitadas] quando estiver coletando ervas medicinais, exceto com o Credo divino ou a Oração do Senhor, então apenas Deus, o Criador e Senhor de todas as coisas, é honrado.[104]

Essa era uma visão estrita de encantamentos: com a exceção de algumas rezas bem conhecidas, quaisquer palavras recitadas diante de ervas eram "encantamentos" e deveriam ser evitadas. Foi repetido por escritores posteriores, incluindo Thomas de Chobham (mesmo que, como vimos, este acreditasse que algumas palavras poderiam afetar o corpo naturalmente) e Raymond de Peñafort.[105] No entanto, provavelmente era muito estrito para muitos clérigos instruídos e, com frequência, escritores pastorais posteriores encontraram meios de limitar as proibições. Suas perspectivas sobre encantamentos e rezas de cura eram, portanto, mais flexíveis do que suas perspectivas sobre previsões do futuro. Então, ao mesmo tempo que se tornaram mais estritos em relação à tiragem de sorte e interpretação de sonhos, o clero instruído estava se tornando menos rigoroso em relação aos encantamentos de cura. Isso se deu principalmente graças a um homem, William de Rennes, que, como já vimos, escreveu comentários sobre a *Summa* de Raymond de Peñafort, a respeito de penitências, na década de 1240. Após essa década, os comentários de William foram copiados constantemente em manuscritos da *Summa,* de Raymond, como um comentário padrão, e tiveram uma grande influência em como o clero tempos depois distinguiria as curas religiosas das mágicas.

Sobre as curas mágicas, o próprio Raymond de Peñafort simplesmente havia citado a passagem em que bania tudo, além da Oração do Senhor e o Credo, para ser citado diante de ervas. William de Rennes escreveu um longo comentário sobre essa passagem, na qual analisa

---

104. Gratian, *Decretum*, 26.5.3.
105. Thomas of Chobham, *Summa Confessorum*, p. 477; Raymond of Peñafort, *Summa*, col. 391.

com maior cuidado o uso de palavras, tanto escritas como faladas, em curas. Primeiramente discutiu o *brevia*, amuletos escritos que continham rezas e outras palavras e símbolos, usados para curar doenças ou proteger contra a má sorte. Provavelmente eram muito comuns (e continuaram populares nos séculos seguintes), mas pelo fato de serem feitos em folhas avulsas ou pergaminhos, eram facilmente perdidos ou desgastavam-se e apenas alguns sobreviveram, incluindo um elaborado que está agora na Biblioteca da Catedral Canterbury.[106]

Para William de Rennes, um *brevia* que consistia apenas em citações do Evangelho era aceitável. Isso era uma extensão lógica da velha visão de que somente orações oficiais deveriam ser recitadas diante das ervas medicinais, mas por si só já não era o suficiente para distinguir religião e magia. William advertiu que até um *brevia* legítimo poderia se tornar mágico se as pessoas botassem fé nas observâncias que praticavam enquanto o escreviam: por exemplo, se as pessoas acreditassem que o *brevia* era mais eficiente caso fosse escrito em uma hora específica, como durante uma missa. *Brevia* também poderia ser mágico se combinasse orações oficiais com "certos caracteres e certos nomes não familiares" ou se fizessem promessas específicas, como "quem quer que carregue esse *brevia* consigo não será posto em perigo de tal e tal forma, ou essa ou aquela coisa boa acontecerá com ele".[107]

Portanto, William evocou duas áreas preocupantes. Primeiramente, focou em certas características identificáveis: o *brevia* continha apenas palavras da Bíblia, ou ele combinaria com elementos não ortodoxos, tais como nomes ou garantias de boa fortuna ou proteção? Apesar de William não ter dito, essas razões para suspeitar de nomes desconhecidos eram provavelmente as mesmas estabelecidas pouco tempo depois pelo teólogo Tomás de Aquino e repetidas por outro escritor pastoral influente, John de Freiburg, na década de 1290: nomes desconhecidos podem ser nomes de demônios, então as pessoas que usassem esse *brevia* poderiam invocar demônios sem perceber.[108] É menos claro o motivo pelo qual ele condenou as promessas de proteção, mas ele pode ter feito isso porque nenhuma reza deveria garantir o futuro, então muitas promessas poderiam parecer querer forçar Deus a agir de uma forma em particular. A segunda área preocupante não era em relação

---

106. Skemer, *Binding Words*, p. 199-212.
107. William of Rennes, comentários impressos em *Summa*, Raymond of Peñafort, p. 104- 5; Catherine Rider, "Medical Magic and the Church in Thirteenth-Century England", *Social History of Medicine*, 24 (2011), p. 96-8.
108. Ver capítulo 1, nota 63.

ao conteúdo do *brevia*, mas sobre a atitude da pessoa que faz uso dele. Ela botou a fé em observâncias que são irrelevantes para uma oração verdadeira, tal como escrevê-las em momentos especiais, em vez de colocar fé na oração propriamente dita?

Comentários de William marcaram um desvio importante daqueles do clero antigo que proibiam todos os "encantamentos". Ao estabelecer critérios específicos pelos quais o *brevia* tornava-se mágico, ele implicitamente permitiu outras curas que usassem palavras – apesar de algumas ressalvas, como veremos. Essa posição mais tolerante provavelmente reflete a atitude em relação a encantamentos encontrados na sociedade em geral, porque muitas pessoas parecem reconhecer ao menos um tanto deles como legítimo. Sabemos mais sobre encantamentos do que a maioria das práticas "mágicas" porque eram frequentemente escritos por autores da medicina e por outras pessoas alfabetizadas que os julgavam úteis. Também sabemos bastante sobre as atitudes medievais em relação aos encantamentos porque os escritores medievais escreveram sobre como poderiam ser usados. Muitas vezes, eles não eram vistos como "magia". Ao contrário, escritores da medicina altamente treinados academicamente categorizaram encantamentos como *experimenta* ou remédios "empíricos", o que significava que não podiam ser explicados pela ciência medieval e podiam ser conhecidos apenas pela experiência (como o método para identificar ladrões, citado no começo do capítulo 1).

Atitudes em relação aos encantamentos e outros remédios empíricos variavam. Alguns escritores médicos os acusavam de "fábulas", já que eram baseadas em boatos e não teorias científicas.[109] Outros eram ambivalentes, mas os registravam mesmo assim, como o padre e médico John de Mirfield, que se encontrava no Hospital St. Bartholomew, em Londres, por volta de 1400, e quem já encontramos criticando o uso de astrologia em sangrias. John incluía vários encantamentos em sua coleção de receitas médicas, mas ele também levantava dúvidas sobre o quão eficiente eram.[110] Outros escritores de medicina treinados academicamente os copiaram sem apresentar nenhuma ressalva, incluindo John de Gaddesden, que se tornou médico da corte de Edward II.[111] Tirando a preocupação quanto à religião, escritores pastorais circulavam

---

109. Lea Olsan, "Charms and Prayers in Medieval Medical Theory and Practice", *Social History of Medicine*, 16 (2003), p. 349, 352-4.

110. Carole Rawcliffe, *Medicine and Society in Later Medieval England* (Stroud, 1995), p. 95.

111. Tony Hunt, *Popular Medicine in Thirteenth-Century England* (Cambridge, 1990), p. 26-9.

pelos mesmos círculos que outras pessoas instruídas (e não instruídas), e eles provavelmente compartilham da visão ampla de que nem todos os encantamentos são magia. Portanto, ao estabelecer uma definição mais detalhada do que contava como cura mágica, William de Rennes provavelmente estava fazendo uma concessão realista em relação às atitudes do momento, e outros escritores pastorais o seguiram pela mesma razão.

Em resposta, a visão dos homens do clero sobre curas mágicas provavelmente também modelou os encantamentos que eram copiados na Inglaterra medieval. É difícil saber o quanto William de Rennes e os escritores pastorais que o copiavam estavam moldando atitudes em relação aos encantamentos e até que ponto eram eles mesmos influenciados por atitudes do mundo ao redor, mas é possível ter uma visão mais ampla compartilhada. A maioria dos encantamentos sobreviventes não incluía palavras desconhecidas. Pelo contrário, usava palavras que eram conhecidas, tais como as de origem grega, *agios* ("sagrado"), nomes para Deus ou nomes de santos e outras figuras bíblicas: acreditava-se que os nomes dos três Reis Magos no Novo Testamento agiam como encantamento contra epilepsia, por exemplo.[112] Essas palavras eram incomuns e poderosas, mas não eram desconhecidas, e um padre instruído poderia explicar o significado de muitas delas.

Muito ocasionalmente, podemos ver curas que envolvem palavras desconhecidas levantando suspeitas na prática, assim como em manuais pastorais. Em 1438, Agnes Hancock foi acusada na frente de John Stafford, bispo de Bath e Wells, de ter usado (entre outras coisas) curas contendo "palavras estranhas e desconhecidas".[113] Retornaremos a Agnes no capítulo 3, pois ela também diz se comunicar com fadas, o que tornaram suas curas ainda mais suspeitas. Esse caso é isolado, mas sugere que, quando palavras estranhas são combinadas com outras práticas suspeitas, podem ocasionalmente atrair atenção das autoridades. Também mostra que estavam destinadas a serem dignas de mencionadas quando acusações de magia eram feitas.

Isso não significa que todos compartilhavam da mesma visão. Alguns encantamentos não possuíam palavras desconhecidas: por exemplo, por volta de 1240, o médico inglês Gilbert registrou a cura para infertilidade, o que exigia que o médico escrevesse as palavras "*Uthihoth. Thabechay. Amath*" intercaladas com cruzes e uma

---

112. Olsan, "Charms", p. 360.
113. T. S. Holmes, ed., *The Register of John Stafford, Bishop of Bath and Wells, 1425-1443* (London, 1915-16), p. 227.

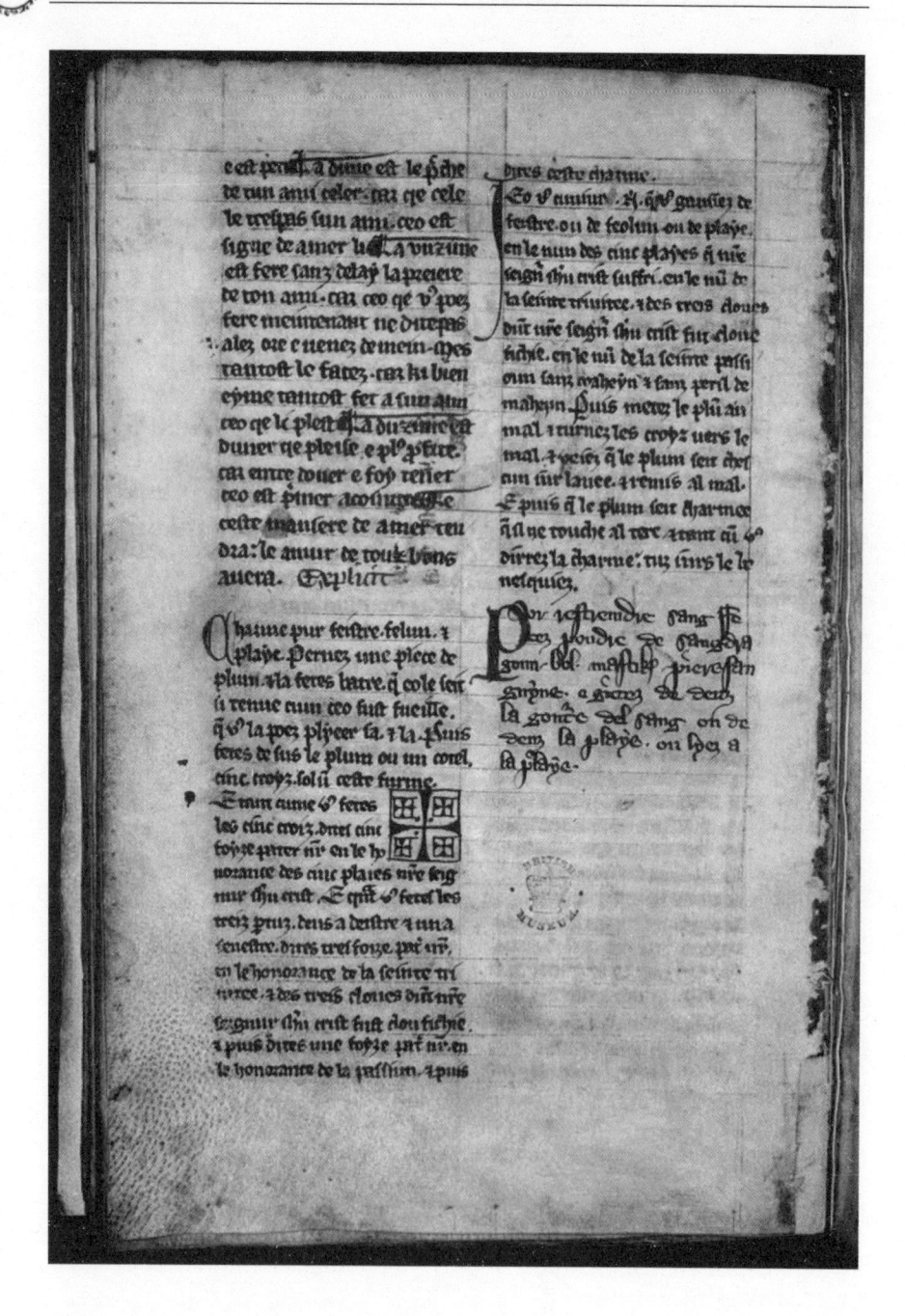

Figura 8. Figura quadrada desenhada dentro de uma coluna de texto, que é um encantamento de cura; de uma compilação inglesa variada de textos seculares e religiosos, *c.* 1320.

citação da Bíblia em um pedaço de pergaminho, devendo ser entregue ao casal infértil para ser usado durante o sexo. Se a mulher usasse, eles conceberiam uma menina; se o marido usasse, teriam um menino. Um médico que leu sobre essa cura tempos depois, na Itália do século XV, considera o fato de que os ingleses eram os maiores feiticeiros da Cristandade, mas o próprio Gilbert descrevia como um remédio "empírico", não como magia.[114] Alguns remédios também exigiam que o médico desenhasse caracteres estranhos, como a forma de um quadrado em manuscrito médico do século XIV, que deveria ser gravado em um pedaço de chumbo e colocado na pessoa doente (figura 8).[115] Então, curas que eram mágicas pelos padrões dos escritores pastorais de fato existiam. Mas as palavras de muitos encantamentos sobreviventes não eram obviamente mágicas.

No entanto, se encantamentos não eram obviamente mágicos, frequentemente eram utilizados orações e rituais religiosos de forma mais criativa do que os teólogos estritos gostavam. Já vimos John Bromyard denunciando um encantamento que mencionava a Virgem Maria, mesmo que não possuísse palavras desconhecidas. Muitas outras curas, da mesma forma, misturavam orações oficiais com observâncias adicionais. Por exemplo, uma coleção de textos médicos do século XV oferecia o seguinte encantamento para parar o sangramento de um cavalo:

> Deus nasceu em Belém, morreu em uma cruz em Jerusalém, foi batizado no rio Jordão. Senhor, assim como a enchente parou, estanque este sangue, seja de homem ou besta, se assim for vossa vontade.

Era para ser seguido da Oração do Senhor e cinco Ave-Marias.[116] Além de adicionar um encanto extra para as orações oficiais, essa cura exigia que as próprias rezas fossem ditas um número específico de vezes. Para um escritor pastoral estrito, isso poderia ser classificado como magia porque não tinha nenhum efeito "natural", tampouco adicionava alguma eficiência às orações – assim como William de Rennes havia argumentado para as pessoas que acreditavam que amuletos eram mais eficientes se fossem escritos em momentos específicos. No entanto, diferentemente das curas envolvendo palavras desconhecidas, remédios como

---

114. Catherine Rider, *Magic and Impotence in the Middle Ages* (Oxford, 2006), p. 163-4, p. 202.
115. Hunt, *Popular Medicine*, p. 88; bl ms Harley 273, f. 85v.
116. Hunt, *Popular Medicine*, p. 96.

este são encontrados com bastante frequência em coleções de receitas médicas, o que sugere que muitas pessoas não as viam como perigosas, e no meio disso podem ter feito encantamentos contendo palavras desconhecidas.

Como os encantamentos que contêm palavras desconhecidas, curas que combinavam observâncias adicionais com orações, às vezes, levavam a acusações de magia. Em 1527, William Brown foi acusado no tribunal do bispo de Londres por recitar a Oração do Senhor, a Ave-Maria, cinco vezes e o Credo três vezes diante de ervas, antes de usá-las para fazer um remédio para curar cavalos doentes – uma prática que, em alguns aspectos, era similar ao encantamento de cura para cavalos citado anteriormente. É descrito nos registros como "a arte da magia" e "encantamento", presumidamente porque Brown estava repetindo as orações um número certo de vezes, já que não havia nada de errado com as orações propriamente ditas.[117] Mas casos como esse não eram comuns. Ao contrário, dado o número de encantamentos que sobreviveram em textos médicos e outros manuscritos que exigiam que o praticante dissesse as orações um número certo de vezes, parece provável que muitas pessoas estivessem dispostas a dar o benefício da dúvida às observâncias extras.

Orações que prometiam certos benefícios para as pessoas que as recitavam ou usavam também sobreviveram à Inglaterra medieval, apesar de terem sido denunciadas por William de Rennes. No século XV foram muitas vezes copiadas em livros de orações pessoais, conhecido como o *Livro das Horas*.[118] Orações protetoras similares também apareciam em alguns manuscritos médicos, nos quais eram usadas para afastar as doenças. Um exemplo elaborado sobrevive na Inglaterra em um manuscrito de textos médicos do final século XV, o qual se encontra agora na Biblioteca Wellcome, em Londres (figura 9). Possui a forma de um diagrama circular. No círculo existem duas inscrições e o nome "Ihesu" escrito quatro vezes na forma de uma cruz. A inscrição interna é uma evocação pequena, direcionada à cruz, pedindo proteção contra pragas ou, talvez, para a cura: "Salve, Cruz de Cristo, salve-me dos presentes males da peste, [você que] é nosso salvador". A outra inscrição estabelece a origem do diagrama: "Certo anjo apareceu para um monge,

---

117. William Hale, *A Series of Precedents and Proceedings in Criminal Causes extending from the Year 1475 to 1640* (1st edn 1847, repr. Edinburgh, 1973), p. 102.

118. Eamon Duffy, *Marking the Hours: English People and Their Prayers, 1240-1570* (New Haven e London, 2006), capítulo 5.

o abade de Corby em Lincolnshire, e imprimiu esta figura em sua mão pela ordem de Jesus Cristo".[119]

Nós não sabemos como os leitores do manuscrito responderam a essa imagem especificamente, com seu *layout* complexo e proveniência angelical. No entanto, Eamon Duffy mostrou que simples rezas protetoras (incluindo algumas que se acreditava possuir origens angelicais) eram comuns na cultura do fim da época medieval inglesa e atraíam clérigos e leigos, instruídos e não instruídos, da mesma forma.[120] Neste caso, parecia que eram minoria os escritores pastorais que julgaram essas orações como mágicas.

Quem pode curar e prever o futuro?

No caso de encantamentos, muitos homens do clero do fim da época medieval inglesa estavam prontos para ser flexíveis quando consideravam os limites entre religião e magia, fazendo concessões para atitudes e práticas amplamente disseminadas. De fato, é provável que muitos compartilhassem da ideia de que alguns encantamentos eram legítimos. Mas em outros casos, como a interpretação de sonhos, eram muito mais estritos. Por trás de suas respostas diversificadas, muitas vezes havia uma preocupação sobre o que estavam oferecendo essas formas de adivinhação e cura. Quem poderia ser confiável para dizer se um sonho era genuíno ou se um encantamento de cura não oficial era magia? Como vimos no capítulo 1, muitos escritores pastorais levantaram as mesmas questões de confiança e competência, quando enfatizavam que pessoas com habilidades ou conhecimento de especialista eram as mais bem qualificadas para prever o futuro observando o mundo natural: médicos sabiam sobre doenças e campesinos eram especialistas em agricultura. A mesma inclinação para respeitar a especialidade e a experiência pode explicar por que alguns escritores pastorais do começo do século XIII permitiam tirar a sorte em algumas situações. Como medicina ou agricultura, tiragem de sorte poderia ser vista como uma habilidade de especialista, caso fosse aplicada pelo clero instruído, imitando a atitude

---

119. "*Salua crux Christi salua me a presenti angustia pestilentie que salutatrix mostra es.*" "*Quidam monaco abbate de Corube in comitate Lincolniensis angelus apparuit et imprimebat manu eius ex precepto Ihesu Christi hanc figuram.*" London, Wellcome Library ms 404, f. 32v.

120. Eamon Duffy, *The Stripping of the Altars: Traditional Religion in England, 1400-1580* (New Haven, CT, e London, 1992), p. 292-8.

dos apóstolos. No entanto, identificar especialistas em interpretação de sonhos ou cura religiosa era muito mais difícil porque Deus poderia prover esses dons para qualquer um. Por esse motivo, muitos escritores pastorais estavam interessados não apenas no que as pessoas faziam, mas também em qual tipo de pessoas o faziam.

Aqui suas visões eram bastante variadas, e alguns escritores eram muito mais permissivos que outros. Talvez não surpreendentemente, um dos mais tolerantes era William de Rennes, que adotou uma visão pragmática das pessoas que usavam encantamentos de cura. Vale citar seus comentários na íntegra, por causa da quantidade de detalhes que ele dá sobre rituais de cura e por que tiveram uma profunda influência nos autores posteriores:

> E quanto a feiticeiras e feiticeiros que entoam encantamentos diante de doentes, crianças e animais? Será que eles certamente cometem um pecado mortal? Eu respondo que, se eles não dizem, ensinam ou fazem qualquer coisa supersticiosa, mas usam apenas orações lícitas e súplicas (tais como pela Paixão e Cruz e coisas similares), não acredito que pecam mortalmente, a não ser que façam tais coisas depois que a Igreja tenha proibido. Mas acredito que mulheres e homens que estejam acostumados a misturar muitas coisas inúteis e supersticiosas deveriam ser proibidos disso, a não ser que talvez sejam sacerdotes devotos e discretos ou até mesmo pessoas leigas, tanto homens como mulheres, de vida excelente e discrição comprovada, que após derramar uma oração sobre uma pessoa doente (não sobre uma maçã, pera ou cinto e coisas similares, mas sobre pessoas doentes) encostam as mãos na pessoa de acordo com o Evangelho de Marcos, "Deverão posicionar as mãos no doente e este deverá recuperar-se" (Marcos 16:18). Tampouco as pessoas desse tipo deveriam ser proibidas de fazer tais coisas, a não ser que talvez tema-se que, por causa de seu exemplo, pessoas indiscretas e supersticiosas verão esse exemplo [a repetição é do latim] e praticarão o abuso de encantamentos por conta própria.[121]

Aqui William fez uma concessão notável. Ele permitiu que algumas pessoas adaptassem rituais religiosos para propósitos de cura, e ir além das orações oficiais se pudessem se comprometer a fazê-lo com responsabilidade e desde que não desobedecessem a uma proibição direta da Igreja. Além disso, William não limitou a "discrição" para algum grupo social. Poderia ser encontrado entre os leigos e também entre os clérigos, entre mulheres e homens, apesar de a frase "até uma

---

121. William of Rennes, comentários em *Summa*, Raymond of Peñafort, p. 105; Rider, "Medical Magic", p. 98.

pessoa leiga" sugerir que ele pensou serem situações mais raras. Em contraste com as proibições totais mais antigas dos "encantamentos", um padre que segue o conselho de William tinha muita autoridade para permitir as práticas de cura de qualquer paroquiano que tivesse uma reputação para piedade. Isso tornava a tarefa do padre mais complexa, mas também proporcionava discrição – permitia o uso de seu próprio julgamento quando combatesse práticas potencialmente não ortodoxas que usavam linguagem religiosa e eram feitas para um bom propósito, como a cura. Os registros do tribunal da Igreja mostram que, na prática, às vezes os homens do clero consideravam o caráter e a "discrição" dos curandeiros quando faziam o julgamento de suas curas. Isso aconteceu no caso de Henry Lillingstone de Broughton, em Buckinghamshire, que foi convocado diante do arquidiácono de Buckingham em março de 1520. Lillingstone confessou usar dois tratamentos para doenças. Um era um encantamento que ele afirmou ser bom para todas as condições: "Jesus, que salvou tanto você quanto eu de todos os tipos de doenças, eu peço por caridade santa, Nosso Senhor, se essa for sua vontade". O outro tratamento era especialmente bom para pedras no rim e cólica. Para tal, Lillingstone usava as plantas marroio, Alexander's foot* e "os miolos vermelhos dos cravos", que ele misturava, moía e cozinhava com "boa cerveja [tipo *ale*] e melaço genovês" e dava para a pessoa doente tomar. Nenhum desses tratamentos é claramente identificável como magia a partir da descrição fornecida nos registros. O encantamento não continha palavras misteriosas (porém termina de forma bem abrupta, então o tribunal pode não ter registrado na *íntegra*), enquanto a mistura de ervas não envolvia palavras ou rituais. Ao contrário, o problema parece ter sido o próprio Lillingstone. O tribunal perguntou se havia sido educado em latim (*litteratus*) e onde ele havia aprendido sobre essas ervas medicinais. Sua resposta não trouxe confiança: "Ele disse que não havia sido educado, mas possuía o conhecimento mencionado apenas pela graça de Deus".[122]

O julgamento de Lillingstone mostra que preocupações em relação a autoridade e *status*, semelhantes às que tinham sido levantadas anteriormente por William de Rennes, poderiam ser levadas a sério por bispos e seus representantes, mesmo se os casos não fossem numerosos. As curas de Lillingstone eram suspeitas porque ele não era o tipo de

---

*N.T.: Nome de uma flor, semelhante à margarida, com miolo amarelo e pétalas brancas. Não foi encontrada nenhuma versão em português.

122. E. M. Elvey, ed., *The Courts of the Archdeaconry of Buckingham, 1483-1523* (Welwyn Garden City, 1975), p. 257.

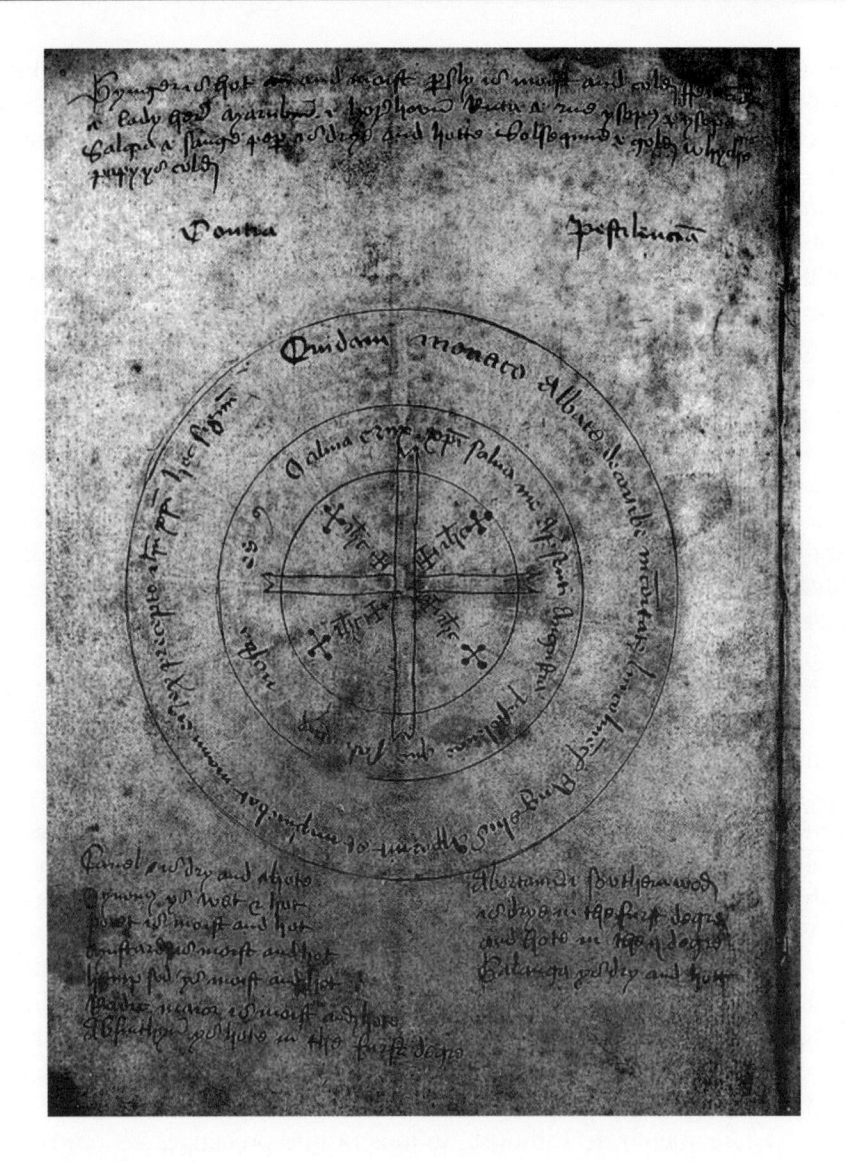

Figura 9. Talismã para proteção contra pragas, de um livro inglês sobre ervas, século XV.

pessoa a qual o tribunal esperava que possuísse conhecimentos medicinais, e o tribunal não aceitava que ele tivesse aprendido diretamente de Deus. O caso de Lillingstone também mostra quão flexíveis as definições de curas mágicas podem ser na prática, quando elas dependem não do que foi feito, mas da reputação e condição do praticante. William de Rennes usou essa flexibilidade para permitir que padres decidissem quem poderia oferecer orações de cura de maneira legal. O diagrama que protegia contra pragas, apresentado anteriormente, reflete as mesmas preocupações quando se afirma que sua fonte é um anjo que o comunicou não para qualquer um, mas para um abade. Essa origem garantia respeitabilidade extra para o que poderia ser visto como uma prática questionável. No entanto, para Lillingstone as preocupações em relação à autoridade funcionavam de forma oposta: supostamente, práticas de cura legítimas poderiam se tornar suspeitas quando oferecidas por praticantes duvidosos.

Mas nem todo clero instruído na Inglaterra medieval tinha essa abordagem flexível. John Bromyard era muito mais estrito – talvez presumível, dadas suas críticas severas às pessoas que afirmavam usar "palavras sagradas" para curar. Ele exigia não apenas discrição e uma vida boa das pessoas que usavam encantamentos, mas também ordens sagradas ou até "santidade" (*sanctitas*, uma palavra que poderia significar tanto sacralidade no geral ou, de fato, ser um santo). Deus, disse Bromyard,

> não dava poder de cura à palavra alguma, mas sim para onde as ordens sagradas ou santidade da pessoa que as proferia merecia. Pelo fato de, assim como as palavras de sacramentos, o feito das palavras depender mais do poder destas do que da santidade da pessoa que as cita, trata-se do oposto para orações e palavras de cura e aquelas que estão associadas a milagres. O efeito depende mais da santidade da pessoa que reza ou fala do que do poder das palavras.[123]

Essas condições extras poderiam dificultar para os padres a sansão do uso de encantamentos pelos leigos, já que sacralidade ou santidade era um padrão muito alto para atingir. Por outro lado, por implicação, Bromyard endossou o uso de encantamentos pelos padres: santidade ou ordens sagradas eram o suficiente.

No entanto, não era simplesmente uma questão de clérigos de confiança contra leigos supersticiosos. Alguns leigos eram mais confiáveis que outros, e Bromyard desconfiava especialmente de encantamentos oferecidos por mulheres. Onde William de Rennes discutiu o uso de

---

123. "*Non verbis cuiuscunque conditionis dedit virtutem sanatiuam, sed ubi ordo vel sanctitas hoc meretur dicentis. Quia sicut in verbis sacramentalibus effectus verborum plus ex virtute verborum quam ex sanctitate dependet proferentis, ita econverso in orationibus et verbis sanatiuis et ad miracula pertinentibus: effectus plus dependet ex orantis seu loquentis sanctitate quam ex verborum virtute.*" Bromyard, *Summa*, "Sortilegium" 7, f. 357v.

encantamento, tanto por homens e mulheres ("feiticeiras ou feiticeiros"), Bromyard mencionou apenas feiticeiras.[124] Suas preocupações com curandeiras foram repetidas por alguns outros escritores pastorais. O autor do manual de pregação *Fasciculus Morum*, do começo do século XIV, referiu-se à pessoa que praticava a cura mágica como "uma velha maldita" e, no século XV, Alexander Carpenter escolheu "as invocações que mulheres idosas fazem para curar doenças" para criticar.[125] Mas nem todo escritor pastoral focava nas mulheres, e os registros do tribunal da Igreja sugerem que homens e mulheres foram acusados de oferecer curas mágicas em números razoavelmente iguais.[126] Então, apesar de, para alguns homens do clero, o uso de encantamentos de cura por mulheres ser uma questão diferente, para muitos outros a "discrição" e a falta dela poderiam ser encontradas em ambos os sexos.

As mesmas questões de discrição, piedade e bom caráter também se aplicavam à adivinhação, mas aqui escritores pastorais eram mais uniformemente cuidadosos, possivelmente porque as pessoas que afirmavam ter sonhos proféticos alegavam ter acesso a conhecimento divinamente inspirado – uma afirmação que carregava implicações mais profundas do que usar um encantamento de cura. Tal declaração afetava perigosamente o papel do clero, que via a si mesmo como o mediador do mundo com Deus, distante dos leigos. Provavelmente, por essa razão os escritores pastorais trabalhavam duro para desencorajar pessoas a reivindicar o *status* e a autoridade que vinham com a inspiração divina.

Uma das maneiras de fazer isso era minando os motivos pelos quais as pessoas previam o futuro. Por exemplo, se adivinhos aceitassem dinheiro por suas adivinhações, podiam ser acusados de falsos profetas. Raymond de Peñafort citou a denúncia feita pelo profeta Miqueias no Antigo Testamento em relação aos profetas que aceitavam dinheiro (Miqueias 3:11), afirmando que os verdadeiros profetas jamais fariam isso: "pelo fato de terem aceitado dinheiro, suas profecias tornaram-se adivinhações; essa é a adivinhação deles, que acreditaram ser profecia, declarada como não sendo profecia".[127] Ao focar no dinheiro, Raymond provavelmente estava visando a um grupo específico de pessoas: golpistas,

---

124. Ibid., 2, f. 356r.

125. S. Wenzel, ed. e trad., *Fasciculus Morum: a Fourteenth-Century Preacher's Handbook* (University Park, PA, 1989), p. 577; "*Invocationes etiam quas vetule faciunt pro infirmitatibus curandis*". Carpenter, *Destructorium Viciorum*, 6.52.

126. Karen Jones e Michael Zell, "'The Divels Speciall Instruments': Women and Witchcraft before the Great Witch Hunt", *Social History*, 30 (2005), p. 52.

127. Raymond of Peñafort, *Summa*, col. 387.

especialistas em magia que previam o futuro ou descobriam informações para clientes e também ofereciam serviços como o de cura. Sabemos pouco sobre esses profissionais na Inglaterra medieval, mas evidências de períodos posteriores indicam que eram muitos. A maior parte dos golpistas provavelmente cobraria por serviços como encontrar ladrões e bens roubados. O quanto eles cobravam variava dependendo do serviço oferecido, e exemplos posteriores sugerem que detecção de ladrões e cura de bruxaria geralmente custavam mais do que uma simples previsão do futuro.[128]

No século XIV, John Bromyard organizou o ataque medieval mais completo aos golpistas, criticando-os por aceitar dinheiro e atacando o caráter deles, no geral. Ele enfatizou que os golpistas não poderiam curar ou prever o futuro por meio do poder de Deus.

Se fossem curar pessoas e animais domésticos por meio da própria santidade, previssem o futuro pelo espírito da profecia, ou nomeassem um ladrão por meio do Espírito Santo com o propósito de educá-lo e fossem tolerados como os outros santos, tanto quando estavam vivos quanto depois de mortos... então a Igreja inteira estaria errada quando ensina que não se deve acreditar ou reverenciar essas pessoas.

Que a Igreja inteira estivesse errada era muito pouco provável, mas, de fato, golpistas não eram como santos:

> Para os santos, com todas as suas outras virtudes, abstinências e vida pura, também possuíam tal humildade que fugiam dos lugares onde haviam feito um milagre, para que o apreço das pessoas não os permitissem vangloriar. Mas estes [golpistas] reuniam-se e ficavam com mais disposição onde tivessem maior louvor e dinheiro das pessoas. Se tiverem feito isso, mesmo que fossem santos anteriormente, perderiam a santidade que a humildade não conseguiu proteger.[129]

Ainda, a exemplo de Raymond de Peñafort, Bromyard enfatizou que os golpistas usavam seus poderes para se beneficiarem, e não por qualquer outro motivo devocional:

---

128. Owen Davies, *Cunning Folk: Popular Magic in English History* (London, 2003), p. 85-8.
129. *"Si enim sanctitate homines sanarent et iumenta, vel spiritu prophetico futura predicerent, vel spiritu sancto furem dicerent ad correctionem, tam viui quam mortui essent tolendi sicut alii sancti... tunc tota ecclesia erraret que docet quod non sunt credendi nec colendi... Illi namque sancti cum omnibus aliis virtutibus et abstinentiis et munda vita etiam humilitatem talem habuerunt quod fugierunt loca illa in quibus miracula fecerunt ne de laude populi vanam haberent gloriam. Isti vero ubi maiorem habent populi laudem et lucra libentius se conferunt et morantur. Quo facto etiam si sancti prius fuissent, sanctitatem illam amitterent quam sub humilitate non custodiunt."* Bromyard, *Summa*, "Sortilegium" 7, 357v-358r.

Eles não querem fazer ou dizer qualquer coisa, a menos que as pessoas tragam coisas específicas a eles, tais como pão, farinha, sal, artigos semelhantes ou dinheiro. Além disso, todos que usam essa arte geralmente eram pobres, então, presume-se que fazem uso da arte por dinheiro ou na esperança de recebê-lo.[130]

Bromyard era inusitado ao dar tanta atenção aos golpistas, e em parte isso reflete sua relutância geral em permitir às pessoas desqualificadas a discrição para adaptar rituais religiosos. Mas, como já foi visto, as mesmas preocupações foram levantadas por outros clérigos, mesmo que não tivessem posição tão estrita. Golpistas não eram o tipo de pessoa a que Deus confiaria revelações divinas ou poderes de cura, e eles não podiam ser confiados com a distinção entre profecias genuínas e enganações do Diabo.

A habilidade de prever o futuro ou identificar ladrões de forma bem-sucedida era, portanto, parcialmente uma questão de autoridade, e os escritores pastorais se esforçavam em deixar essa autoridade com pessoas em quem confiavam: médicos, especialistas, clérigos e santos. Isso pode explicar por que eles, por comparação, falavam pouco sobre as formas de adivinhação que não eram feitas por pessoas instruídas, como astrologia e tiragem de sorte em eleições episcopais. A educação necessária para essas coisas fez delas atividades para a minoria, porém, mais do que isso, pessoas instruídas talvez fossem mais propensas a serem confiáveis. Em contrapartida, homens do clero estavam de fato inquietos em relação a práticas que, potencialmente, davam a qualquer um a licença para interpretar a vontade de Deus, porque isso infringia perigosamente a própria autoridade religiosa do clero.

✣

Portanto, manuais pastorais mostravam que a distinção entre magia e religião era uma questão sensível e complexa para muitos clérigos instruídos – mais do que a distinção entre magia e o mundo natural. Eles precisavam encontrar um modo de distinguir magia e religião que aceitasse a legitimidade de algumas formas de cura e adivinhação, porque havia precedentes delas nas Escrituras difíceis de ignorar. Eles

---

130. "*nolunt aliquid facere vel dicere nisi aliqua certa eis portent, sicut panem, farinam, sal et huiusmodi vel pecuniam. Omnes etiam illa arte utentes ut communiter sunt indigentes, ex quo presumitur quod artem illam exercent propter lucrum acceptum vel speratum*". Ibid., 2, f. 356r.

também precisavam encontrar uma maneira de acomodar as práticas de cura, que eram uma parte dominante de sua cultura, e os detalhes dados pelos manuais pastorais mostravam que existiam muitas. Mas não era possível aceitar todas elas. Práticas que invocavam Deus poderiam facilmente se tornar demoníacas se incluíssem elementos não ortodoxos, e os clérigos instruídos não confiavam em qualquer pessoa para adaptar os rituais religiosos com responsabilidade.

Eles respondiam de formas diferentes a esse problema na medida em que encaravam práticas distintas. Proibiram todas as formas de tiragem de sorte e interpretação de sonhos, mas agiam de modo bem diferente em relação a encantamentos de cura. Em vez de banir todos esses encantamentos, escritores como William de Rennes desenvolveram critérios detalhados que estabeleciam quais encantamentos e orações eram mágicos. Esses critérios também possuíam outra faceta: ao definir algumas práticas como mágicas, por implicação permitiam qualquer coisa que não tivesse sido mencionada. Então, rezar por uma cura, mesmo que por meios levemente questionáveis, era visto como menos perigoso do que acreditar que Deus estava falando com você diretamente por meio de sonhos ou tiragem de sorte, e maior autoridade era permitida até para pessoas devotas comuns. Como o devoto pastor do *Canterbury Tales,* de Chaucer, coloca, Deus pode tolerar o uso de encantamentos para curar doenças a fim de que a fé das pessoas aumentasse; mas ele não sugeriu nada parecido para adivinhações.[131]

Portanto, mesmo o clero instruído que tentou oferecer diretrizes claras para seus leitores traçou a linha entre magia e religião em diferentes lugares, em diferentes situações. Eles levaram em consideração diversos fatores: o que exatamente estava sendo feito, as atitudes e os motivos para pessoa que agia (Thomas de Chobham enfatizou que tiragem de sorte não deveria ser usada para descobrir informações que fossem danosas a alguém, enquanto Raymond de Peñafort criticava os adivinhos que previam o futuro por dinheiro) e o caráter e *status* geral do praticante. Isso permitia que fossem surpreendentemente flexíveis na abordagem, deixando para os padres a discrição de julgar práticas e praticantes por si mesmos.

Quando tomavam essas decisões, escritores pastorais eram também influenciados pelo mundo ao seu redor. Alguns homens instruídos do clero tinham uma visão bastante estrita sobre encantamentos de cura e sobre as pessoas que os ofereciam, como John Bromyard o

---

131. Corinne Saunders, *Magic and the Supernatural in Medieval English Romance* (Woodbridge, 2010), p. 153.

fez. No entanto, muitos encantamentos parecem ter sido amplamente usados e aceitos, e vários escritores pastorais reconheceram isso. Fora do círculo de escritores pastorais, muitas pessoas instruídas, incluindo o clero principal, provavelmente eram mais tolerantes. Dentro dessas circunstâncias, talvez não seja surpreendente que muitos escritores pastorais que compartilhavam a cultura erudita de sua época não tentassem rotular cada encantamento ou oração protetora como magia. Eles provavelmente consideravam muito improvável que todos os encantamentos de cura fossem demoníacos. Certamente teria sido difícil convencer seus leitores, muito menos os leigos que esperavam atingir por meio de pregação e confissão.

Capítulo 3
Mulheres Voadoras, Fadas e Demônios

Em agosto de 1438, Agnes Hancock apareceu diante de John Stafford, bispo de Bath e Wells, "publicamente difamada pelo crime de magia". A maior parte das acusações focava em seu uso das curas mágicas, mas a última levantou uma questão diferente, ainda que relacionada:

> Ela mesma declara que cura crianças que tenham sido tocadas ou machucadas pelos espíritos do ar, que as pessoas leigas chamam de "feyry";* e que ela possui comunicação com esses espíritos sujos e busca respostas e conselhos com eles quando deseja.[132]

Acusações formais de tráfico com fadas eram raras, mas o caso de Agnes não era único. Em 1499, Mariona Clerk de Ashfield, em Suffolk, afirmou que havia aprendido a curar e prever o futuro com os "pequenos seres" chamados "lez Gracyous ffayry",** assim como teve visões de Deus, do anjo Gabriel e de São Estevão. Ela também acabou diante

---

*N.T.: Variação antiga da palavra *fairy*.
132. T. S. Holmes, ed., *The Register of John Stafford, Bishop of Bath and Wells, 1425-1443* (London, 1916), vol. II, p. 226.
**N.T.: "As graciosas fadas".

das autoridades eclesiásticas.¹³³ Até padres puderam ocasionalmente afirmar terem encontrado seres estranhos: em 1397, John, o capelão de Kilpeck, em Herefordshire, foi denunciado aos oficiais de Bishop, de Hereford, por não ser "firme em sua fé" porque ele havia "feito muitas vezes sua procissão à noite, com espíritos espectrais".¹³⁴

Apesar do pequeno número de casos registrados, parece que, para muitas pessoas da Inglaterra medieval, o Universo era povoado por misteriosos seres que coexistiam com os humanos. Histórias e escritos literários descreviam uma variedade grande do que eles afirmavam ser crenças populares em fantasmas, mortos-vivos, fadas, elfos e outras criaturas. O melhor termo genérico para esses seres é "sobrenaturais", já que eram diferentes dos seres humanos e, muitas vezes, ligados a outros mundos, como a vida após a morte e a terra das fadas. Esses fantasmas, elfos e fadas eram comuns na literatura medieval e continuaram a ser populares na ficção moderna, mas casos como o de Agnes Hancock, Mariona Clerk e John de Kilpeck nos relembram de que, para algumas pessoas da Idade Média (e em séculos seguintes), seres sobrenaturais eram mais do que boas histórias: tratava-se de uma parte real do mundo.

Sem surpresa, crenças sobre seres estranhos e sobrenaturais atraíam a atenção do clero instruído interessado em cuidado pastoral, na Inglaterra medieval e em todo o restante da Europa. Clérigos que escreviam manuais de pregação e confissão os colocavam nos capítulos sobre magia ao lado de adivinhações, cura e outras práticas mágicas, mas seres sobrenaturais nem sempre se encaixavam facilmente na tentativa de definir magia e distingui-la do mundo natural por um lado, e por outro, da religião. Como já vimos, adivinhação e cura faziam uso de práticas bem conhecidas com objetivos facilmente percebidos, e, a partir do século XIII, homens do clero começaram a desenvolver ideias sobre quais formas de curar doenças e prever o futuro funcionavam naturalmente, quais eram religiosas e quais eram magia. No entanto, crenças sobre seres sobrenaturais eram muito mais difíceis de classificar. Havia muitos tipos diferentes de seres sobrenaturais e, enquanto alguns poderiam se encaixar de modo relativamente fácil em uma visão de mundo cristã, outros ficavam bem distantes dele.

---

133. Claude Jenkins, "Cardinal Morton's Register", em *Tudor Studies*, ed. R. W. Seton-Watson (London, 1924), p. 72-3. Veja também Kathleen Kamerick, "Shaping Superstition in Late Medieval England", *Magic, Ritual and Witchcraft*, 3 (2008), p. 31.

134. A. T. Bannister, "Visitation Returns of the Diocese of Hereford in 1397, I", *English Historical Review*, 44 (1929), p. 287.

Crônicas e trabalhos literários escritos na Inglaterra medieval mostram quão diverso os seres sobrenaturais são e também quão difícil poderia ser classificá-los. Por exemplo, no fim do século XII e começo do século XIII, muitos autores britânicos escreveram descrições de fenômenos "maravilhosos" e inexplicáveis para o entretenimento de um público aristocrata. Eles escreviam em latim, mas provavelmente tinham em mente um público tanto de leigos instruídos como de clérigos. Três desses escritores, Gerald de Wales, Walter Map e Gervase de Tilbury, escreviam sobre muitos seres sobrenaturais diferentes. Eles falavam de mulheres misteriosas que eram capturadas por homens humanos, mas eram deixadas poucos anos após o casamento; exércitos de fantasmas que perambulavam pelo interior; homens que viravam lobos durante a lua cheia; espíritos chamados *follets*, que jogavam utensílios de cozinha pela casa; e muitos outros.[135] Seres sobrenaturais também participavam proeminentemente de romances, trabalhos de literatura que contavam as aventuras do rei Arthur e seus cavaleiros, ou outros heróis do passado, como Alexandre, o Grande. Esses romances incluíam seres, como gigantes, duendes e mulheres-fadas que se envolviam com cavaleiros.[136] Tanto a literatura fantasiosa como romances foram baseados em folclore, mas eles não podem ser considerados reflexos precisos das crenças gerais porque foram escritos para entreter e são quase certamente mais enfeitados. Isso é especialmente verdade em relação aos romances, que não se passam em sua própria época, mas no passado distante, que era retratado como um mundo de fantasias cheio de magia, maravilhas e *glamour*. No entanto, a literatura fantasiosa e os romances mostram que a imaginação das pessoas da Inglaterra medieval estava povoada por muitos seres diferentes, e as histórias sobre esses seres chamavam a atenção das pessoas instruídas, assim como a das menos letradas. Além disso, mesmo os clérigos instruídos, como Gerald de Wales e Walter Map, nem sempre eram muito precisos sobre o que eram esses seres exatamente e preferiram deixar a natureza deles ambígua.

O amplo conjunto de seres sobrenaturais e suas naturezas quase sempre misteriosas apresentava-se como um problema para os escritores pastorais. Aqui não era uma questão de definir se algo acontecia naturalmente ou pelo poder de Deus, e então rotular todo o restante como

---

135. C. S. Watkins, *History and the Supernatural in Medieval England* (Cambridge, 2007), capítulos 5-6.

136. Helen Cooper, *The English Romance in Time* (Oxford, 2004), capítulo 4; Corinne Saunders, *Magic and the Supernatural in Medieval English Romance* (Woodbridge, 2010), capítulo 5.

magia. Ao contrário disso, não havia respostas únicas e claras para questões como: as almas dos mortos poderiam voltar da vida após a morte para interagir com os vivos? Se pudessem, como os vivos deveriam responder a elas? Existiam outros seres não humanos pelo mundo e qual era o *status* deles? As respostas variavam dependendo de qual tipo eram esses seres e a forma como interagiam com as pessoas – e essas coisas nem sempre eram óbvias. Portanto, escritos pastorais sobre seres sobrenaturais mostram quão difícil às vezes poderia ser para os clérigos formarem um julgamento sobre o relacionamento entre magia e religião. Também mostra como o clero instruído, que estava interessado em cuidado pastoral, lidava com crenças não ortodoxas que não se encaixavam perfeitamente em seu escopo para definir a magia.

Crenças sobre seres sobrenaturais

A ideia de que a interação com seres sobrenaturais era magia possuía uma longa história nos escritos eclesiásticos. Clérigos ingleses medievais basearam-se nos trabalhos de homens mais antigos do clero para estruturar suas próprias ideias, mas em relação à adivinhação e à cura eles adicionaram novas informações. Essas adições oferecem um vislumbre de um grupo complicado de crenças sobre seres sobrenaturais: criaturas que eram conhecidas por uma variedade de nomes e interagiam com humanos de forma tanto positiva como negativa. O ponto de partida para a maior parte dos escritores pastorais era um trecho da lei canônica escrito por Regino, Abade de Prüm (atualmente na Alemanha), no começo do século X. Regino afirmou ter copiado o trecho dos registros de um antigo conselho da Igreja, mas não há evidências disso e, na verdade, ele parece estar descrevendo crenças que eram de sua própria época.[137] Esse trecho da lei canônica é conhecido como *Canon Episcopi*, por causa de sua palavra de abertura, "Bispos" (*Episcopi* em latim). Regino começa bem abrangente, ordenando bispos e clérigos a expulsar de suas regiões qualquer homem ou mulher que praticasse a arte da magia, antes de começar a discussão sobre mulheres que possuíam um conjunto específico de crenças não ortodoxas. Essa é a versão de seu texto que foi reproduzido no livro da lei canônica de Graciano,

---

137. Werner Tschacher, "Der Flug durch die Luft zwischen Illusionstheorie und Realitätsbeweis: Studien zum sog. Kanon Episcopi und zum Hexenflug", *Zeitschrift der Savigny-Stiftung für Rechtsgeschichte*, kan. Abt 85 (1999), p. 243.

em meados do século XII, e por meio de Graciano tornou-se a versão mais conhecida para os homens do clero inglês da posteridade:

> Também não é para ser omitido que algumas mulheres perversas, que se ofereceram a Satã e foram seduzidas pelas ilusões e fantasmas dos demônios, acreditam e professam que na calada da noite cavalgam certas bestas com Diana, a deusa dos pagãos, ou com Herodias [a mãe de Salomé no Novo Testamento, responsável pela decapitação de João Batista] e uma multidão incontável de mulheres, e no silêncio da calada da noite atravessam muitos lugares da Terra e obedecem a seus comandos, assim como de sua senhora, e são invocadas a seu serviço em certas noites... Pois uma multidão incontável, enganada por essas falsas opiniões, acredita que essas coisas sejam verdade.[138]

Regino era contundente em relação a essas crenças. Os fantasmas que as mulheres viam eram ilusões produzidas por demônios e o voo acontecia apenas em seus sonhos – e quem, ele perguntava, já não tinha visto tantas coisas em sonho que jamais viram no mundo desperto? A visão de Regino associava-se a ter uma vida após a morte longa e importante, pois do século XV em diante, o *Canon Episcopi* era muitas vezes citado em discussões sobre bruxas voadoras e adoradoras do Diabo. A desconsideração das experiências de voo das mulheres apenas como sonhos se tornava um problema para os escritores de bruxaria da posteridade, pois muitos deles insistiam que as bruxas de fato voavam e então tentavam explicar a discrepância.[139] No entanto, esse aspecto posterior da história do *Canon Episcopi* não pareceu ter muito impacto na Inglaterra medieval, onde existe pouca evidência das crenças sobre bruxas voadoras e adoradoras do Diabo antes da Reforma.

Para os homens do clero inglês da Idade Média, crenças sobre voar com mulheres sobrenaturais faziam parte da lista padrão de práticas que leram no *Decretum*, de Graciano, a respeito do qual escreveram em manuais de confissão e pregação e, ocasionalmente, processaram nos tribunais da Igreja. Uma boa parte dos escritores pastorais copiou o *Canon Episcopi* porque era um trecho bastante conhecido da lei canônica sem precisar adicionar nada a ele, mas alguns inseriam detalhes sobre crenças que afirmavam serem recorrentes no mundo ao seu redor.

---

138. Gratian, *Decretum*, ed. E. Friedberg, *Corpus Iuris Canonici*, vol. 1 (Leipzig, 1879, repr. Graz, 1959), 26.5.12. Tradução baseada em *Witchcraft in Europe, 400-1700*, Alan Kors e Edward Peters (2. edn., Philadelphia, 2001), p. 62.

139. Tschacher, "Flug", p. 264-76.

Esses escritores ofereciam vislumbres de equivalentes locais às crenças sobre Diana, e também mostravam a forma como o clero instruído tentava fazer algum sentido com tudo isso. Suas respostas não eram tão consistentes quanto poderíamos esperar.

As crenças mais comuns sobre seres sobrenaturais, que mais tarde escritores pastorais descreveram, são bastante semelhantes ao *Canon Episcopi* em diversos aspectos. Diziam respeito a espíritos femininos que entravam nas casas à noite, recebiam oferendas de comida e bebida deixadas pelos moradores e concediam fertilidade agrícola ou boa fortuna em retorno.[140] Essas mulheres eram conhecidas por uma variedade de nomes, incluindo *bonae res* ou "boas coisas", e havia diversos pontos importantes em comum com as crenças sobre Diana do *Canon Episcopi*. Novamente eram lideradas por uma deusa, às vezes chamada Satia ou Abundia (nomes que refletiam a associação à fertilidade), e também acreditavam que certos seres humanos, especialmente as mulheres, voavam com elas. De fato, é possível que o *Canon Episcopi* tenha sido direcionado contra uma versão anterior do mesmo conjunto de crenças.

Essas crenças sobre espíritos femininos misteriosos ligados à fertilidade foram discutidas em detalhes primeiramente por dois escritores localizados onde hoje é a França, na primeira metade do século XIII. Um era William de Auvergne (morto em 1249), um teólogo que mais tarde se tornou o Bispo de Paris. William tinha interesse por magia e até assumiu ter lido textos mágicos quando jovem, um erro de que mais tarde se arrependeria. Ele era igualmente interessado em outras crenças não ortodoxas, incluindo aquelas relacionadas a fantasmas e outros seres espirituais, discutindo-as em diversos dos seus trabalhos teológicos.[141] Mais ou menos na mesma época, o padre Jacques de Vitry elaborou diversas *exempla* sobre mulheres misteriosas para seus sermões. Jacques foi responsável por uma das histórias mais copiadas sobre a *bonae res*. Nessa história, uma senhora contou ao padre local que ela era capaz de voar à noite com mulheres, passando por portas trancadas para entrarem juntas nas casas. A resposta do padre foi prender a mulher dentro da igreja com ele e batê-la com o crucifixo, dizendo a ela que escapasse pela porta trancada se pudesse. É claro que ela não pôde, e o moral da história era que, qualquer pessoa que afirmasse

---

140. Ver Claude Lecouteux, *Chasses Fantastiques et Cohortes de la Nuit au Moyen Age* (Paris, 1999), capítulo. 1.

141. Thomas de Mayo, *The Demonology of William of Auvergne: by Fire and Sword* (Lewiston, NY, e Lampeter, 2007), p. 202-9.

voar através de portas trancadas à noite, estava iludida por demônios.¹⁴²
Aqui, Jacques de Vitry seguiu o *Canon Episcopi* quanto à opinião sobre essas mulheres sobrenaturais: eram ilusões criadas por demônios para enganar mulheres crédulas e estúpidas.

A *bonae res* logo transcendeu suas origens francesas. A história de Jacques de Vitry sobre a senhora e o padre foi copiada por muitos escritores pastorais posteriores, incluindo diversos da Inglaterra.¹⁴³ Isso não significa necessariamente que a crença em *bonae res* era amplamente disseminada na Inglaterra. Homens do clero inglês poderiam ter copiado a história porque gostavam da forma como tirava sarro de senhoras supersticiosas, em vez de o fazerem porque queriam combater as crenças sobre seres sobrenaturais. No entanto, alguns homens do clero inglês descreveram paralelos locais do *Canon Episcopi* e da *bonae res*. Para esses homens, os seres voadores no *Canon Episcopi* e na história de Jacques de Vitry eram relevantes para a Inglaterra medieval – pelo menos a ideia geral, se não for com todos os detalhes.

Como os espíritos que voavam com Diana, os seres sobrenaturais mencionados pelos escritores pastorais ingleses também voavam e levavam seus seguidores com eles. Uma das descrições mais detalhadas foi feita por John Bromyard, um frade e pregador de Hereford, em meados do século XIV. Bromyard escreveu um manual para pregação que foi amplamente lido por outros homens do clero, no qual reclamava das mulheres

> que diziam ser capturadas por certas pessoas e levadas a determinados lugares lindos e desconhecidos; que também dizem cavalgar com elas e, no silêncio da calada da noite, atravessavam muitos espaços da Terra e cruzavam muitos lugares.

Culpadas também eram "as pessoas que acreditavam nessas coisas e [acreditavam] que as mulheres saíam e entravam em qualquer lugar trancado se assim desejassem".¹⁴⁴

---

142. T. F. Crane, ed., *The Exempla or Illustrative Stories from the Sermones Vulgares of Jacques de Vitry* (London, 1890), p. 112-13.
143. bl ms Add. 33956, f. 81v; John Bromyard, *Summa Praedicantium* (Nuremberg, 1518), "Sortilegium" 5, f. 357r.
144. "*mulieres... que dicunt se rapi a quodam populo et duci ad loca quedam pulchra et innota; que etiam dicunt se cum eis equitare per multa terrarum spacia in tempeste noctis silentio et loca plurima pertransire. Et qui eis credunt et quod loca quecunque clausa exeunt et intrant ad libitum*". Bromyard, *Summa*, "Sortilegium" 5, f. 357r.

Provavelmente não é uma coincidência que os seres descritos por John Bromyard possuam fortes semelhanças tanto com os espíritos do *Canon Episcopi* como da *bonae res* da *exempla*, já que Bromyard conhecia ambos. Ele colocou seus seres sobrenaturais junto à recapitulação da história de Jacques de Vitry sobre a senhora e o padre, enquanto a imagem da travessia de muitos espaços da Terra "no silêncio da calada da noite" é uma citação direta do *Canon Episcopi*. Mas na introdução de seu capítulo sobre magia, na qual listava os tópicos que planejava cobrir, Bromyard deu um novo nome a esses seres: os "seres belos" (*pulcher populus*). Além disso, os "seres belos" faziam coisas que as histórias do *Canon Episcopi* e da *bonae res* não mencionavam. Assim como voar com mulheres mortais, eles ensinavam a elas adivinhação e cura, da mesma forma que as fadas de Agnes Hancock e Mariona Clerk faziam. Bromyard imaginava praticantes de magia dizendo "não aprendemos tais coisas do Diabo, tampouco botamos fé nele, mas sim nos seres belos".[145] Mas como veremos, os seres belos de Bromyard também possuíam um lado menos benigno e podiam bater em seus seguidores. Uma série de julgamentos de muito depois, realizada em Friuli, norte da Itália, no fim do século XVI e no século XVII, também faz referência a seres sobrenaturais ensinando curandeiros e batendo neles caso revelassem seus segredos; portanto, a combinação parece ter sido plausível.[146]

Para outros homens do clero inglês, os seres voadores misteriosos possuíam ainda outros nomes. Um escritor anônimo do século XIV chamou-os de *umbrarii*. Essa palavra incomum em latim era relacionada a *umbra*, sombra, e era usada em séculos atrás para significar um necromante, mas neste texto parece significar um ser, não necessariamente humano, que perambula pela noite: "pessoas das sombras" talvez seja a melhor tradução. O padre deve perguntar ao seu penitente

> se ele acredita que homens e *umbrarii* andam juntos. No entanto, pode-se acreditar que sem pecado demônios enganam as pessoas de tal forma que podem pensar que os demônios estão se transfigurando na forma de seres humanos.[147]

---

145. "*nec a diabolo didicimus talia, nec ei credimus, sed pulchro populo*". Ibid., 7, f. 358r.

146. Carlo Ginzburg, *The Night Battles: Witchcraft and Agrarian Cults in the Sixteenth and Seventeenth Centuries*, trad. J. e A. Tedeschi (New York, 1985), p. 7.

147. "*Si credat quod homines et umbrarii vadant. Tamen credi potest et sine peccato quod demones ita homines decipiunt quod eis videtur quod figurant in hominum figuras.*" bl ms Harley 4172, f. 17r. Para usos mais antigos de *umbrarius,* ver Bernadette Filotas, *Pagan Survivals, Superstitions and Popular Cultures in Early Medieval Pastoral Literature* (Toronto, 2005), p. 43.

O autor anônimo desse trabalho pegou essa passagem emprestada, incluindo o termo *umbrarii*, de um tratado um pouco mais antigo, um manual de confissão do cardinal francês Berengar Fredol, mas ainda achou que valia copiar. Inclusive, quando ele pegou emprestado, fez uma pequena modificação: Fredol havia afirmado que não eram os homens, mas "mulheres" e *umbrarii* que andavam juntos, e também disse que comiam.[148] Esses detalhes ligam o *umbrarii* de Berengar à *bonae res* feminina, as quais acreditavam consumir vinho nos celeiros que visitavam, mas a versão inglesa omitiu essa informação, talvez porque o autor considerou menos relevante. Suas "pessoas das sombras" *não eram obviamente mulheres e não comiam.*

Mais detalhes sobre os seres sobrenaturais aparecem em um sermão de Robert Rypon, um monge do Monastério da Catedral de Durham, no fim do século XIV e começo do século XV. Rypon discutiu seres chamados *phitones* ou *phitonissae*, que, "como é dito por muitos", colocavam fios, cordas ou freios na boca das pessoas para que pensassem ter sido transformadas em cavalos, e cavalgavam nelas. "Diz-se que tal *phitonissae* viajou em uma noite da Inglaterra para Bordéus, de onde eles depois voltaram, bêbados de vinho".[149] Como *umbrarii*, *phitonissa* é uma palavra ambígua e incomum. Em última instância, foi tirada de uma enciclopédia de Isidore de Seville, do século XVII, que atribuiu a palavra *pythonissa* a um tipo de adivinho feminino que previa o futuro sob a inspiração do deus Apolo.[150] O uso da palavra feito por Isidore era provavelmente conhecido por padres bem instruídos como Rypon, mas ele atribuiu um novo significado. Sua asserção de que *phitonissae* montava nas pessoas e bebia vinho parece ser novidade e nos leva de volta aos mitos que rodeiam a *bonae res*, que, da mesma forma, acreditavam entrar no celeiro das pessoas para beber vinho.

Outros manuais pastorais ingleses distanciaram-se das antigas fontes escritas que contavam sobre a deusa Diana e a *bonae res*. Ao contrário, eles descreviam seres que tinham nome inglês: elfos. Os elfos

---

148. "*Si credit quod danne et umbrarii uadant et comedant...*" Berengar Fredol, *Summa*, bl ms Royal 8.a.ix, f. 25v. "*Danne*" talvez seja uma variante de *dominae,* "senhoras".

149. "*tales vocantur phitones vel phitonisse, quales ut sepe dictum est a nonnullis, sunt in diuersis regnis que quandoque fila, quandoque funes, quandoque frena in ora homini et eos ut eis videtur transformant in figuris equorum et equitant super eos, et plerumque ut dicitur tales phitonisse transeunt in una nocte ab Anglia ad Burdecliam, ubi inebriate vino postea redeunt.*" Rypon, *Sermons,* f. 33v. *Burdeclia* talvez seja Burdegalia, Bordeaux: a associação vinho se encaixaria aqui.

150. William Klingshirn, "Isidore of Seville's Taxonomy of Magicians and Diviners", *Traditio*, 58 (2003), p. 87.

eram conhecidos não por voar, mas por dançar com seus seguidores. Na década de 1270, *South English Legendary*, uma coleção de sermões sobre os santos escrita em inglês, falava sobre "eleuene", que dançava na forma de uma mulher, apesar de o autor enfatizar que esses elfos eram, na verdade, demônios.[151] Elfos femininos dançantes apareceram novamente em um manual de pregação anônimo do começo do século XIV, *Fasciculus Morum*, e o autor desse trabalho interpretou os elfos sob a luz da descrição das crenças de Diana contida no *Canon Episcopi*: "miseráveis supersticiosos... afirmam que à noite veem as rainhas mais belas e outras garotas dançando em círculo com a Senhora Diana, a deusa dos pagãos, que em nossa língua nativa são chamados de *elfos*".[152]

Como os "seres belos", elfos também podiam ser perigosos e especificamente poderiam carregar mortais desavisados para o seu próprio mundo. *Fasciculus Morum* adverte que se acreditava que elfos "transformavam homens e mulheres em outros seres e os levavam para *elfolândia*", onde guerreiros lendários viviam.[153] Essa parece ter sido uma ideia familiar porque trabalhos literários também lidavam com o tema de abdução por seres sobrenaturais, tanto para bons como para maus propósitos. Layamon, poeta e padre que escreveu uma história da Grã-Bretanha em língua inglesa, no começo do século XIII, narra uma abdução sobrenatural benéfica: quando o rei Arthur foi ferido mortalmente, foi levado a Avalon "até a rainha Argante, a mais justa das fadas [ou elfa, *aluen*] mulheres", que poderia curar suas feridas com poções de cura.[154] Mas elfos nem sempre agiam pelo interesse dos mortais: em um romance do começo do século XIV, *Sir Orfeo*, uma releitura da lenda de Orfeu, a rainha de Orfeo, Heurodis, é abduzida por fadas muito contra sua vontade.[155]

Elfos e outras criaturas sobrenaturais também podiam deixar as pessoas doentes. Muitos textos médicos anglo-saxões do século X mencionam as criaturas como causas das doenças, especialmente as

---

151. *The South English Legendary*, ed. Charlotte d'Evelyn e Anna J. Mill, Early English Texts Society, ser. original 236 (London, 1959), vol. II, p. 410; Alaric Hall, *Elves in Anglo-Saxon England* (Woodbridge, 2007), p. 141-2.

152. Siegfried Wenzel, editor e tradutor. *Fasciculus Morum: a Fourteenth-Century Preacher's Manual* (University Park, PA, 1989), p. 579.

153. Ibid.

154. Layamon, *Brut or Hystoria Brutonum*, editor e tradutor. W. R. J. Barron and S. C. Weinberg (Harlow, 1995), p. 733.

155. *Sir Orfeo*, ed. A. J. Bliss (Oxford, 1954), p. 16-8.

que envolvem dores agudas internas.[156] Elfos desaparecem dos escritos médicos posteriores, provavelmente porque a medicina acadêmica medieval dos séculos seguintes cada vez mais preferiu enfatizar as causas físicas das doenças, em vez de qualquer possibilidade sobrenatural, mas a crença de que eles poderiam causar doenças provavelmente persistiu em outros círculos: como já vimos, John Bromyard citou um encantamento para curar distensões a que se referia como "a mordida de elfos".[157] E não eram apenas os elfos que causavam doenças. Agnes Hancock afirmava ter tratado crianças que haviam sido agredidas por fadas, mas a incidência mais dramática do mal sobrenatural aconteceu com outra Agnes, a mãe de Mariona Clerk, de Suffolk, que via fadas. Depois de conversar muito com "les Elvys", ela afirma que seu pescoço e cabeça foram virados ao contrário.[158]

Nesse sentido, uma corrente constante de manuais de confissões e pregações, na Inglaterra medieval, baseou-se no que encontrou em antigas fontes para apresentar novos detalhes sobre fadas, elfos e outros seres misteriosos. Esses seres voavam ou dançavam com seus seguidores e ensinavam algumas pessoas como curar e prever o futuro, mas eles também possuíam um lado perigoso, abduzindo pessoas, batendo em seus seguidores, causando doenças e, às vezes, até faziam as pessoas acharem que tinham sido transformadas em outras criaturas. Crenças similares a essas parecem terem sido comuns na Europa pré-moderna, e, nos séculos seguintes, aparecem em julgamentos de bruxas e registros da Inquisição vindos de diversos lugares, incluindo Itália, Sicília, Suiça e Escócia.[159] Nesses sistemas de crenças, seres sobrenaturais geralmente tinham aspectos cristãos. Por exemplo, o pastor suíço Chonrad Stoeckhlin, que afirmava estar em contato com um grupo de espíritos misteriosos chamados de "seres noturnos", acreditava que seu guia espiritual era um anjo.[160] No entanto, pelos padrões da Igreja, essas crenças eram altamente não ortodoxas. Sabemos sobre as crenças dos seres sobrenaturais na Itália e Sicília porque a Inquisição processou as pes-

---

156. Hall, *Elves*, p. 115.
157. Ver capítulo 2, nota 77.
158. Jenkins, "Cardinal Morton's Register", p. 73.
159. Ver Ginzburg, *Night Battles*; Gustav Henningsen, "The Ladies from Outside: an Archaic Pattern of the Witches' Sabbath", em *Early Modern European Witchcraft: Centres and Peripheries*, ed. Bengt Ankarloo e Gustav Henningsen (Oxford, 1990), p. 191-215; Wolfgang Behringer, *Shaman of Oberstdorf: Chonrad Stoeckhlin and the Phantoms of the Night*, trad. H. C. Erik Midelfort (Charlottesville, VA, 1998); Diane Purkiss, *Troublesome Things: a History of Fairies and Fairy Stories* (London, 2000), p. 85-115.
160. Behringer, *Shaman of Oberstdorf*, p. 17-8.

soas que afirmavam ter contato com eles por considerá-las feiticeiros, ao mesmo tempo que Chonrad Stoeckhlin foi eventualmente executado como bruxo porque as autoridades acreditavam que seus "seres noturnos" eram, na verdade, demônios. Os comentários feitos pelos homens do clero inglês medieval sobre seres sobrenaturais eram muito fragmentados para nos permitir reconstruir um sistema de crenças semelhante em qualquer coisa com os detalhes que são possíveis nos casos modernos mais recentes. Por exemplo, não está claro o quanto elfos, fadas, *bonae res*, fantasmas, seres das sombras e outros eram vistos como seres distintos com suas próprias características, e o quanto eles representavam um conjunto único de crenças que era conhecido por muitos nomes. Mas as fontes da Inglaterra medieval apontam mesmo para um mundo em que a humanidade não está sozinha e no qual várias criaturas sobrenaturais poderiam prejudicar e ajudar.

Muitos dos escritores pastorais que incluíram esses detalhes também deram novas informações sobre outras formas de magia. *Fasciculus Morum*, John Bromyard, Robert Rypon e a *exempla*, todos descrevem outras práticas mágicas que afirmavam ser recorrentes no mundo ao redor deles. Portanto, podemos ver um grupo de escritores que eram especialmente interessados em práticas mágicas usando a *Canon Episcopi* como uma oportunidade para discutir sobre um conjunto vasto de crenças não ortodoxas sobre seres dançantes e voadores, que existiam fora do cristianismo ortodoxo. Outras fontes inglesas medievais, particularmente os romances literários, compartilham da pressuposição de que muitos tipos diferentes de seres sobrenaturais existiam, e esperavam que seu público fosse familiarizado com termos como "fada" e "aluen". Mas como o clero instruído, que estava preocupado com o cuidado pastoral, pôde dar sentido a eles?

O que são seres sobrenaturais?

O clero instruído que escreveu tratados sobre pregação e cuidado pastoral trabalhou duro para encaixar o maior número possível de seres sobrenaturais dentro da visão de mundo cristã aceita. Para tal, voltaram ao *Canon Episcopi* e reinterpretaram criaturas voadoras misteriosas como demônios ou ilusões criadas por demônios para enganar os desavisados. Por exemplo, o *South English Legendary* argumentou que os elfos dançantes eram, na verdade, demônios, enquanto o *Fasciculus Morum* disse que eram ilusões demoníacas, "nada além de fantasmas mostrados por espíritos maliciosos".¹⁶¹ Os comentários de Berengar Fredol sobre os "seres das sombras", citados por um escritor inglês anônimo do século XIV, também enfatizavam que esses seres eram demônios disfarçados.

Mas, enquanto eles definiam como os demônios assumiam a forma de humanos para enganar as pessoas, escritores pastorais reconheciam que nem todos eram vistos como seres demoníacos. De fato, eles muitas vezes tinham de argumentar duramente esse ponto, explicar por que seres sobrenaturais eram demônios e por que *não* eram alguma outra coisa. John Bromyard fez isso da forma mais detalhada:

> No outro mundo não se acredita que alguma pessoa exista, exceto uma boa ou uma ruim. Boa, tal como aquelas no Paraíso ou Purgatório; ruim, tal como demônios e os condenados. Mas o primeiro grupo não consegue enganar as mulheres [que acreditavam ter contato com os seres belos] desta forma porque as próprias mulheres afirmam que eles [os seres belos] às vezes batem nelas ou as tornam doentes quando falam com elas. Mas o bem não pratica o mal após a morte. Nem podem dizer que são as almas dos condenados, porque essas almas estão no Inferno e não podem sair à vontade.¹⁶²

Portanto, os "seres belos" eram demônios, porque as outras explicações são simplesmente impossíveis. Mas o cuidado que Bromyard teve para descartar essas visões alternativas sugere que ele as via como rivais fortes.

Fontes que primeiramente haviam sido escritas como entretenimento também sugerem que, na prática, as pessoas nem sempre identificavam seres sobrenaturais misteriosos como demônios. Isso era verdade até sobre clérigos instruídos, como Layamon ou Walter Map, quando estavam escrevendo literatura fantasiosa ou trabalhos de história, em vez de tratados sobre cuidado pastoral. Esses escritores muitas vezes deixavam a natureza dos seres que descreviam indefinidas, apesar de Carl Watkins ter argumentado que Walter, pelo menos, pretendia que seu público acreditasse que eram

---

161. *Fasciculus Morum*, ed. Wenzel, p. 579.
162. "*In alio seculo nullus populus esse creditur nisi bonus vel malus. Bonus sicut illi in celo vel in purgatorio; mali sicut demones et damnati. Sed primi eis non possunt sic illudere, quia ipsemet fatentur quod eas verberant vel infirmas faciunt interdum quando cum eis loquuntur. Boni autem post mortem malum non faciunt. Nec dicere possunt quod sint anime damnatorum, quia ille in inferno sunt et exire non possunt ad libitum.*" Bromyard, *Summa*, "Sortilegium" 5, f. 357r.

demônios, mesmo que ele nem sempre falasse de forma explícita.¹⁶³ Em romances literários, que eram datados em um passado distante, autores podiam ter uma visão ainda mais livre sobre o que esses seres sobrenaturais realmente eram. Alguns chamavam de "fadas", sem maiores explicações. Duas versões inglesas do século XIV do poema bretão *Lanval*, de Marie de France, século XII, descreviam a heroína como uma fada, ou até a filha do rei como *Fayrye*, sem explicar o que eram as fadas: eles simplesmente diziam que era linda, rica e vinha de outro mundo.¹⁶⁴ Em outros casos, fadas podiam se misturar a outros tipos de seres sobrenaturais. As fadas do *Sir Orfeo* eram ligadas à morte, algo muito parecido com os "seres belos" de John Bromyard, e o reino da fada para o qual *é abduzida* a rainha de Orfeo, Heurodis, é povoado por seres que morreram violentamente. No entanto, diferentemente de Bromyard, o autor não tentou explicar essa situação contando que esses seres eram na verdade demônios.¹⁶⁵ Esses escritores escreviam para entreter em vez de combater crenças não ortodoxas, então eles estavam muito mais dispostos do que os escritores pastorais a deixarem a ambiguidade dos seres sobrenaturais, sem explicar exatamente o que eram.

Além disso, diferentemente dos tratados sobre confissões e pregações, a literatura não condenava as pessoas que interagiam com os seres sobrenaturais. Romancistas às vezes apresentavam seres sobrenaturais como perigosos: Heurodis foi abduzida pelas fadas, e a linda fada amante de Lanval cega a rainha Guinevere depois de esta acusar falsamente Lanval de estupro. Mas esses trabalhos não pintam seus protagonistas como pecadores, iludidos por demônios ou engajados em magia.

Dada a natureza fragmentada da evidência, é difícil dizer o quanto dessa atitude seria compartilhada na vida real. Algumas pessoas que afirmavam ter contato com seres sobrenaturais acabaram nos tribunais da Igreja, apesar de não ser muito comum. Já que a maior parte dos casos dos tribunais da Igreja surgiu de rumores ou acusações feitas por uma pessoa contra a outra, isso sugere que algumas pessoas de fato viam o contato com o mundo sobrenatural como algo suspeito – ou pelo menos sabiam que podiam fazer parecer dessa forma no

---

163. Watkins, *History*, p. 206-8.
164. Elizabeth Williams, "A Damsell by Herselfe Alone: Images of Magic and Femininity from Lanval to Sir Lambewell", em *Romance Reading on the Book*, ed. J. Fellows, R. Field, G. Rogers e J. Weis (Cardiff, 1996), p. 160.
165. *Sir Orfeo*, ed. Bliss, p. 34-5; Saunders, *Magic*, p. 203.

tribunal. Uma história sobre fantasmas escrita por Byland Abbey, em Yorkshire, por volta de 1400, também implicava que entrar em contato com os mortos era malvisto. Nessa história, um alfaiate chamado Snowball encontrou um fantasma em diversas ocasiões e, eventualmente, ele pediu informações. Qual era seu maior pecado? O fantasma respondeu que havia causado a Snowball um pouco de desonra pública porque, acidentalmente, havia dado a ele a reputação de falar com os mortos: "as pessoas estão enganadas sobre você, mentindo e fofocando sobre outras pessoas mortas [com as quais você entrou em contato] e dizendo, 'ou ele está invocando essa pessoa morta, ou esta, ou esta'".[166] No entanto, as pessoas que não possuíam a missão de melhorar o cuidado pastoral e erradicar crenças não ortodoxas talvez fossem menos condenadoras daqueles que interagiam com seres sobrenaturais. Isso talvez acontecesse especialmente se curandeiros e adivinhos, que afirmassem estar em contato com fadas ou seres belos, pudessem trazer algum benefício a elas.

Escritores pastorais ingleses da Idade Média, portanto, tentaram impor apenas uma interpretação para um conjunto amplo de crenças sobre os seres sobrenaturais. Autores que escreviam para entreter o público talvez explorassem o potencial dramático de seres ambíguos, e curandeiros podiam afirmar possuir conhecimento sobrenatural, mas escritores pastorais buscavam acabar com as ambiguidades e rotular os seres sobrenaturais como demônios. O historiador Clause Lecouteux viu nisso um processo de "demonificação" que contribuía para os estereótipos posteriores das bruxas voadoras e adoradoras do Diabo.[167] Homens do clero medieval conceitualizaram essa associação entre demônios e seres sobrenaturais de diversas formas. Às vezes, seres sobrenaturais eram sonhos inspirados por demônios, às vezes, eram demônios reais, mascarados como elfos ou seres belos, mas eram sempre demoníacos de uma forma ou de outra. De tal modo, era sempre errado interagir com eles, não importando os benefícios que você pudesse conseguir ao fazê-lo. Os casos de Agnes Hancock, Mariona Clerk e sua mãe Agnes, além de John de Kilpeck, mostram que essa atitude menos tolerante poderia levar a acusações de magia formais – mas apenas em poucos casos.

---

166. M. R. James, "Twelve Medieval Ghost Stories", *English Historical Review*, 37 (1922), p. 417; tradução usada em Andrew Joynes, *Medieval Ghost Stories* (Woodbridge, 2001), p. 122.

167. Lecouteux, *Chasses Fantastiques*, p. 24.

Diferenciando contato mágico e contato legítimo

Portanto, manuais pastorais e *exempla* tentaram muito encaixar seres ambíguos em uma visão de mundo ortodoxa ao reinterpretá-los como demônios ou ilusões, além de negar outras interpretações possíveis. Aqui eles refletiram uma tendência mais ampla nos escritos teológicos medievais sobre fantasmas e aparições. Em um livro sobre fantasmas desse período, Jean-Claude Schmitt argumentou que, do século XIII em diante, teólogos cada vez mais interpretaram aparições misteriosas como demônios.[168] Isso era claro em seus comentários sobre a história bíblica a respeito do fantasma de Saul e a Bruxa de Endor (1 Sam. 28). Quando Deus parecia ter parado de responder às perguntas sobre o futuro do rei Saul, o rei buscou uma médium e pediu que ela invocasse o espírito do profeta morto Samuel, para que fizesse uma profecia para ele. Posteriormente, comentaristas da Bíblia consideraram esse incidente complicado. Era possível para um praticante de magia invocar um profeta morto dessa forma? A aparição era realmente Samuel ou o Diabo disfarçado para parecer o profeta? Por um bom tempo não houve consenso. A partir do século XII, iluminadores de manuscritos começaram a desenhar essas cenas e elas refletiam as incertezas dos teólogos, retratando Samuel de diversas formas diferentes: como um defunto reanimado, uma figura fantasmagoricamente pálida ou uma aparição sendo observada de cima por um demônio. Por exemplo, em um saltério iluminado pertencente a John Tickhill, que era prior no Monastério Worksop, perto de Nottingham, no começo do século XIV, Samuel é retratado como um fantasma pálido, flutuando, vestido com um manto, similar em alguns aspectos às almas mortas voadoras (ou imitações demoníacas delas) descritas por John Bromyard (figura 10). Mas, apesar dessas incertezas, com o tempo os teólogos foram ficando cada vez mais convencidos de que "Samuel" era de fato um demônio.[169]

Para os homens do clero, buscar deliberadamente o contato com fantasmas e demônios era magia. Por mais duvidoso que fosse o *status* de Samuel na história de Saul e a Bruxa de Endor, nenhum teólogo medieval questionou se a bruxa propriamente estava fazendo magia. Tampouco era simplesmente uma preocupação para os comentadores bíblicos. No fim do século XIV, quando o teólogo e reformista da

---

168. Jean-Claude Schmitt, *Ghosts in the Middle Ages*, trad. Teresa Lavender Fagan (Chicago, 1998), p. 116-21.
169. Schmitt, *Ghosts*, p. 15-6; Donald Drew Egbert, *The Tickhill Psalter and Related Manuscripts* (New York e Princeton, NJ, 1940), p. 3-7.

Figura 10. A Bruxa de Endor invocando o espírito de Samuel, do saltério de Tickhill, feito para o frade agostiniano John Tickhill. *c*.1310.

Igreja, John Wyclif, cujas ideias foram eventualmente condenadas como heresias e inspiraram o movimento herético Lollardismo, escreveu uma adaptação inglesa de um antigo trabalho em latim que estabelecia o que os padres deveriam saber, incluiu na lista de práticas de magia proibidas um aviso para "não buscar a verdade dos espíritos mortos". Esse detalhe não estava no original em latim, mas Wyclif pensou ser importante adicionar.[170]

No entanto, escritores pastorais da Idade Média não conseguiam argumentar que todas as formas de contato com os seres sobrenaturais eram magia. Assim como havia precedentes de longa data na tradição cristã, para curas e previsões do futuro por meios religiosos, também havia precedentes para alguns tipos de contato com espíritos. Apesar das dúvidas dos teólogos sobre o fantasma de Samuel, fantasmas aparecem nos escritos cristãos por séculos, e já no século XIII eles apareciam regularmente em *exempla*, que diziam promover a doutrina do Purgatório. Nessas histórias, fantasmas apareciam para seus amigos e entes queridos pouco depois da morte para explicar como estavam sofrendo no Purgatório por causa de algum pecado cometido durante a vida e para pedir orações e missas para diminuir seu tempo nesse lugar.[171] Histórias de fantasmas como esta se encaixavam perfeitamente dentro da visão de mundo cristã e eram usadas para dar lições de moral ortodoxas. Elas não sugeriam que as pessoas que recebiam as visitas desses fantasmas estavam praticando magia.

Mas outros seres eram muito mais difíceis de categorizar como fantasmas beneficentes do Purgatório ou demônios malignos. Isso era verdade mesmo sobre algumas histórias de fantasmas influenciadas pela *exempla*, já que uma variedade de antigas crenças sobre seres sobrenaturais foram vasculhadas por colecionadores de *exempla*, faminots por boas histórias que pudessem adaptar para as pregações.[172] As histórias de fantasmas escritas em Byland Abbey, por exemplo, não continham nenhuma imagem do que uma alma morta poderia ser ou como os vivos deveriam interagir com ela. Essas histórias ficam em algum lugar entre literatura de entretenimento e *exempla*. Foram escritas em um monastério e algumas delas possuem a mesma lição de moral que os *exempla*, especificamente em relação à necessidade de expiar os pecados cometidos durante a vida e ao poder das orações e missas para ajudar as almas no Purgatório.

---

170. *The Lay Folks' Catechism*, ed. T. F. Simmons e H. E. Nolloth, Early English Texts Society, ser. original 118 (London, 1901), p. 35.
171. Schmitt, *Ghosts*, p. 135-6.
172. Ibid., p. 148; Claude Lecouteux, *Fantômes et Revenants au Moyen Age* (Paris, 1986), p. 58.

No entanto, suas fontes são desconhecidas, e o estudioso do século XIX que as publicou, M. R. James (ele mesmo famoso escritor de histórias de fantasmas), sugeriu que elas refletem lendas locais e crenças, o que talvez explique sua diversidade.[173] Apesar de alguns fantasmas de Byland serem parecidos com os fantasmas em *exempla*, outros não eram. Por exemplo, o fantasma de James Tankerlay, o reitor de Kereby, começou a vagar pela noite e arrancou o olho de sua antiga amante. Em vez de rezar por seu espírito, a história conta como os monges de Byland desenterraram seu caixão e o jogaram na água. Em outra história, William de Bradford foi seguido por um espírito choramingando "como, como, como" e, apesar de o autor dessas histórias sugerir que era "um espírito com grande desejo de ser invocado e receber a ajuda necessária", sua identidade nunca é definida e suas necessidades nunca são atendidas.[174] Diante de uma história ambígua como essa, os clérigos precisavam, portanto, decidir quais formas de contato com os seres sobrenaturais eram legítimas e quais não eram.

    Escritores pastorais abordaram o assunto de diversas formas. Muitos olhavam para a pessoa que estava afirmando ter contato com o mundo sobrenatural, perguntando se aquela poderia ser confiada com a distinção entre aparição demoníaca e um fantasma genuíno em busca de ajuda. Essa abordagem era parecida com a usada para as formas religiosas de adivinhação e cura, e era igualmente útil neste caso, já que era outra situação em que a religião e a magia eram difíceis de separar, e os padres precisavam exercitar esse discernimento. Portanto, escritores pastorais focaram no *status* e na reputação dos indivíduos envolvidos, mas acima de tudo focavam no gênero. Eles muitas vezes apresentavam o contato com seres sobrenaturais como uma atividade feminina, destacando as mulheres mais do que faziam em qualquer outra forma de magia. Essa ênfase em mulheres dava-se parcialmente ao *Canon Episcopi*, que a maioria dos escritores pastorais conhecia, mas alguns homens do clero também afirmavam que as mulheres eram as principais pecadoras da época. John Bromyard declarou que a crença nos seres belos era sustentada por "mulheres, que nesse assunto eram consideradas mais culpadas que os homens" e, também, na *exempla*, geralmente é a mulher que afirma voar à noite com a *bonae res*.[175] A

---

173. James, "Twelve Medieval Ghost Stories", p. 414.
174. Ibid., p. 418-9; Joynes, *Medieval Ghost Stories*, p. 123-4.
175. "*mulieres que in hac parte magis inueniuntur culpabiles quam viri*". Bromyard, *Summa*, "Sortilegium" 5, f. 357r; Nancy Caciola, *Discerning Spirits: Divine and Demonic Possession in the Middle Ages* (Ithaca, NY, 2003), p. 72.

associação dessas crenças com as mulheres provavelmente encorajou o clero a enxergá-las como erradas. Seres sobrenaturais eram suspeitos de qualquer forma, mas provavelmente eles eram mais suspeitos porque eram associados a um grupo de pessoas que alguns homens do clero não estavam dispostos a confiar.

Essas preocupações em relação à autoridade e à confiabilidade das mulheres que afirmavam ter contato com o sobrenatural também faziam parte de ansiedades mais amplas sobre a autoridade das mulheres nas questões espirituais. Durante o fim da Idade Média, homens do clero em diversas partes da Europa levantaram preocupações parecidas sobre as místicas que afirmavam ter contato com Deus e os santos. Alguns observadores expressaram medos de que essas mulheres estavam, na verdade, se comunicando com o Diabo e, no começo do século XV, isso estimulou diversos teólogos eminentes a escreverem tratados sobre o "discernimento de espíritos": como dizer se o espírito que inspirou ou até possuiu uma pessoa era do bem ou mal.[176] Uma das razões pela qual o discernimento se tornou uma preocupação da época era o surgimento de diversas mulheres profetas, das quais a mais famosa foi Joana D'Arc. Joana, é claro, afirmava ouvir vozes de anjos, mas os teólogos que a condenaram na instigação dos ingleses, em 1431, exploraram outras possibilidades. Uma dessas eram as fadas: eles perguntaram a Joana o que ela sabia sobre uma árvore local conhecida como a "*Árvore das Amantes*" ou a "*Árvore das Fadas*".[177]

Em teoria, o discernimento dos espíritos aplicava-se igualmente a homens e mulheres, mas frequentemente os homens do clero que escreviam sobre o assunto focavam especialmente em mulheres possuídas, argumentando que a mente e o corpo das mulheres as deixavam mais vulneráveis que os homens diante da influência dos espíritos bons e maus.[178] Isso não era apenas uma preocupação na Idade Média, e de fato a nova ansiedade sobre as mulheres e o discernimento que começou no século XV continuou ao longo dos séculos seguintes. Alguns dos primeiros autores modernos sobre bruxaria, dessa época em diante, usavam um raciocínio similar para explicar por que mulheres eram mais propensas a serem bruxas do que os homens, e preocupações sobre a autoridade das mulheres profetas persistia na Inglaterra e em qualquer

---

176. Veja Caciola, *Discerning Spirits*; Dyan Elliott, *Proving Woman: Female Spirituality and Inquisitional Culture in the Later Middle Ages* (Princeton, NJ, 2004), p. 250-63.

177. Elliott, *Proving Woman*, p. 267-79; Purkiss, *Troublesome Things*, p. 65.

178. Caciola, *Discerning Spirits*, p. 30.

outro lugar durante e depois da Reforma.[179] Muito se argumenta que essas preocupações sobre mulheres profetas refletem as incertezas religiosas do período do século XV em diante, o que criou uma situação em que profetas pouco prováveis poderiam ser levados muito mais a sério. No entanto, escritos pastorais sobre as experiências de mulheres com seres sobrenaturais mostram que as raízes dessas preocupações estão em uma tradição mais antiga, que expressava uma suspeita em relação à habilidade das mulheres de interagir de forma responsável com os seres sobrenaturais.

Na prática, porém, confiança não era apenas uma questão de gênero. Nos poucos casos que chegaram até os tribunais da Igreja e às visitações na Inglaterra medieval, a reputação de uma pessoa também tinha influência importante sobre como o contato com os seres sobrenaturais era visto, sendo tanto um homem como uma mulher. Consta muitas vezes nos registros desses casos que alguém tinha uma má reputação e causou um escândalo local. John, o capelão de Kilpeck, foi descrito como alguém "sem firmeza na fé". De forma semelhante, em 1397, Nicholas Cuthlere, da paróquia de Ruardean, em Gloucestershire, foi delatado aos representantes do bispo por afirmar que o fantasma de seu pai perambulava pela paróquia à noite. Certa noite ele fez uma vigília no túmulo, "para a grande escandalização da fé católica".[180] Como mostra a *exempla* sobre fantasmas do Purgatório, a ideia de que os mortos podiam voltar para buscar ajuda dos vivos não era, em si, não ortodoxa, mas neste caso a crença era atribuída a um indivíduo idiossincrático e aparentemente não era compartilhada com outros. De fato, os vizinhos de Cuthlere (ou pelo menos aqueles que falaram com os representantes do bispo) enfatizaram o escândalo público como razão para a denúncia. Como veremos no capítulo 7, fofocas ou escândalos tiveram um papel importante para levar muitas acusações de magia à atenção das autoridades. No caso de seres sobrenaturais, que eram particularmente difíceis de categorizar, pode ser especialmente importante.

Somando à consideração da pessoa que afirmava manter contato com seres sobrenaturais, escritores pastorais também avaliavam as circunstâncias em que o contato acontecia. Se um fantasma ou demônio simplesmente aparecia espontaneamente para você, não era errado, mas tentar ativamente fazer contato com seres sobrenaturais provavelmente

---

179. Diane Watt, *Secretaries of God: Women Prophets in Late Medieval and Early Modern England* (Cambridge, 1997), p. 4-5.
180. A. T. Bannister, "Visitation Returns of the Diocese of Hereford in 1397 (Continued)", *English Historical Review*, 44 (1929), p. 446.

seria visto como magia, como no caso da Bruxa de Endor. Isso é mostrado em um tipo específico de *exemplum*, que conta sobre pessoas que fazem acordos com amigos ou parentes para que, quem quer que morra primeiro entre eles, deva voltar para dizer como é a vida após a morte.[181] Os clérigos que registraram essas histórias geralmente não criticavam esses acordos e as usavam para dar as mesmas lições de moral que outras histórias de fantasmas: tipicamente, o amigo morto volta para descrever como ele ou ela está sendo punido pelos pecados cometidos durante a vida e pede orações. No entanto, alguns escritores levantaram a questão sobre se fazer esse tipo de acordo com um amigo poderia ser visto como magia, provavelmente porque era próximo demais da tentativa de invocar espíritos para falar com as pessoas. O primeiro escritor pastoral a mencionar a questão foi John de Freiburg, um frade dominicano alemão que escreveu dois tratados bastante influentes sobre confissão, na década de 1290. No decorrer desses tratados, John concluiu que pedir ao seu amigo moribundo que voltasse para você não era magia, desde que ambos aceitassem que qualquer retorno futuro dos mortos estava sujeito à vontade de Deus. Então, contato com amigos mortos era aceitável apenas se acontecesse dentro dos termos de Deus, não dos homens: era magia buscar ordenar espíritos a aparecerem quando você quisesse, mas não era se você aceitasse que o controle dessas questões pertencia a Deus. Muitos dos autores futuros seguiram John de Freiburg, permitindo que as pessoas fizessem acordos como este, mas alguns adotaram uma visão mais estrita e advertiam que o "amigo morto" poderia ser um demônio disfarçado.

Escritores pastorais, portanto, ofereciam ao clero diversas maneiras para decidir se alguém que afirmasse ter contato com seres sobrenaturais estava praticando magia. Eles mesmos olhavam para os seres. Eram demônios? Eles se encaixavam na compreensão estabelecida sobre como os fantasmas do Purgatório deveriam se comportar, ou, por exemplo, prejudicavam ou batiam em seus seguidores? Também olhavam para as pessoas que afirmavam ter contato com esses seres. Poderiam ser confiáveis para distinguir demônios de aparições beneficentes? Elas haviam tentado invocar um fantasma ou simplesmente foram visitados por um? Esses tipos de critérios eram os mesmos usados por escritores pastorais para categorizar adivinhações e curas mágicas. Mas enquanto muitos escritores pastorais usavam suas discussões sobre

---

181. Ver Catherine Rider, "Agreements to Return from the Afterlife in Late Medieval Exempla", em *Studies in Church History* 45: *The Church, the Afterlife and the Fate of the Soul*, ed. P. Clarke e T. Claydon (Woodbridge, 2009), p. 174-83.

práticas e praticantes de cura para identificar uma esfera relativamente ampla de práticas legítimas, quando discutiam o contato com seres sobrenaturais o tom era muito mais condenatório, como era com as pessoas que afirmavam ter sonhos proféticos. Escritores pastorais raramente sugeriam que qualquer forma de contato com o mundo sobrenatural era legítima, exceto no caso específico das histórias de fantasmas na *exempla*, e mesmo assim poderia ser questionável se acontecesse depois que você pediu para um amigo voltar. Em vez de aceitar que a religião e a magia pudessem ser muito semelhantes, quando escrevem sobre seres sobrenaturais, os escritores pastorais eram muito mais cautelosos, e se por alguma razão a pessoa que afirmasse o contato parecesse suspeita, mesmo um contato aparentemente inofensivo poderia ser interpretado de forma desfavorável.

✣

Portanto, quando consideravam seres sobrenaturais, homens do clero inglês da Idade Média tentavam dar sentido a um emaranhado complexo de crenças que nem sempre se encaixavam perfeitamente na compreensão deles de como o Universo funcionava. Muitas vezes, conseguiam dar sentido a essas crenças ao identificar os seres como demônios ou fantasmas do Purgatório. Nesse sentido, eles conseguiam aceitar alguns tipos de contato com seres sobrenaturais e explicar o que tinha de errado com os outros. No entanto, essa interpretação dos seres sobrenaturais era provavelmente muito mais estrita do que a visão da maior parte das pessoas. Sobre a adivinhação e a cura, escritores pastorais estabeleceram um espaço relativamente grande para atividades naturais ou religiosas legítimas e, então, encontravam pontos em comum com seu público, mas em relação aos seres sobrenaturais, que estavam fora do escopo conceitual cristão, seus julgamentos eram mais estritos. Eles deixavam claro que essas criaturas deveriam ser demônios, ou ao menos ilusões inspiradas por demônios, mesmo se parecessem com pessoas, e ainda que às vezes dessem informações úteis a elas. Portanto, os escritos sobre seres sobrenaturais ilustram os limites da escrita pastoral sobre magia: tanto as dificuldades que crenças diversas não oficiais poderiam trazer como a complexidade de argumentação contra visões populares estabelecidas sobre fenômenos "mágicos".

Capítulo 4
Dano e Proteção

No dia 13 de janeiro de 1444, Nicholas Edmunds apareceu diante do tribunal do bispo de Rochester para relatar os rumores sobre Margery Smart:

> Ele relata ao oficial que a referida Margery é suspeita e maldita do crime de magia. E ele diz que um de seus vizinhos tinha quatro cavalos bons para puxar carroça, e como ela era mal-intencionada, disse ao oficial que em pouco tempo ele não teria nenhum cavalo vivo. E então, de uma vez só, todos os cavalos começaram a morrer.

Margery negou, e Nicholas não conseguiu provar sua acusação, então o tribunal pediu a ela que encontrasse seis testemunhas para jurarem que ela dizia a verdade, um processo conhecido como compurgação. É provável que ela tenha encontrado as testemunhas e o caso tenha sido encerrado, porque era isso que acontecia na maioria das situações envolvendo magia que chegavam aos tribunais da Igreja, mas não sabemos com certeza, pois estão faltando os registros do restante do caso.[182]

---

182. "*Item denunciat officio quod dicta Margeria est suspecta et diffamata de crimine sortilegii. Et dicit quidam vicinus suus habuit quatuor bonos equos in biga trahendos et cum erat maliuola eidem dixit quod non haberet equum viuum in breui tempore. Et sic statim omnes equi moriebantur.*" Maidstone, Centre for Kentish Studies, Drb/Pa/1, f. 379r. Sobre outras acusações, ver Karen Jones e Michael Zell, "'The Divels Speciall Instruments': Women and Witchcraft before the Great Witch Hunt", *Social History*, 30 (2005), p. 51.

Acusações como esta são comuns nos registros de julgamentos de bruxas dos séculos XVI e XVII. As pessoas discutem, uma delas faz algum comentário sinistro sobre os animais, família ou a casa do outro, e então algo ruim acontece e ele ou ela é acusado de bruxaria. Essas discussões muitas vezes surgem de tensões entre pessoas que viviam muito próximas umas das outras – neste caso, Nicholas também afirmava que Margery repetidamente caluniava sua esposa.[183] Registros de julgamentos de bruxas mostram que, no século XVI, era esse lado nocivo da magia que mais preocupava as pessoas comuns, e a maior parte dos julgamentos começava quando uma pessoa acusava a outra de tê-la prejudicado, ou sua família e sustento.[184] No entanto, magia nociva aparecia com muito menos frequência nos registros do tribunal medieval. Isso pode significar que era genuinamente incomum ou menos temida do que nos séculos XVI e XVII, mas também é possível que tribunais medievais estivessem menos dispostos a agir baseados em rumores como esses sobre Margery Smart, que eram fundamentados por pouca ou nenhuma evidência. Independentemente dos motivos para a escassez de acusações, o caso de Margery mostra que algumas pessoas da Inglaterra medieval acreditavam que a magia poderia ser usada para prejudicar os outros, e ocasionalmente isso era levado a sério o suficiente para garantir um caso no tribunal.

O poder da magia para prejudicar os outros poderia ser levado a sério não apenas pelas comunidades das vilas, mas também pelo clero instruído. Em seus tratados sobre pregação e confissão, homens do clero da Inglaterra medieval discutiam o uso da magia para causar doenças, insanidade ou morte, e também descreviam uma gama de outros crimes que poderiam ser cometidos com magia: roubar leite das vacas, causar tempestades, ou até transformar pessoas em animais. A magia que provocava o amor ou afetava a libido das pessoas poderia também ser vista como nociva quando levava à paixão descontrolada ou indesejada, ou causava ódio ou disfunção sexual entre casais. Autores dos manuais pastorais não mencionavam essas práticas *tão regularmente quanto a adivinhação ou a cura mágica, e estavam menos prontos para afirmar que eram comumente usadas*, mas tinham ciência delas e alguns as viam como assuntos sérios.

---

183. "*Et dictus Nicholaus dicit* [minha correção: leia-se no ms: '*de dicit*'] *quod ipsa Margeria diffamauit et frequenter vilipendit uxorem suam.*" Centre for Kentish Studies Drb/Pa/1, f. 379r.

184. Richard Kieckhefer, *European Witch Trials: Their Foundations in Popular and Learned Culture, 1300-1500* (London, 1976), p. 48; Robin Briggs, *Witches and Neighbours: the Social and Cultural Context of European Witchcraft* (2. ed. Oxford, 2002), p. 10.

Magia nociva representava uma série de problemas para os escritores pastorais diferentes daqueles causados por adivinhação, cura ou crenças em seres sobrenaturais. Como já vimos, clérigos e leigos aceitavam que algumas tentativas de prever o futuro ou curar doentes, e até algumas formas de entrar em contato com fantasmas, eram perfeitamente legítimas, especialmente se feitas por especialistas ou pessoas discretas. Nesses casos, o problema era determinar quais práticas eram aceitáveis e persuadir as pessoas a evitarem as que fossem mágicas. No caso das magias nocivas, essa não era a questão. Havia um acordo geral de que prejudicar pessoas ou animais por intermédio do oculto era magia, e não um meio natural ou religioso (porém, como veremos, alguns tipos de magia nociva realizados usavam rituais religiosos), e era difícil para argumentarem que se tratava de algo legítimo. Ao contrário, homens do clero faziam outras perguntas sobre a magia nociva. O quão seriamente eles deveriam considerar uma ameaça? Realmente funcionava? E, se funcionava, o que as pessoas deveriam fazer em relação a isso? Suas respostas a essas perguntas nos mostram um lado diferente do relacionamento entre magia e religião na Inglaterra medieval.

Crenças sobre magia nociva

Quando o clero inglês medieval, no século XIII e posteriormente, escreveu sobre magia nociva, muitas vezes se baseava em fontes mais antigas. Em si, isso não era especialmente surpreendente: quando escreviam sobre todo tipo de magia, os autores pastorais muitas vezes começavam com textos antigos, como o livro de lei canônica do século XII, o *Drecretum,* de Graciano. No entanto, para adivinhação e cura, e em um grau menor para crenças em seres sobrenaturais, as fontes mais antigas eram geralmente um ponto inicial, e um número significativo de escritores foi além para falar sobre o que afirmavam ser práticas recorrentes. Quando a assunto era magia nociva, pouquíssimos homens do clero medieval da Inglaterra expandiram o que Graciano e outros escritores mais antigos haviam dito.

O próprio Graciano também falou muito menos de magia nociva do que métodos de previsão do futuro ou cura, mas tratou o assunto de forma breve. Pessoas que usavam a magia nociva apareciam em listas de diferentes tipos de praticantes de magia que ele copiou de uma enciclopédia de Isidore de Seville, um bispo do século XVII: alguns magos eram chamados de *malefici* ou "praticantes do mal" porque "com a permissão de Deus eles atingem os elementos, perturbam as mentes das pessoas que pouco confiam em Deus e destroem, sem a violência de um ataque venenoso, mas apenas pelo charme"'.[185] Assim como citou Isidore, Graciano discutiu algumas crenças e práticas específicas. Ele extraiu uma dessas de uma fonte do século X. Fazia referência à ideia de que algumas pessoas poderiam ser prejudicadas ou até mesmo transformadas em outra criatura pela magia:

> Portanto, quem quer que acredite que alguma criatura pode ser mudada para o bem ou para o mal, ou transformada em outra aparência ou outro corpo, exceto pelo próprio Criador, que fez todas as coisas e por meio de quem todas as coisas são feitas, é sem dúvida um não crente e pior que um pagão.[186]

Graciano também descreveu uma forma em especial de causar danos, citada de um antigo conselho da Igreja. Isso condenou padres que rezavam a missa dos mortos em nome de uma pessoa viva, para fazer com que ela ou ele morresse.[187] Posteriormente, alguns escritores pastorais da Inglaterra medieval reproduziram essas passagens de Graciano. O banimento do mau uso da missa para os mortos ainda estava sendo debatido, agora traduzido para o inglês, pelo tratado devocional *Dives and Pauper*, do início do século XV.[188] Outros escritores pastorais recorreram a informações similares de outras fontes antigas. Por exemplo, Thomas de Chobham citou outro trecho de um conselho de séculos atrás. Padres deveriam descobrir se existiam mulheres nas redondezas que

> diziam poder, por meio da magia nociva ou por encantamentos, mudar a opinião das pessoas, por exemplo, [dizendo] que ela os converte do amor ao ódio e do ódio ao amor; ou que ela danifica ou rouba os bens das pessoas.[189]

Novamente com base em fontes mais antigas, Thomas também condenava as pessoas que causavam tempestades e as que acreditavam

---

185. Gratian, *Decretum*, ed. E. Friedberg, *Corpus Iuris Canonici*, vol. I (Leipzig, 1879, repr. Graz, 1959), 26.5.14. Para a versão e tradução de Isidore, veja William Klingshirn, "Isidore of Seville's Taxonomy of Magicians and Diviners", *Traditio*, 58 (2003), p. 85.
186. Gratian, *Decretum*, 26.5.12.
187. Ibid., 26.5.13.
188. *Dives and Pauper*, ed. Priscilla Heath Barnum, Early English Texts Society, ser. original nº 275 (London, 1976), vol. I, p. 158-9.
189. Thomas of Chobham, *Summa Confessorum*, ed. F. Broomfield (Louvain,1968), p. 473.

que isso fosse possível.[190] Mas essas poucas passagens não somavam muito, comparadas ao que os antigos textos – particularmente o *Decretum,* de Graciano – diziam sobre adivinhação e cura. Eles descrevem apenas uma prática mágica detalhadamente (usar a missa para os mortos com o objetivo de prejudicar os vivos), sendo esta uma atividade restrita a um grupo social, o clero.

No entanto, nem todo escritor pastoral inglês do fim da Era Medieval era tão breve, e alguns deram, sim, detalhes sobre formas de prejudicar pessoas que não estavam nos textos antigos. Esses detalhes são bastante raros, mas importantes porque nos contam muito mais sobre as práticas e crenças associadas à magia nociva na Inglaterra medieval do que as simples citações de fontes antigas. Por exemplo, um curto tratado anônimo sobre confissão, escrito no século XIII, incluía uma lista de perguntas que um padre poderia fazer ao pecador, "se ele havia se consultado com feiticeiras ou foi atrás de uma, ou deu presentes para tais pessoas de modo que seus feitiços fossem melhorados ou piorados de certa forma": aparentemente, uma referência ao suborno de pessoas para que prejudicassem outras ou anulassem o próprio feitiço. O mesmo autor também mencionou o olho maligno, a crença de que o olhar de uma pessoa malévola pudesse prejudicar alguém: padres deveriam perguntar "se ele acreditava que algo pudesse ser enfraquecido ou piorado pela fala ou olhar de uma pessoa, que é intencional". Um segundo manuscrito do trabalho adicionou mais uma palavra inglesa, *forespoken* [profetizar], para traduzir o mal causado pela fala de uma pessoa.[191] As palavras em inglês incluídas no texto em latim, assim como o fato de que nenhuma dessas frases parece vir de fontes antigas, sugerem que esse autor estava registrando suas próprias preocupações e observações.

Outro autor anônimo, que escreveu um longo manual sobre pregação recheado de histórias, chamado *Fasciculus Morum*, no começo do século XIV, descrevia um método diferente de causar danos por meio da magia. "Necromantes" que "invocavam demônios em seus círculos" também "faziam figuras de pessoas em cera ou outro material maleável

---

190. Ibid., p. 485-6.
191. *"Si sortilegas consuluit, uel ad ipsas misit, uel munera dedit talibus ut ipsarum sortilegia meliorarentur in aliquot uel grauarentur* [minha correção: lê-se '*melioraretur*' and '*grauararetur*' em ambos os mss]... *Si crediderit aliquam rem infirmary uel deteriorari propter loquelam uel uisum aliorum scilicet ouersene.*" bl ms
Add. 30508 ff. 169r-v; "*scilicet forspekem*", "que é, forspoken", adicionado em bl ms Add. 22570, f. 200v.

com o objetivo de matá-las".[192] A menção a círculos e invocação de demônios sugere que esse autor estava pensando em rituais de magia dos tipos encontrados em textos mágicos discutidos no capítulo 5, que usavam círculos e invocavam demônios. Um caso do tribunal de 1324, pouco depois da escrita desse tratado, sugere que isso não era imaginário. Nesse ano, um grupo de mais de vinte burgueses de Coventry foi julgado por tentar matar o rei Edward II, seu conselheiro de confiança Hugh Despenser e seu filho (também Hugh), o prior do Monastério de Conventry e dois oficiais deste. Afirmou-se que eles convocaram um mago (*nigromauncer*) para fazer e perfurar imagens de cera de cada vítima. Também foram acusados de testar o método em Richard de Sowe, que como resultado ficou louco e morreu. A suposta trama foi descoberta quando um dos homens envolvidos, Robert le Mareschal, revelou os detalhes.[193] Todos os burgueses foram absolvidos, portanto não sabemos o quanto de verdade há nisso tudo, mas o fato de o caso ter sido levado ao tribunal indica que o uso de imagens de cera para causar danos era visto como plausível. Imagens de cera também poderiam ser usadas para causar danos de formas menos conhecidas: o clérigo e escritor do século XII, Gerald de Wales, reclamou de pessoas que supostamente proferiam missas diante de imagens de cera para amaldiçoar alguém.[194]

Alguns escritores pastorais também falaram de magia do amor sendo usada para propósitos nocivos, apesar de, em alguns casos, o que uma pessoa via como nocivo outra poderia ver como uma forma legítima de tentar preservar o relacionamento. Por exemplo, Thomas de Chobham descreveu um caso de magia que causou impotência. Thomas havia estudado e ensinado teologia em Paris antes de assumir sua posição na Catedral de Salisbury, e ele afirmava ter ouvido de um homem que estava enfeitiçado que havia se tornado impotente por sua ex-namorada quando casou com outra mulher. A ex-namorada, se ele soubesse sua opinião a respeito, poderia ter visto suas atitudes como uma forma de preservar seu próprio relacionamento com o homem, apesar de Thomas não afirmar tal coisa.[195] Um século depois, um *exemplum* de uma coleção de histórias franciscana do começo do século XIV também conta o que ele afirma ser uma história verídica sobre magia nociva de amor. O

---

192. Siegfried Wenzel, ed. e trad., *Fasciculus Morum: a Fourteenth-Century Preacher's Manual* (University Park, PA, 1989), p. 579.

193. G. L. Kittredge, *Witchcraft in Old and New England* (Cambridge, MA, 1929), p. 77-8.

194. Miri Rubin, *Corpus Christi: the Eucharist in Late Medieval Culture* (Cambridge, 1991), p. 338.

195. Thomas of Chobham, *Summa Confessorum*, p. 184.

exemplum recontava como um frade, durante uma turnê de pregações na arquidiocese de York, foi abordado por um homem cuja esposa estava enfeitiçada de tal forma que começava a enfurecer toda vez que o via, apesar de ser perfeitamente normal com as outras pessoas. Os amigos da mulher até testaram como o feitiço funcionava, fazendo diversas pessoas se esconderem de modo que apenas suas mãos ficassem visíveis: a mulher, ainda assim, enfureceu-se quando viu as mãos de seu marido, mas permaneceu sã quando viu a mão de outros. O frade não diz quem a amaldiçoou ou por que, mas ele registra que a mulher foi curada ao fazer uma confissão, depois da qual foi capaz de viver em paz com o marido e honrá-lo da forma "que ela deveria".[196]

Então, já com a adivinhação e a cura, alguns escritores pastorais da Inglaterra medieval foram além dos comentários generalizados das fontes antigas para apresentar uma imagem da magia nociva que afirmavam estar fundamentada em práticas reais e até mesmo incidentes concretos. As práticas que descreviam de fato possuem paralelos em outras fontes, então provavelmente eram recorrentes, mesmo que não fossem necessariamente comuns. No entanto, esses escritores são incomuns. Muitos clérigos ingleses do fim da época medieval não mencionavam magia nociva de maneira alguma, e isso incluía alguns clérigos que entravam em detalhes consideráveis sobre outras formas de magia, como Richard de Wetheringsett, no começo do século XIII, que descreveu diversas crenças relacionadas a presságios, ou John Bromyard, em meados do século XIV, que era sarcástico em relação a golpistas e a mulheres que acreditavam em "seres belos". Além disso, a informação que autores individuais forneciam sobre supostos casos e práticas reais não eram amplamente copiadas por outros clérigos instruídos da mesma forma que comentários parecidos sobre adivinhação e cura eram. Aparentemente, muitos clérigos ingleses medievais viam a magia nociva com uma preocupação pastoral menos séria. Existia, mas muitas vezes não valia a pena entrar em detalhes; e para muitos nem valia mencionar.

Parece uma atitude surpreendente. De fato, o clero medieval, da mesma forma que os aldeões dos séculos XVI e XVII, estaria mais preocupado com a magia quando usada para prejudicar do que quando empregada para propósitos benignos, como a cura? Ou a falta de interesse na magia nociva expressada por muitos escritores pastorais sugere que eles, na verdade, não a levavam a sério, como uma ameaça?

---

196. bl ms Add. 33956, f. 83r. Sobre a coleção, ver Annette Kehnel, "The Narrative Tradition of the Franciscan Friars in the British Isles: Introduction to the Sources", *Franciscan Studies*, 63 (2005), p. 498-500.

Quão crível era a magia nociva?

É praticamente certo que alguns clérigos instruídos expressavam dúvidas quanto ao fato de a magia poder realmente causar tanto mal quanto as pessoas acreditavam. No começo do século XIV, Robert Mannyng, o autor de um longo poema em inglês chamado *Handlyng Synne*, que continha muitas histórias inspiradoras, narrou um conto espetacular que mostrava o quão falsas algumas formas de magia nociva poderiam ser. Uma bruxa enfeitiçou uma bolsa de ordenha* para que atravessasse os campos voando, grudasse nas vacas do vizinho e as ordenhasse – um modo elaborado de roubar leite. Eventualmente, os vizinhos perceberam o que estava acontecendo e denunciaram ao bispo local, e o que Mannyng afirmou ter acontecido em seguida é bastante revelador. O bispo ficou maravilhado com a bolsa e pediu uma demonstração, então a bruxa recitou um "encantamento" e a bolsa ergueu-se. Assim, o próprio bispo tentou o encantamento, mas nada aconteceu.

> "Não", ela [a bruxa] disse, "por que deveria dar certo?
> Você não acredita como eu.
> Caso você acreditasse em minhas palavras como eu,
> a bolsa deveria ter ido ordenhar as vacas".[197]

Em outras palavras, o encantamento não funcionou para o bispo porque ele não acreditava que funcionaria. Roubo de leite mágico *não era desconhecido, e em períodos posteriores às vezes era mencionado em julgamentos de bruxas, então o bispo provavelmente estava maravilhado com a bolsa de ordenha autopropulsora, e não com a ideia de que leite poderia ser roubado com magia.*[198] Mannyng contou essa história para ilustrar a importância da fé e, especificamente, a importância de acreditar nas coisas certas e evitar falsas crenças.[199] No entanto, também carrega uma mensagem sobre a magia: era possível duvidar da eficiência de práticas mágicas nocivas, especialmente quando a forma que tomavam era bizarra.

---

*N.T.: *Sucking bag*; artigo específico para tirar leite.
197. Robert Mannyng of Brunne, *Handlyng Synne*, ed. Idelle Sullens (Binghamton, NY, 1983), p. 16.
198. Kittredge, *Witchcraft*, p. 166.
199. Mannyng, *Handlyng Synne*, p. 17.

Robert Mannyng não era o único escritor pastoral a ter lançado a dúvida em relação ao fato de a magia nociva sempre funcionar como era descrita. Por séculos existiu uma linha de escritos pastorais que buscava combater a crença de que alguns usos da magia eram sequer possíveis, em vez das práticas propriamente ditas. Já vimos no capítulo 3 como o antigo abade medieval, Regino de Prüm, criticou as pessoas que acreditavam que algumas mulheres conseguiam voar durante a noite com a deusa Diana, argumentando que essas mulheres eram simplesmente enganadas por demônios. A mesma linha de ceticismo apareceu quando algum outro clérigo falou sobre magia nociva: então, como vimos, Graciano condenava a crença de que pessoas poderiam mudar para melhor ou pior, ou transformar outra criatura por meio da magia. A partir do século XIII, alguns clérigos foram para além desses textos antigos para explorar os limites do que era e não era possível com magia. Quando o fizeram, examinaram se a magia funcionava de alguma forma e se era possível usá-la no mundo real – questões que eram raramente levantadas em discussões mais pragmáticas sobre adivinhação e cura.

Como Robert Mannyng, muitos desses escritores focaram em formas de magia nocivas que pareciam particularmente bizarras. Uma das mais estranhas é encontrada em um longo manual para padres, escrito por um monge e historiador de Chester, Ranulph Higden, do século XIV. Higden discutia se era possível as pessoas serem transformadas em animais ou parecerem com algum animal, por meio da magia – uma ideia que aparecia em escritos teológicos antigos e no folclore, mas era algo raramente discutido por escritores pastorais. Homens mais antigos do clero não chegaram a nenhum consenso sobre o assunto. Graciano havia negado que era possível para qualquer um ser "transformado em outra aparência ou corpo", mas outros tinham posições diferentes. No fim do século XIV e começo do século XV, Santo Agostinho tinha argumentado que era impossível para os demônios transformarem pessoas em qualquer outra coisa, mas ele concedeu que demônios tivessem a capacidade de enganar as pessoas, para que eles e as pessoas ao redor pensassem que a transformação estava acorrendo – um resultado que parecia idêntico à transformação.[200]

---

200. Augustine, *The City of God Against the Pagans*, trad. R. W. Dyson (Cambridge, 1998), p. 843-4; Jan Veenstra, "The Ever-Changing Nature of the Beast: Cultural Change, Lycanthropy and the Question of Substantial Transformation (de Petronius para Del Rio)", em *The Metamorphosis of Magic from Late Antiquity to the Early Modern Period*, ed. Jan Bremmer e Jan Veenstra (Leuven, 2002), p. 145-6.

Lendas sobre pessoas que foram transformadas em animais complicavam ainda mais. Isso tem sido dito por séculos, e elas aparecem em diversos trabalhos históricos escritos na Inglaterra medieval, incluindo o livro *History of the Kings of Britain*, no início do século XII, de William de Malmesbury. Higden provavelmente os encontrou enquanto lia para seu próprio trabalho histórico, e isso pode ter sido o que o estimulou a discutir essa questão em seu manual pastoral, quando muitos escritores pastorais nem se importavam. De William de Malmesbury ele obteve a história sobre uma mulher gerente de hospedagem na Itália que aparentemente transformou seus hóspedes em animais de carga por meio de um queijo enfeitiçado, uma história que, em última instância, saiu da discussão de Santo Agostinho sobre transformação animal.[201] Ele também recontou a história de Gerald de Wales, *Topography of Ireland*, em que um homem e uma mulher são transformados em lobos.[202] Como a história sobre a bolsa ordenadora de Mannyng, estas muitas vezes já vinham com ceticismo embutido. Agostinho, por exemplo, afirmou que, apesar de ser teoricamente possível transformar alguém para parecer um animal, histórias como essas eram "ou mentiras ou tão extraordinárias que somos justificados por recusar acreditar nelas".[203] De forma semelhante, William de Malmesbury contou de como o papa ouviu a história sobre a gerente de hospedagem e o queijo enfeitiçado e achou difícil de acreditar, até ser lembrado que os demônios podiam fazer tal coisa.[204] Então não é nenhuma surpresa que Higden também apresentasse histórias de transformação animal como difíceis de acreditar, reunindo-as com outros supostos feitos de magos que ele considerava os "mais incríveis" entre todos: não completamente impossível, mas improvável.

Bolsas voadoras e transformações animais provavelmente abusavam da credibilidade mais do que a maior parte das magias nocivas, mas alguns homens do clero também criticavam as pessoas que acreditavam em práticas mais mundanas. Como já vimos, Thomas de Chobham recomendou penitências por acreditar que algumas pessoas poderiam causar tempestades e outros tipos de danos por meio da magia, e o autor anônimo do século XIII citado anteriormente criticava a crença de que as pessoas poderiam ser "vigiadas". De forma seme-

---

201. William de Malmesbury, *The History of the English Kings*, ed etrad. R. A. B. Mynors, R. M. Thomson e M. Winterbottom (Oxford, 1998), vol. I, p. 292-3.
202. Ranulph Higden, *Speculum Curatorum*, cul ms mm.i.20, ff. 40r-v.
203. Augustine, *City of God*, p. 843.
204. William de Malmesbury, *History*, vol. I, p. 293.

lhante, William de Montibus, professor influente e escritor pastoral que era Chanceler da Catedral de Lincoln no início do século XIII, disse em uma lista de penitências para práticas de magia e adivinhação que qualquer pessoa que encaminhasse a morte de alguém analisando a área das pegadas dessa pessoa no chão era culpada de assassinato, mas que "quem quer que não tenha feito isso, mas tenha acreditado que pudesse ser feito", deveria fazer a penitência por vinte dias, presumidamente para a crença.[205]

No entanto, essa linha de ceticismo sobre magia nociva não deveria ser exagerada. Muitos dos trabalhos citados anteriormente continham mensagens conflitantes. William de Montibus e Thomas de Chobham criticaram as pessoas que faziam a magia da pegada no chão ou a magia da tempestade, assim como as pessoas que acreditavam nelas. Essas mensagens confusas surgiram porque eles juntaram material de diversas fontes antigas e fizeram suas próprias adições, sem necessariamente checar se o resultado final era consistente. Pode ser que eles tenham tido motivos para condenar crenças relacionadas à magia nociva em vez do ceticismo simples. Se as pessoas acreditavam que algo funcionava, seriam mais propensas a tentar; portanto, uma forma de combater a prática da magia era tentar minar a crença nelas. E ainda, como na história de Robert Mannyng, se alguns tipos de magia nociva funcionassem apenas se a pessoa tivesse fé nela, então era ainda mais importante minar essa fé. Escritores pastorais não diziam explicitamente, mas essa preocupação pode estar por trás de seus comentários de que era um pecado até acreditar em algumas formas de magia nociva.

Ceticismo também poderia ser desafiado. Por exemplo, apesar de alguns homens do clero medieval criticarem quem acreditava que algumas pessoas pudessem "vigiar" outras ou prejudicá-las com um olhar ou palavra, no século XIV, um escritor pastoral desafiou essa visão de um novo ângulo: ciência. Escritores científicos e medicinais acreditam há tempos que o olhar de uma pessoa poderia afetar os outros ao seu redor, um fenômeno chamado "fascinação". Também deram explicações naturais para seu funcionamento: a inveja pode envenenar o cérebro de tal forma que aqueles humores intoxicantes poderiam escapar dos olhos e transformar a atmosfera ao redor em algo tóxico, e isso por sua

---

205. "*Item uestigia Christianorum obseruat cespitem quoque uestigiorum et inde machinatus fuerit mortem alicuius reus est homicide. Qui uero non fecerit set fieri posse crediderit, per xx. dies penitenciam faciat.*" William de Montibus, *Speculum Penitentie*, obl ms Bodley 654, f. 112v.

vez poderia envenenar qualquer um que respirasse ali.²⁰⁶ No começo do século XIV, essa explicação fez seu caminho até um manual pastoral, *Summa* do frade franciscano italiano, Astesano de Asti, que circulava pela Inglaterra medieval e em todo resto da Europa. Diferentemente de muitos escritores pastorais, Astesano considerava a fascinação um verdadeiro fenômeno, não algo que era pecado acreditar. Sua evidência para isso consistia basicamente em citações de autoridades médicas, como o médico e filósofo árabe, Avicenna, mas também afirmava que "diversas experiências" mostravam que a fascinação poderia acontecer quando uma pessoa invejasse a outra.²⁰⁷ Portanto, escritos científicos acadêmicos permitiram Astesano ficar com o que ele afirmava ser uma crença comum, contra a tendência entre alguns clérigos de serem céticos.

A atitude do clero instruído, tanto na Inglaterra como no restante da Europa, em relação à magia nociva era, portanto, ambivalente. Muitas vezes assumiam que a magia nociva poderia funcionar, mas às vezes questionavam, principalmente em suas formas mais dramáticas. Se essa atitude era compartilhada por outros na Inglaterra medieval, pode ajudar a explicar por que a magia nociva não foi levada tão a sério quanto eles esperavam. Mas o quanto dessa mistura de crença e ceticismo era compartilhada por outras pessoas na Inglaterra medieval?

É difícil saber ao certo por que a evidência é fragmentada. De um lado, algumas pessoas de fato levavam a magia nociva a sério. Era especialmente verdade em casos que envolviam a família real, e um número desses casos aconteceu durante os séculos XIV e XV. O caso de Coventry, de 1324, foi levado à corte, mesmo que os burgueses tenham sido liberados. O caso foi levado adiante provavelmente porque envolvia o bem-estar do rei e uma acusação de assassinato. Um caso mais claramente político foi o de Eleanor Cobham, a esposa de Humphrey Duke de Gloucester, tio e herdeiro de Henrique VI.²⁰⁸ Em 1441, Eleanor foi acusada de tentar concretizar a morte do rei por magia e com a ajuda de quatro cúmplices: seu capelão John Home; Roger

---

206. Fernando Salmón e Montserrat Cabré, "Fascinating Women: the Evil Eye in Medical Scholasticism", em *Medicine from the Black Death to the French Disease*, ed. R. French, J. Arrizabalaga, A. Cunningham e L. García-Ballester (Aldershot, 1998), p. 53-84; Brian Lawn, ed., *The Prose Salernitan Questions* (London, 1979), p. 63, 98.

207. "*Secundo modo invidia, et sic est etiam possibilis, sicut multiplex experientia docet.*" Astesanus of Asti, *Summa de Casibus* (Venice, 1478), 1.15.

208. Sobre esse caso, ver H. A. Kelly, "English Kings and the Fear of Sorcery", *Mediaeval Studies*, 39 (1977), p. 219-29; Jessica Freeman, "Sorcery at Court and Manor: Margery Jourdemayne, the Witch of Eye next Westminster", *Journal of Medieval History*, 30 (2004), p. 343-57.

Bolingbroke, acadêmico de Oxford e clérigo de sua família; Thomas Southwell, médico e clérigo; e Margery Jourdemayne, uma mulher de Eye, próximo a Wetminster, que já havia sido presa por magia uma vez e talvez fosse uma golpista do tipo denunciado pelos escritores pastorais. Curiosamente, Eleanor não negou que mexia um pouco com magia: ao contrário, ela disse que havia consultado Jourdemayne para ajudá-la a ter um filho. Mas mesmo assim ela foi julgada por usar magia nociva em um tribunal eclesiástico, presidido pelos bispos de Londres, Lincoln e Norwich; além de condenada a pagar penitência em público, partindo em uma peregrinação – com uma vela na mão – para várias igrejas em Londres em dias de mercado, antes de ser encarcerada na *Isle of Man*. Seus cúmplices não se deram tão bem. Home (que foi acusado de apenas conhecer o plano em vez de ter participado) foi perdoado, mas Southwell morreu na prisão; Bolingbroke e Jourdemayne foram executados. Nesse caso, magia nociva foi tratada como uma ameaça séria aos membros da família real. É provável que o julgamento tenha sido esquematizado pelos inimigos de Duke Humphrey como uma forma de o descreditar por intermédio de sua esposa, mas, mesmo assim, seu sucesso foi baseado na pressuposição de que magia poderia causar danos.

Casos fora da família real eram raramente registrados, mas o potencial da magia para causar danos, às vezes, ainda era reconhecido. As leis de Henrique I, do começo do século XII, estipulavam a conduta em relação a assassinatos cometidos "por intermédio de uma poção mágica ou bruxaria, feitiçaria praticada com imagens ou por algum tipo de encantamento", assim como para assassinatos convencionais.[209] Desconhece-se se a lei levou a algum processo, mas nos séculos seguintes as pessoas ocasionalmente acreditavam que alguém havia tentado prejudicá-las por intermédio da magia. Uma rara reclamação oficial foi feita por uma aristocrata de West Country, William, Lorde Botreaux, em 1426. Botreaux solicitou que o conselho de Henry VI agisse contra um grupo de homens (incluindo um parente, Ralph Botreaux), que, de acordo com ele, o enfraqueceram e destruíram por meio da magia. Não sabemos o que o conselho fez em relação a esse pedido extremamente incomum, mas de fato enviaram comissões de cavaleiros para investigar o caso em Somerset, Dorset e Cornwall, onde Botreaux possuía terras. Infelizmente não sabemos que fim teve a investigação.[210] William Botreaux, na verdade, morreu cerca de 35 anos depois, em 1461,

---

209. *Leges Henrici Primi*, ed. e trad. L. J. Downer (Oxford, 1972), p. 226-7.
210. *Calendar of the Patent Rolls preserved in the Public Record Office: Henry VI, 1422-9* (Norwich, 1901), p. 363.

e ele pode muito bem ter sentido que afastou o atentado mágico em sua vida ao agir rapidamente. Existem alguns outros momentos em que pessoas que afirmaram ter sido atacadas por magia foram levadas a sério. Os processos de Northumbrian, de 1279, registraram o caso de John de Kerneslaw, que afirmou ter sido atacado em sua própria casa por "uma mulher desconhecida que era uma bruxa". John se defendeu "contra o demônio" batendo na mulher com um bastão e a matando, fugindo em seguida. Os juízes concluíram que John não cometeu um crime, então poderia retornar, mas eles ordenaram que se desfizesse de seus bens como punição por ter fugido.[211] Aqui é significativo que os juízes tenham aceitado a história de John, e o clérigo local subsequentemente queimou o corpo da mulher. Essas atitudes sugerem que o medo da magia nociva não era apenas a paranoia de um homem, mas também uma crença amplamente sustentada.

No entanto, esses casos eram isolados. No geral, o número conhecido de acusações de magia nociva na Inglaterra medieval é bem baixo, apesar de ser provável que rumores e suspeitas fossem mais comuns do que os registros do tribunal sugerem. Estudos sobre os julgamentos de bruxas em períodos posteriores mostram que, até em um período em que julgamentos eram mais frequentes, muitas suspeitas nunca resultaram em acusações formais; e os vizinhos poderiam suspeitar que indivíduos causassem danos usando a magia por muitos anos ou até décadas antes que chegassem a um tribunal.[212] Da mesma forma, posteriormente, nesses julgamentos de bruxas, a dificuldade de provar uma acusação de magia provavelmente desencorajava pessoas da Idade Média a registrar suas suspeitas, já que acusações falsas ou sem provas poderiam resultar em o acusador ser processado por difamação. Por exemplo, em 1435, Margaret Lyndysay de Durham processou três homens por difamação após terem afirmado que ela os deixou impotentes usando uma estaca. (Eles não disseram como ela supostamente fez isso, mas um livro médico suíço de muito tempo depois sugere uma possibilidade: seu autor, o médico Bartholomaeus Carrichter, afirmou que bruxas poderiam tornar um homem impotente ao afiar um galho e cravá-lo na terra onde o homem teria urinado.[213]) Ela ganhou o caso e os três homens

---

211. F. Pollock e F. W. Maitland, *The History of English Law before the Time of Edward I* (2. ed., Cambridge, 1968), vol. II, p. 554.

212. Robin Briggs, *Witches and Neighbours: the Social and Cultural Context of European Witchcraft* (2. ed., Oxford, 2002), p. 6; J. A. Sharpe, *Instruments of Darkness: Witchcraft in England, 1550-1750* (London, 1996), p. 63.

213. Catherine Rider, *Magic and Impotence in the Middle Ages* (Oxford, 2006), p. 25.

foram advertidos a não espalhar mais rumores sob a punição de serem excomungados.[214] No entanto, se a magia nociva era uma preocupação geral, ainda é surpreendente que mais evidências não tenham sobrevivido, tanto na forma de casos judiciais de magia quanto na de casos difamatórios como o de Margaret Lyndysay.

Magia nociva também era rara em outras fontes que talvez esperava-se que mencionassem caso fosse mesmo uma preocupação comum. Os registros de milagres mantidos pelos santuários dos santos, que descreviam como estes miraculosamente curaram muitas doenças, raramente diziam que a doença havia sido causada pela magia. Tratados médicos também disseram pouco sobre a magia como uma causa de doenças: alguns a mencionaram como uma possível causa da impotência, mas raramente estendiam para outras condições.[215]

Falta de evidências não é evidência de falta, e sem registros mais detalhados é difícil ter certeza exata do que está por trás da raridade de referências à magia nociva na Inglaterra medieval. Provavelmente muitas suspeitas nunca foram reportadas, mas ainda assim parece provável que magia nociva não provocava o nível de medo que poderia existir, em períodos posteriores, quando julgamentos eram mais numerosos, apesar de alguns estudos sobre os séculos XVI e XVII enfatizarem que o medo da bruxaria não era universal mesmo na época.[216] Como em séculos posteriores, algumas pessoas da Inglaterra medieval de fato temiam o mal que a magia poderia fazer a elas e faziam acusações formais, mas talvez não tenha sido típico. Magia nociva pode ter sido incomum; ou difícil detectar e provar; ou pode não ter sido muito temida; e alguma combinação entre esses fatores foi possível. Os julgamentos das bruxas do começo do período moderno provavelmente mostram um interesse maior das autoridades em processar os casos, mas também é provável que eles refletissem um aumento do medo da magia na população em geral.

Se esse for o caso, quando o mundo da magia nociva começou a crescer? Em algumas partes da Europa, casos de magia nociva estavam sendo julgados de forma crescente a partir do início do século XV, mas

---

214. J. Raine, ed., *Depositions and Other Ecclesiastical Proceedings from the Courts of Durham*, (London, 1845), p. 27.

215. R. Finucane, *Miracles and Pilgrims: Popular Beliefs in Medieval England* (London, 1977), p. 73; Rider, *Magic*, p. 160-85.

216. Robin Briggs, "Many Reasons Why: Witchcraft and the Problem of Multiple Explanation", em *Witchcraft in Early Modern Europe*, ed. Jonathan Barry, Marianne Hester e Gareth Roberts (Cambridge, 1996), p. 55-6.

há poucos indícios disso na Inglaterra, exceto no tribunal real. Em parte, o aumento das acusações relacionadas à família real era provavelmente em razão do clima político turbulento da Inglaterra do século XV, já que acusações poderiam ser usadas para descreditar inimigos, como no caso de Eleanor Cobham. Em parte também reflete uma tendência que pode ser percebida em outros tribunais europeus dos séculos XIV e XV. Parece que algumas formas de magia e astrologia estavam genuinamente em ascensão nos tribunais do fim da época medieval, gerando medo de que pudessem ser usadas para propósitos malignos.[217] Mas o tribunal não era um ambiente típico. No geral, apesar de a magia nociva poder ser levada a sério, há poucas evidências do aumento da preocupação mesmo no fim da Idade Média na Inglaterra. Clérigos ingleses medievais que disseram pouco a respeito do assunto em manuais sobre confissão e pregação, e ocasionalmente questionavam quão perigoso poderia ser, então, é provável, refletiam uma atitude mais geral que não considerava a magia nociva um assunto urgente.

Contra-atacando a magia nociva

Apesar de algumas pessoas provavelmente terem dúvidas sobre quão séria era, a magia nociva ainda era potencialmente uma ameaça à saúde das pessoas, ao sustento ou à vida e, sem qualquer surpresa, algumas buscavam se proteger contra ela. Provavelmente existiam muitos meios conhecidos para reagir contra a magia nociva. Em séculos posteriores, os praticantes profissionais de magia, conhecidos como golpistas, identificavam e curavam doenças, além de realizar outros serviços, e isso provavelmente também era o caso durante a Idade Média.[218] Certamente, homens do clero, como John Bromyard, os criticavam por oferecer adivinhações e curas, que poderiam incluir a identificação de bruxas e a cura de doenças mágicas. No entanto, o clero inglês medieval falava pouco sobre contramagia – tanto para recomendar como para condenar. Isso é notável quando seus manuais pastorais são comparados aos tratados escritos em parte da Europa continental, no século XV, que discutia o novo crime de bruxaria. Os tratados muitas vezes enfatizavam que a magia não deveria ser usada para combater a

---

217. Jan Veenstra, *Magic and Divination at the Courts of Burgundy and France* (Leiden, 1998), p. 21-8; Hilary M. Carey, *Courting Disaster: Astrology at the English Court and University in the Later Middle Ages* (Basingstoke, 1992), p. 17.

218. Keith Thomas, *Religion and the Decline of Magic* (London, 1971), p. 186-7.

bruxaria, e seus autores tentavam distinguir as curas mágicas das curas legítimas de doenças causadas por magia.[219] Mas essa nova atmosfera de preocupação quanto à magia e à "superstição" popular, no século XV, não parece ter refletido as preocupações pastorais na Inglaterra.

Por outro lado, alguns escritores pastorais ingleses da Idade Média sugeriram meios não mágicos para as pessoas se protegerem contra a magia nociva. Um desses era ter fé em Deus e se comportar virtuosamente. Isso era baseado na visão dos teólogos medievais sobre o funcionamento da magia. Magia era praticada por demônios, mas no final eles eram sempre controlados por Deus, então magia poderia funcionar apenas com a permissão de Deus. Ele poderia permitir alguém ser enfeitiçado como punição ou um teste de fé, mas estava menos propenso a permitir se a pessoa vivia uma vida devota e virtuosa. Então, no século XII, Graciano havia reportado que magos eram capazes de perturbar a mente das pessoas "que pouco acreditavam em Deus"; uma adição significativa à sua fonte, Isidore de Seville, simplesmente havia dito que magos perturbavam a mente das pessoas.[220] Escritores pastorais posteriormente concordaram que a fé e uma vida devota poderiam proteger as pessoas contra a magia. Por exemplo, em um sermão sobre magia, o padre e pregador Odo de Cheriton, do começo do século XIII, apresentou a castidade como uma defesa contra magia de amor, especificamente. Às vezes, demônios poderiam fazer as pessoas se apaixonarem, ele admitiu, mas

> isso acontece porque pessoas desse tipo se tornam sujeitas ao Diabo por meio do pecado capital. Pois se elas mantivessem a castidade, os demônios não conseguiriam fazer nada em relação a suas vontades.[221]

Um século depois, Robert Mannyng, que, como vimos, enfatizou a importância da fé para fazer a magia funcionar, também argumentou que a fé poderia proteger as pessoas da magia. Novamente, ele focava na magia de amor, contando a história dos santos Cipriano e Justina para ilustrar seu argumento. Na lenda medieval, Cipriano era um mago pagão que vivia na época do Império Romano. Ele foi contratado por

---

219. Michael Bailey, "The Disenchantment of Magic: Spells, Charms and Superstition in Early European Witchcraft Literature", *American Historical Review*, 111 (2006), p. 394-401.

220. Ver nota 185 deste capítulo.

221. *"Sed hoc contigit quod huiusmodi per mortale peccatum subiciuntur diabolo. Si enim castitatem haberent, demones circa uoluntates eorum nil possent."* Odo of Cheriton, *Sermones de Sanctis*, cul ms kk.i.11, Sermão para o Dia de São João Batista, f. 116r.

um cliente para conseguir o amor de uma virgem cristã devota, Justina, e invocou demônios para tentá-la com pensamentos sexuais. Mas os demônios não conseguiam vencer a fé de Justina e, quando Cipriano viu isso, renunciou à magia e se converteu ao Cristianismo; ambos, Justina e ele, morreram depois como mártires. Quando recontou a história, Mannying enfatizou o mesmo ponto que Odo: pessoas de "vida limpa" não tinham que temer a magia nociva, enquanto as pessoas que viviam no pecado estavam vulneráveis ao Diabo.[222]

Robert Mannyng acrescentou que as pessoas que se encontravam enfeitiçadas poderiam rezar a Cipriano ou Justina por ajuda, e ele não estava sozinho ao sugerir orações como uma resposta apropriada à magia nociva. Orações para proteger contra magia às vezes encontravam aceitação oficial entre os escalões mais altos da Igreja inglesa. Em 1419, Henry Chichele, arquebispo de Canterbury, pediu aos seus bispos que organizassem orações especiais e procissões para proteger o rei Henrique V contra feitiços maléficos, e nós sabemos que as instruções de Chichele foram seguidas por ao menos algumas dioceses porque o registro de Philip Repingdon, Bispo de Lincoln, mostra o bispo instruindo seus arquebispos a usarem-nas.[223] Mais embaixo na escala social, leigos poderiam adotar estratégias similares sem a ajuda de um arquebispo. Livros das Horas (livros de orações que eram possuídos, de forma relativamente ampla, por leigos instruídos do século XV) às vezes incluíam orações para proteção contra uma gama de inimigos e perigos, assim como orações oficiais e outros materiais devocionais, incluindo encantamentos. Eu rogo a ti, Senhor, tenha piedade de mim, um desgraçado e pecador, mas ainda, Senhor, sou tua criatura e por sua preciosa Paixão salva-me e proteja-me de todo o perigo físico e espiritual, dizia uma dessas orações.[224] Magia não é mencionada especificamente, mas perigo "físico e espiritual" poderia incluir demônios envolvidos com magia nociva, assim como qualquer doença que eles causassem.

Além das orações, rituais religiosos e objetos também podiam ser usados para afastar as influências maléficas. Água-benta, bênçãos e objetos abençoados eram amplamente usados para isso na Europa medieval, e eles continuaram a ser utilizados nas áreas católicas depois

---

222. Mannyng, *Handlyng Synne*, p. 208.
223. E. F. Jacob, ed., *The Register of Henry Chichele, Archbishop of Canterbury, 1414-1443* (Oxford, 1947), vol. IV, p. 206-7; Margaret Archer, ed., *The Register of Philip Repingdon, 1405-19* (Lincoln, 1982), vol. III, p. 289.
224. Eamon Duffy, *Marking the Hours: English People and their Prayers, 1240-1570* (New Haven, CT, 2006), p. 76-8.

da Reforma.²²⁵ A partir do século XVI, protestantes acusaram tudo isso de magia, e críticas desse tipo não eram completamente novas. Teólogos medievais estritos eram contra o uso de encantamentos e orações protetoras, e também alguns hereges, principalmente os lollardistas no século XV, na Inglaterra.²²⁶ No entanto, como o historiador Eamon Duffy disse, orações e encantamentos que ofereciam formas concretas de proteção contra o mal eram aceitos por muitos clérigos medievais e leigos.²²⁷ Até tratados do século XV sobre bruxaria permitiam esses rituais não oficiais contra doenças causadas pela magia, apesar de sua preocupação quanto a algumas formas de contramagia.²²⁸

Métodos religiosos de proteção como esses estavam facilmente disponíveis, muitas vezes baratos e provavelmente vistos como eficientes, mas não eram as únicas opções. A medicina também poderia ajudar contra doenças causadas pela magia, e então os escritores médicos, apesar da falta de interesse geral entre eles em doenças causadas por feitiços, descreviam formas de afastar magia e demônios. Esses remédios eram encontrados em capítulos sobre impotência sexual, o problema de saúde que os escritores médicos estavam mais propensos a culpar a magia, mas muitos deles também poderiam ser usados para outras doenças. Por exemplo, uma coleção de remédios amplamente copiada, o *Thesaurus Pauperum* (O Tesouro dos Homens Pobres), de Petrus Hispanus (morto em 1277), o futuro papa João XXI, recomendou um conjunto de curas para magia:

> Erva-de-são-joão, se mantida pela casa, faz os demônios irem embora; por isso é chamada de "banimento de demônios" por muitas pessoas... Para fazer um elixir mágico [um remédio contra venenos feito de carne de cobra e outras substâncias], deve ser dado com a seiva da erva-de-são-joão e a erva propriamente deveria ser colocada como um emplastro sobre os rins... Se uma coral é mantida na casa, irá desfazer todos os feitiços mágicos... Artemísia, pendurada sobre a porta da casa, garante que nenhuma magia irá fazer mal àquela casa.²²⁹

---

225. Thomas, *Religion*, capítulo 2; R. W. Scribner, "Cosmic Order and Daily Life: Sacred and Secular in Pre-Industrial German Society", em Scribner, *Popular Culture and Popular Movements in Reformation Germany* (London, 1987), p. 6-9.
226. C. S. Watkins, *History and the Supernatural in Medieval England* (Cambridge, 2007), p. 113-4; Kathleen Kamerick, "Shaping Superstition in Late Medieval England", *Magic, Ritual and Witchcraft*, 3 (2008), p. 48.
227. Duffy, *Stripping of the Altars*, p. 277-87.
228. Bailey, "Disenchantment of Magic", p. 396-7.
229. Maria Helena da Rocha Pereira, ed., *Obras Médicas de Pedro Hispano* (Coimbra, 1973), p. 237-9.

O texto de Petrus foi traduzido para o inglês e impresso no século XVI, e suas curas eram conhecidas pelos escritores médicos ingleses mesmo antes disso. John de Mirfield (morto em 1407), um clérigo no hospital de St. Bartholomew, Smithfield, que compilou uma coleção de receitas médicas e um manual pastoral, copiou muitas das curas. John não era cego aos perigos da possibilidade de a cura se misturar com magia; como vimos, ele expressou dúvidas sobre encantamentos de cura e criticou a crença de que a sangria deveria ser feita apenas em momentos certos. No entanto, ele recomendou os métodos de Petrus para repelir a magia sem críticas.[230]

Substâncias como a coral e a erva-de-são-joão, que protegiam contra magia, também poderiam ser combinadas com o poder das orações e palavras sagradas para criar amuletos que poderiam proteger contra uma gama de doenças. Um exemplo provável disso é a Joia de Middleham, do início do século XV, que foi encontrada próximo ao Castelo de Middleham, em Yorkshire (figura 11). Esse pingente de ouro incomum possui o formato de uma pequena caixa que outrora teve fiapos de seda vermelha, talvez relíquias religiosas, mas suas propriedades não acabam aí. Está inscrito nele, em latim, as seguintes palavras: "Contemplem o Carneiro de Deus, aquele que remove os pecados do mundo", que aparecem na Missa e também na Litania dos Santos, que pede pela entrega de uma gama de males, incluindo espíritos maléficos. O pingente também possui inscritas as palavras "tetragrammaton" e "ananizapta", que são comuns em encantamentos de cura, especialmente contra epilepsia, além de uma safira encrustada, uma pedra que acreditavam possuir um conjunto de poderes medicinais e protetores, incluindo diminuição de febres e alívio de ansiedades. Peter Murray Jones e Lea Olsan, que estudaram a joia, argumentam que era provavelmente feita para combinar um conjunto de funções protetoras.[231] Como o ouro e a safira, era uma joia muito cara, mas outros objetos menos espetaculares sobreviveram e eles também combinam palavras sagradas e pedras para cura e proteção.[232] Isso provavelmente incluía proteção contra magia.

Portanto, existiam muitas formas de repelir a magia nociva e outras influências maléficas que estavam enraizadas em rituais religiosos e conhecimentos médicos, ou nos dois juntos. Já que escritores pastorais

---

230. Tony Hunt, *Popular Medicine in Thirteenth-Century England* (Cambridge, 1990), p. 39.

231. Peter Murray Jones e Lea T. Olsan, "Middleham Jewel: Ritual, Power and Devotion", *Viator*, 31 (2000), p. 249-90.

232. Joan Evans, *Magical Jewels of the Middle Ages Particularly in England* (Oxford, 1922), p. 121-39.

Figura 11. A "Joia Middleham", um pingente de safira e ouro da metade do século XV, mostrando a Trindade e (no verso) a Natividade; uma inscrição indica que o pingente era um encantamento contra epilepsia.

estavam interessados em magia, e não em práticas legítimas religiosas ou médicas em geral, eles provavelmente não viram motivo para discuti-las. É estranho que eles não tenham dito mais nada sobre as formas de contramagia, que não poderia ser vista como natural ou religiosa, já que se sabe que existia em séculos passados, mas talvez eles tenham pensado que o tema estava suficientemente contemplado em suas discussões sobre cura, nas quais estabeleciam quais encantamentos e amuletos eram legítimos, e adivinhação, em que as condenações dos adivinhos podiam incluir os golpistas que diagnosticavam doenças causadas pela magia. O fato de eles não separarem a contramagia para uma discussão especial também é consistente com a posição, relativamente inferior, que a magia nociva ocupava na visão de escritores pastorais ingleses medievais da magia como um todo.

✣

Acreditava-se que a magia nociva era uma ameaça e deveria ser levada a sério pela Igreja, pela aristocracia e pela população em geral da Inglaterra medieval, mas não parece ter provocado grande preocupação na maioria das pessoas, em grande parte do tempo. Alguns escritores pastorais descreveram o que eles afirmavam ser práticas reais e crenças amplamente disseminadas, enquanto outros focaram em tipos bizarros de magia, como transformação animal e detalhes fantásticos, como a bolsa voadora de Robert Mannyng. No entanto, a maioria não menciona de forma alguma a magia nociva, ou simplesmente reproduzia os breves comentários feitos por fontes mais antigas. Portanto, é difícil avaliar se a visão dos homens do clero sobre a magia nociva mudou durante a Idade Média, da forma que pôde ser visto acontecer com outras práticas mágicas, como adivinhação e cura.

Isso é surpreendente porque as atitudes em relação à magia nociva de fato mudaram em algumas áreas da cultura medieval, especialmente em partes da Europa continental, no século XV. Até mesmo na Inglaterra, acusações de magia contra oponentes políticos se tornaram mais frequentes. Muito das outras evidências de crenças populares sobre magia nociva também vem do século XV, incluindo a maioria dos casos nos tribunais da Igreja e a maior parte das orações sobreviventes contra influências maléficas. Isso pode sugerir um aumento da preocupação sobre magia nociva, mas é mais provável que reflita o fato de que mais fontes do século XV sobreviveram em comparação com as fontes de tempos antigos. A maior parte dos registros do tribunal da Igreja que sobreviveram é do século XV ou de depois disso, e a maioria dos livros de oração também é datada no fim do século XIV ou XV, quando o aumento das taxas de alfabetização criou uma demanda por esses livros entre os leigos. A falta de evidência antes de 1400 significa ser impossível dizer com certeza, mas parece muito provável que preocupações sobre magia nociva não aumentaram dramaticamente durante o século XV, pelo menos na Inglaterra. Referências à magia nociva não eram muito frequentes mesmo nessa época, e as escassas referências a ela, que sobreviveram de antes do século XV, sugerem que era vista como uma possibilidade real ao longo da Idade Média – mas não era uma fonte importante de ansiedade.

É possível que a existência de contramagia fosse uma das razões por que os registros sobre magia nociva eram tão raros. Se as pessoas sentiam que podiam afastar ou neutralizar a magia facilmente, então talvez não tivessem se sentindo especialmente ameaçadas ou não precisavam de atitudes drásticas. Isso foi sugerido por Keith Thomas em um estudo importante sobre magia no início da Inglaterra moderna. Thomas argumentava que a Reforma levou à proibição de um conjunto amplo de rituais religiosos que protegiam as pessoas contra o mal. Isso, ele sugere, deixou as pessoas sem recursos contra magia nociva, e então, a ansiedade em relação a isso aumentou e as pessoas ficaram mais dispostas a processar os suspeitos, levando a um aumento no número de julgamento de bruxas.[233] Essa hipótese tem sido criticada em diversos pontos. Argumenta-se que isso superestima os efeitos da Reforma em atitudes em relação à contramagia: nem todos teriam abandonado as práticas tradicionais tão rapidamente. Outros apontaram que Thomas não considera o fato de que os julgamentos muitas vezes aconteciam após muitos anos de suspeitas, o que não sugere que fossem a única forma disponível para lidar com bruxaria, ou até a forma preferida de lidar com ela.[234] Uma crítica mais profunda, feita menos vezes, é que muitos métodos de proteger a si mesmo contra magia provavelmente existiam em um nível que não atraía a preocupação da Igreja, tanto antes ou depois da Reforma. Oração e o uso de substâncias que acreditavam possuir poderes protetores naturais geralmente não teriam atraído a atenção dos escritores pastorais medievais e não teriam desaparecido com práticas de rituais condenados. Algumas formas de reagir contra magias nocivas provavelmente desapareceram durante a Reforma, mas muitos teriam continuado, e as fontes que as descrevem, como o *Thesaurus Pauperum*, de Petrus Hispanus, continuou a ser impresso e lido: muitas edições da tradução em inglês do *Thesaurus* apareceram entre 1550 e 1580. Portanto, a existência de formas de reação contra a magia pode ter sido um fator que limitou o número de casos do tribunal contra a magia na Inglaterra medieval, mas provavelmente não foi o único. Pode ter sido mais significativo que os homens do clero às vezes duvidassem de que a magia poderia funcionar de alguma forma: se suas dúvidas fossem compartilhadas por alguns dos leigos, isso poderia ser um incentivo forte para não processar a magia.

Se se tornou mais difícil ou não combater magia nociva depois da Reforma, a Igreja pré-Reforma e suas congregações parecem relativamente despreocupadas com o assunto – apesar de sempre existirem exceções e circunstâncias especiais que poderiam aumentar a ansiedade das pessoas. Portanto, não é surpreendente que tenha

---

233. Thomas, *Religion*, p. 498.
234. Jonathan Barry, "Introduction: Keith Thomas and the Problem of Witchcraft", em *Witchcraft*, ed. Barry, Hester and Roberts, p. 12-3.

atraído pouca atenção dos escritores pastorais ingleses da Idade Média. O propósito dos textos pastorais era estabelecer claramente quais práticas e crenças eram erradas e persuadir os outros, clérigos e leigos igualmente, a evitá-las. No caso da magia nociva, isso era relativamente direto. Estava claro por que era errado e há poucas evidências que tanto clérigos como leigos afirmavam ser práticas legítimas. Em contrapartida, adivinhação, cura e, às vezes, até crenças em fadas pareciam inofensivas ou até benéficas; portanto, mais difíceis de contra-argumentar. Magia nociva simplesmente não apresentava os mesmos problemas intelectuais ou pastorais, como essas outras formas de magia.

Capítulo 5
Canalizando as Estrelas e Invocando Demônios: Textos Mágicos

Certa vez, um clérigo lascivo estava sentado em seu círculo mágico e conjurou o Diabo para vir e fazer sua vontade. Mas o Diabo manteve-se distante e disse: "eu não posso chegar mais perto que isso por causa do fedor de sua luxúria. Mas pare por três dias e eu farei o que deseja".[235]

Essa pequena história foi contada por um frade anônimo que escreveu um manual de pregação no começo do século XIV. Ele a contou para ilustrar os perigos da luxúria: luxúria deve ser algo ruim se até os demônios são repelidos por ela. Mas a história também descreve um tipo de magia que é diferente das que conhecemos até agora. É praticada por um clérigo e envolve rituais elaborados, como desenhar um círculo mágico e conjurar, e, ainda, como o clérigo descobre, práticas devotas como a abstinência do sexo. Esse mago clerical também invoca o Diabo e fala com ele frente a frente, o que é incomum. Na maioria das adivinhações, curas e até magias nocivas, demônios não estão visivelmente presentes – de fato, escritores

---
235. Siegfried Wenzel, ed. e trad., *Fasciculus Morum: a Fourteenth-Century Preacher's Manual* (University Park, PA, 1989), p. 691-3.

pastorais passaram um tempo argumentando que presságios e alguns encantamentos realmente eram demoníacos, precisamente porque isso não era óbvio. Mas como as descrições das adivinhações, curas e magia nociva, a descrição do clérigo conjurando demônios tinha alguma base na realidade. Livros que davam as instruções sobre como invocar demônios e conseguir outros efeitos por intermédio de rituais complexos e círculos mágicos realmente existiam. Eles eram denunciados e ocasionalmente destruídos pelas autoridades eclesiásticas, mas alguns sobreviveram até a atualidade.

Portanto, a história mostra um tipo distinto de magia medieval: magia clerical acadêmica. Muitas das práticas mágicas descritas pelo clero instruído, da Inglaterra medieval, parecem terem sido relativamente divulgadas e conhecidas por pessoas instruídas e analfabetas, mas invocar demônios era diferente. Os textos mágicos eram escritos em latim; então para lê-los de qualquer forma, você teria de ser instruído em um nível bem alto. Uma imagem rara de um mago em uma enciclopédia organizada por um escrivão, James Le Palmer, na década de 1360 ou 1370, reconhece isso quando apresenta um astrólogo invocando um demônio enquanto lê um livro (figura 12).[236] Mais ainda, muitas das pessoas que liam livros mágicos provavelmente eram do clero. Clérigos eram mais propensos que os leigos a terem a instrução necessária para ler textos mágicos, e os escribas que copiavam esses trabalhos assumiam que o leitor seria familiarizado com a Bíblia e a literatura cristã, habilidades que eram mais comuns entre os clérigos do que entre os leigos. Por exemplo, um rito em um manual mágico alemão, feito para descobrir tesouros escondidos, instrui o leitor a dizer "a antífona *Asperges me, domine, ysopo,* etc., em sua completude", seguido pelo salmo *Miserere mei, Deus* (Salmo 51) novamente "em sua completude". O "etc." é significativo: o escriba deste manuscrito presumiu que seus leitores saberiam o salmo e a antífona, então ele escreveu apenas a primeira linha de cada.[237]

As pessoas que liam os textos mágicos eram, portanto, do mesmo tipo daquelas que escreviam e liam tratados sobre cuidado pastoral: homens instruídos, muitas vezes clérigos, que possuíam tempo e recursos para leitura e escrita. O historiador Richard Kieckhefer tem sugerido que textos mágicos eram lidos frequentemente pelo "submundo

---

236. Sobre isso, ver Lucy Freeman Sandler, *Omne Bonum: a Fourteenth-Century Encyclopaedia of Universal Knowledge* (London, 1996).
237. Richard Kieckhefer, *Forbidden Rites: a Necromancer's Manual of the Fifteenth Century* (Stroud, 1997), p. 13, 114.

Figura 12. Um astrólogo invocando um demônio, da sessão "Constellacio" (Constelação), no manuscrito enciclopédico inglês, *Omne Bonum*, c.1370.

clerical" de homens em ordens sagradas que não trabalhavam em período integral, mas outros homens instruídos também possuíam e liam esses textos, incluindo os monges e praticantes da medicina.[238] Textos mágicos também parecem ter sido comuns entre acadêmicos e estudantes das universidades medievais. Em 1277, eles estavam entre os livros banidos da Universidade de Paris pelo bispo da cidade, Etienne Tempier, e a universidade instituiu outra proibição em 1398.[239] Mesmo os homens respeitáveis do clero talvez afirmassem ter lido textos mágicos na universidade: William de Auvergne (morto em 1249), um

---

238. Richard Kieckhefer, *Magic in the Middle Ages* (Cambridge, 1989), p. 153-4; Frank Klaassen, "English Manuscripts of Magic, 1300-1500: A Preliminary Survey", em *Conjuring Spirits: Texts and Traditions of Medieval Ritual Magic*, ed. Claire Fanger (Stroud, 1998), p. 6-7; Jean-Patrice Boudet, *Entre science et nigromance: astrologie, divination et magie en l'Occident médiéval* (Paris, 2006), p. 389.

239. Boudet, *Entre Science*, p. 252, 459-64.

teólogo que mais tarde se tornou Bispo de Paris, disse ter feito isso. Mais tarde, ele escreveu extensivamente para condenar tais textos, e seus escritos mostram que ele os conhecia bem, assim como seus conteúdos.[240] Para alguns estudantes, a magia pode ter sido uma forma de experimentação da juventude, bem como as bebedeiras e visitas às prostitutas, que também frequentavam as universidades medievais, mas outros provavelmente continuavam a achá-la fascinante ao longo da vida. Portanto, os textos mágicos eram um problema dentro da cultura clerical instruída, não uma superstição que o clero tinha de erradicar entre os leigos.

O que havia nesses livros que, ao mesmo tempo, atraía e inquietava o clero instruído da Europa medieval? Na verdade, havia diversos tipos de textos mágicos, e cada um atraía um tipo diferente de leitores e respostas diversificadas vindas da Igreja. Um grupo de textos trata de magia por imagens astrológicas. Magia por imagens astrológicas buscava canalizar o poder dos planetas para alcançar efeitos específicos na Terra, por meio de imagens, desenhos ou símbolos feitos em cera ou metal. A conexão entre imagem e planeta era feita de diversas formas: fazendo a imagem no momento astrológico certo, com o material correto (chumbo ressoava em Saturno, por exemplo), fumigando com substâncias que correspondiam aos planetas e inscrevendo certas palavras, desenhos e caracteres na imagem. Em alguns textos, o operador também é instruído a invocar os espíritos que reinam em cada planeta.[241] Magia por imagens astrológicas foi desenvolvida no mundo muçulmano, parece que especificamente na Síria do século IX, e foi para a Europa cristã nos séculos XII e XIII, quando textos mágicos eram traduzidos do árabe para o latim, assim como outros trabalhos científicos, médicos e filosóficos. As traduções foram feitas em áreas onde cristãos e muçulmanos entravam em contato direto, especialmente a Espanha, tanto que esse país regularmente aparecia em histórias medievais como o lugar onde acadêmicos ambiciosos aprendiam as artes sombrias. Quando esses textos foram traduzidos pela primeira vez, intelectuais debateram se eram magia ou um novo tipo de ciência. Alguns escritores acreditavam que a magia por imagens astrológicas poderia funcionar puramente por usufruir das forças naturais,

---

240. Edward Peters, *The Magician, the Witch and the Law* (Philadelphia, 1978), p. 89-90; Boudet, *Entre Science*, p. 214-20.

241. Charles Burnett, "Talismans: Magic as Science? Necromancy among the Seven Liberal Arts", em *Magic and Divination in the Middle Ages,* Charles Burnett (Aldershot, 1996), p. 10-3.

mas muitas das fumigações, inscrições e invocações dos espíritos planetários, suspeitamente, pareciam com os atos de reverência feitos aos demônios.[242] Outros textos mágicos foram escritos na Europa cristã e baseados em um cosmos de Deus, anjos e demônios, em vez de forças e espíritos astrológicos. Alguns textos diziam ao leitor como comandar demônios invocando o poder de Deus e os anjos contra eles, enquanto outros prometiam colocar o operador em contato com os anjos. Os anjos e demônios eram invocados por intermédio de rituais, incluindo orações, a recitação de nomes sagrados e as práticas ascéticas como jejum e abstinência sexual. Como na história do começo do capítulo, também era solicitado com frequência ao operador para que desenhasse diagramas circulares elaborados, como os retratados em um manuscrito mágico inglês do século XV, agora em Oxford (figura 13). Em histórias sobre esse tipo de magia, o propósito dos círculos geralmente era estabelecer um lugar seguro ao mago, para que ficasse protegido dos demônios que iria invocar. Pelo fato de envolver rituais complexos, historiadores chamam esse tipo de magia de "magia ritual". A história por trás era bem diferente da teoria que embasa a magia por imagens astrológicas, mas na prática são usadas algumas das mesmas técnicas, incluindo astrologia e a elaboração de imagens. O *Book of Angels, Rings, and Characters of the Planets*, um compêndio mágico copiado na Inglaterra, no século XV, por um homem chamado Bokenham, mostra como esses vários elementos poderiam ser combinados:

> Faça isso de bronze ou cera vermelha na hora de Marte, e os nomes dos anjos que o comandam a serem feitos são – Saliciel, Ycaachel, Harmanel – e o nome do rei dos demônios, que comanda, é o Guerreiro Vermelho... Diga essa conjuração diante da imagem: "eu conjuro você, escriba dos anjos, voe pelo céu... Rapidamente Lataleoleas e Prolege, Capaton, e pelo rei que comanda as estrelas e a terra, e não existe outro além dele, e ele é grande e é o mais alto..." E com essa imagem você pode arruinar ou destruir o que desejar. E deveria ser enterrado em um córrego.[243]

Tanto a magia por imagens astrológicas como a magia ritual podem ser usadas para muitos dos mesmos propósitos que as formas de magia menos aprendidas: previsão do futuro, prejudicar outros e ganhar

---

242. Nicolas Weill-Parot, *Les 'images astrologiques' au moyen âge et à la Renaissance: Spéculations intellectuelles et pratiques magiques* (Paris, 2002), p. 84.

243. Juris G. Lidaka, trad., "The Book of Angels, Rings, Characters and Images of the Planets; attributed to Osbern Bokenham", em *Conjuring Spirits*, ed. Fanger, p. 51.

Figura 13. Diagrama de um texto mágico inglês do século XV.

amor, sexo ou o favorecimento por pessoas poderosas. No entanto, um texto da magia ritual, o *Ars Notoria*, prometeu aos seus leitores algo um tanto diferente. Se o leitor seguisse um programa complicado de meditações com vários diagramas e nomes sagrados, ele ganharia conhecimento das artes e ciências e várias habilidades intelectuais, como uma boa memória. Essas promessas se provaram atraentes para as pessoas instruídas e curiosas que liam textos mágicos, e o *Ars Notoria* sobreviveu em mais manuscritos do que qualquer outro trabalho sobre magia ritual. Um leitor, o monge francês do começo do século XIV, John de Morigny, até afirmou que tentou o ritual porque era mais barato do que frequentar a escola.[244]

Apesar de algumas coincidências, acreditava-se que a magia ritual e a magia por imagens astrológicas eram baseadas em diversas forças e geralmente interessavam a diferentes tipos de leitores. Textos de magia por imagens astrológicas da Inglaterra medieval frequentemente eram copiados com textos sobre astronomia e astrologia, alquimia e medicina, enquanto a maior parte dos textos de magia ritual era copiada sozinha ou com outros textos de magia ritual.[245] Esse padrão evidencia quão variada era a relação entre os textos mágicos e a religião ortodoxa. Além das preocupações de alguns teólogos em relação à forma como invocavam espíritos planetários, magia por imagens astrológicas, no geral, parecia ter sido vista como um segmento de conhecimento sobre o mundo natural. Magia ritual, por contraste, não acompanhava facilmente outros interesses intelectuais mais legítimos. No entanto, até os textos de magia ritual compartilhavam algumas das pressuposições principais do Cristianismo medieval. Ambos assumiam que palavras sagradas e rituais eram poderosos, e que demônios existiam e podiam ser comandados com a ajuda de Deus – pressuposições que também fundamentavam a prática oficial do exorcismo.[246] Portanto, havia espaço para ver a magia ritual como um exercício devoto, e um texto de magia ritual de fato fazia esta afirmação corajosa: os magos eram homens bons, e o papa e os cardeais que proibiam a magia tinham sido desorientados por demônios.[247] Mas essa era a visão de uma minoria.

---

244. Julien Véronèse, *L'Ars Notoria au Moyen Age* (Florence, 2007), p. 16; Claire Fanger e Nicholas Watson, editores, "The Prologue to John of Morigny's Liber Visionum: Text and Translation", *Esoterica*, 3 (2001), p. 178.

245. Klaassen, "English Manuscripts", p. 4, 18-9, 21.

246. Kieckhefer, *Forbidden Rites*, p. 149.

247. Robert Mathiesen, "A Thirteenth-Century Ritual to Attain the Beatific Vision from the *Sworn Book* of Honorius of Thebes", em *Conjuring Spirits*, ed. Fanger, p. 147-8.

Então, entre os intelectuais os textos mágicos eram um desafio. Eles eram condenados pelas universidades e debatidos por teólogos. Mas entre os clérigos que escreviam sobre pregação, confissão e cuidado pastoral, era uma questão muito menor. A leitura de textos mágicos era claramente uma atividade pouco abrangente na escala de buscas por presságios no mundo natural ou recitamento de encantamentos de cura. Também era *óbvio* para a maior parte dos clérigos por que a magia ritual, ao menos, era errada. Magia por imagens astrológicas poderia ser reconhecida como um segmento da ciência, mas invocar demônios para realizar suas ordens era claramente magia e contra as regras. Portanto, podemos esperar ver manuais ingleses medievais, sobre confissão e pregação, tratando textos mágicos da mesma forma que tratavam a magia nociva – o que também era claramente errado – dando pouca atenção e até levantando dúvidas sobre se de fato funcionava mesmo ou não. Até certo ponto é isso mesmo que acontecia, especialmente em tratados sobre confissão. No entanto, magia ritual aparece com uma regularidade maior que magia nociva em um tipo específico de trabalho pastoral: coleções de *exempla*, como a história do demônio repelido pela luxúria do clérigo. Essas histórias nos dão uma visão diferente da magia ritual. Pode ser incomum na prática, mas o estereótipo do feiticeiro instruído que invocava demônios era muito mais divulgado na cultura medieval. Então, mesmo que a magia ritual não fosse um problema pastoral sério, tinha um espaço importante considerando o relacionamento entre magia e religião na Inglaterra medieval – e em alguns aspectos era surpreendente.

Escritores pastorais e textos mágicos

Não foram muitos os manuais pastorais que circulavam na Inglaterra medieval que entraram em discussões detalhadas sobre textos mágicos. A tendência era serem tratados em manuais sobre confissão e pregação mais longos, que eram feitos para ser compreensivos e, portanto, cobrir o maior conjunto possível de práticas mágicas. No entanto, os poucos escritores que realmente mencionaram textos mágicos são importantes porque mostram para nós o que os clérigos instruídos, que estavam interessados em cuidado pastoral, sabiam a respeito – tanto do que eles leram em livros teológicos quanto do que eles observaram no mundo ao seu redor. Eles também são o mais próximo que podemos chegar de uma visão oficial sobre a magia estudada. Como veremos, *exempla* apresenta uma visão distinta sobre a magia ritual, da qual teólogos acadêmicos e as autoridades eclesiásticas talvez nem sempre compartilhavam. Os manuais pastorais mais longos, por contraste, nos mostram como seus autores esperavam que o clero instruído tratasse os textos mágicos.

Escritores pastorais começaram a discutir textos mágicos relativamente tarde. Os textos estavam circulando em algumas partes da Europa desde o século XII, mas começaram a aparecer em manuais sobre pregação e confissão apenas no fim do século XIII. Alguns escritores pastorais estavam cientes da existência desses textos antes disso, já que, como veremos, *exempla* estava descrevendo magos que invocavam demônios no começo do século, e os teólogos do século XIII, como William de Auvergne e Tomás de Aquino, também escreveram sobre eles em seus trabalhos mais acadêmicos. No entanto, até o fim do século XIII, o clérigo que escreveu tratados sobre cuidado pastoral não discutiu textos mágicos. Ao contrário, ele estava mais interessado em decidir se práticas comuns como adivinhação e uso de encantamentos de cura eram naturais, mágicos ou religiosos. Um pequeno grupo de trabalhos mágicos latinos, lidos por uma minoria de homens instruídos, provavelmente foi considerado menos importante.

O primeiro escritor de um manual sobre confissão a debruçar-se seriamente sobre textos mágicos foi John de Freiburg, um frade dominicano alemão que escreveu um longo manual sobre confissão, *Summa for Confessors*, em 1297-1298. Nele, John resume o que o teólogo Tomás de Aquino havia dito sobre o *Ars Notoria* e a magia por imagens astrológicas algumas décadas antes. Primeiro, na décima pergunta em seu capítulo sobre magia, John perguntou se o *Ars Notoria* era aceitável e deu uma resposta categórica:

> O *Ars Notoria* é completamente ilícito e um cristão deveria fugir dele. Pois essa é a arte por meio da qual algumas pessoas trabalham para adquirir conhecimento, mas é inteiramente ineficiente e acontecem certos pactos implícitos com um demônio.[248]

Então, na pergunta doze, John lida com as imagens astrológicas, tanto quando são usadas sozinhas como quando são acompanhadas por invocações de demônios:

---

248. "*Respondeo secundum Thomam... quod Ars Notoria omnino illicita est et christiano fugienda. Hec enim ars est per quam quidam nituntur scientiam acquirere sed omnino inefficax est et fiunt ibi quedam pacta implicita cum demone.*" John de Freiburg, *Summa Confessorum* (Lyons, 1518), 1.11.10, f. 31v.

É ilícito fazer as imagens que são chamadas de astronômicas [isto é, *imagens astrológicas*], e eles atingem seus efeitos por meio do trabalho de um demônio. O sinal desse trabalho é que é necessário inscrever certos caracteres que não fazem nada por intermédio de seus próprios poderes naturais. Portanto, pactos tácitos são feitos com demônios. Mas no caso de imagens necromânticas, convocações de demônios são feitas de forma explícita.[249]

Aqui, John de Freiburg deu aos seus leitores uma visão mais detalhada dos textos mágicos e do que tinha de errado com eles do que qualquer outro escritor pastoral mais antigo. Com a ajuda de Tomás de Aquino, ele também os encaixou em uma visão mais abrangente da magia, que escritores pastorais tinham desenvolvido durante o século XIII. O *Ars Notoria* e os caracteres inscritos em imagens astrológicas eram mágicos porque não poderiam funcionar naturalmente, assim como adivinhação mágica e cura também não. Portanto, eles devem envolver "pactos" com demônios – a palavra "pacto" ecoando os trabalhos mais antigos de Santo Agostinho sobre como, na magia, homens e demônios estabeleciam "contratos". Se o operador invocasse demônios abertamente, o "pacto" era explícito ou óbvio. Se, por outro lado, ele fizesse os rituais que não poderiam funcionar naturalmente e então deveriam depender de demônios, mas não os invocasse explicitamente, o pacto era implícito. Mais tarde, essa ideia do pacto tornou-se importante para visões sobre a bruxaria, em que se acreditava que a bruxa teria feito um pacto com o Diabo – recebendo poder mágico em troca pela renúncia a Cristo – mas esse não era o sentido em que Aquino ou John de Freiburg usaram esse termo.[250] Para eles, o pacto era uma forma de descrever a visão mais tradicional de que a magia dependia dos demônios para funcionar.

A *Summa*, de John de Freiburg, era amplamente lida na Inglaterra e no restante da Europa, e tornou-se uma fonte importante de material para escritores pastorais posteriores.[251] No entanto, surpreendentemente, não

---

249. "*Respondeo secundum Thomam... ymagines quas astronomicas vocant fieri illicitum est, et ex opere demonum habent effectum, cuius signum est, quia necesse est eis inscribi quedam caracteres qui naturaliter nihil operantur. Unde fiunt ibi tacita pacta cum demonibus. In ymaginibus autem nigromanticis fiunt expresse invocationes demonum.*" Ibid., 1.11.12, f. 32r.

250. Norman Cohn, *Europe's Inner Demons: the Demonization of Christians in Medieval Christendom* (3. ed., London, 1993), p. 113-4.

251. Leonard Boyle, "The *Summa Confessorum* of John of Freiburg and the Popularization of the Moral Teaching of St. Thomas and Some of his Contemporaries", em Boyle, *Pastoral Care, Clerical Education and Canon Law* (London, 1981), p. 258-65.

foram muitos os escritores ingleses que copiaram passagens em que John discutia textos mágicos. Em vez disso, se eles estavam interessados o suficiente em textos mágicos para mencioná-los de alguma forma, preferiam dar seus próprios detalhes. Às vezes, eles usavam fontes escritas alternativas, mas na maioria das vezes faziam referências ao que afirmavam ser casos reais e conhecimento comum.

Um escritor pastoral inglês que utilizou um antigo texto teológico para discutir as novas formas de magia a fundo era Ranulph Higden, um monge cisterciense e historiador de Chester que escreveu um manual longo para padres em 1340. Quando descreveu o tipo de magia encontrado em textos mágicos, ele se baseou não em Aquino ou John de Freiburg, mas nos escritos antigos de William de Auvergne.[252] Como parte de dois capítulos estranhamente longos sobre magia e demônios, Higden cita William com uma descrição detalhada das imagens astrológicas:

> Em relação ao culto das imagens, deve-se saber que é um erro pensar que pedras, joias ou imagens podem dar coisas boas às pessoas que vêm apenas de Deus, como invencibilidade, charme, amor, temperança, invisibilidade. Pois, de acordo com todos os filósofos, nenhum poder [em uma pedra] pode conceder algo que é maior e mais nobre do que si mesmo... Um erro parecido é cometido por aqueles que pensam que imagens das estrelas ou espelhos pendurados, que tenham sido gravados ou colocados sob o ascendente de algum planeta, podem receber e devolver poder desse tipo.[253]

O que Higden copiou de William de Auvergne era, portanto, uma descrição detalhada de práticas específicas: o uso de pedras e imagens para ganhar benefícios específicos e a elaboração de imagens em momentos astrológicos específicos. Sua refutação dessas atividades também é centrada em uma pergunta prática: é possível que funcionem? Já que não podem, devem ser magia.

---

252. G. R. Owst, "*Sortilegium* in English Homiletic Literature of the Fourteenth Century", em *Studies Presented to Sir Hilary Jenkinson*, ed. J. Conway Davies (London, 1957), p. 279.

253. "*Quantum ad culturam ymaginum, sciendum est quod error est sentire de lapidibus gemmis ymaginibus quod ipsa possint dare hominibus bona que solius dei sunt, utpote invincibilitatem, gratiositatem, amorem, temperanciam, invisibilitatem. Nam secundum omnes philosophos nulla virtus potest aliquid dare quod sit seipsa maius et nobilius... Similis error est eorum qui putauerunt ymagines stellarum, aut specula suspensa sculpta vel fusa sub ascensu alicuius planete talem virtutem posse recipere et refundere.*" Ranulph Higden, *Speculum Curatorum*, cul ms mm.i.20, f. 36r.

O escritor pastoral do século XV, Alexander Carpenter, teve uma abordagem similar, selecionando entre os escritos mais antigos passagens que descreviam práticas e casos em particular. Carpenter buscava muitas de suas informações sobre textos mágicos em um teólogo mais antigo de Oxford, o frade dominicano do século XIV, Robert Holcot. De Holcot ele extraiu várias passagens teológicas sobre por que imagens astrológicas e magia ritual eram erradas (muitas delas no final eram derivadas de Aquino), mas também copiou detalhes sobre o que ele afirmava serem incidentes reais. Como já vimos, ele copiou de Holcot uma história sobre como um homem em Londres foi curado da febre por intermédio de uma imagem astrológica e comentou que era difícil dizer se funcionava naturalmente ou por magia.[254] Também extraiu de Holcot um caso de uma magia ritual que ele apresentou em termos negativos muito mais claros: o caso de um clérigo que escreveu livros sobre necromancia "em nossa própria época". De acordo com Holcot, um demônio apareceu para esse clérigo e disse que ele seria o rei da Inglaterra e comandaria o reino com uma legião de cavaleiros tão bons como os que apoiavam Edward I. Mas, em vez disso, ele foi enforcado pelo Parlamento em Northampton.[255] Os eventos reais por trás dessa história aconteceram em 1318, quando um homem de Exeter, chamado John de Powderham, anunciou ser o verdadeiro filho de Edward I e acusou Edward II de ser um impostor; parece que ele afirmou que os dois foram trocados ainda quando bebês. Diversos cronistas que mencionaram o incidente depois disseram que Powderham foi encorajado pelo Diabo a fazer essa reivindicação, apesar do detalhe de que ele era um escritor de livros sobre necromancia parecer ser um vício de Holcot.[256] Ranulph Higden e Alexander Carpenter, portanto, buscaram suas informações sobre textos mágicos em fontes escritas anteriormente, mas usaram detalhes concretos e exemplos reais para discutir o poder e os perigos da magia ritual e astrológica em termos práticos.

Muitos outros homens do clero inglês, dos séculos XIV e XV, descreviam o que eles afirmavam ser práticas e incidentes reais, sem depender de antigas fontes. O mais notável é John Bromyard, que escreveu *Summa for Preachers*, antes de 1352, o que incluía um capítulo

---

254. Ver capítulo 1, nota 62.
255. Alexander Carpenter, *Destructorium Viciorum* (Paris, 1516), 6.48; Robert Holcot, *In Librum Sapientiae Regis Salomonis* (Basel, 1586), p. 625.
256. W. R. Childs, "'Welcome, my Brother': Edward II, John of Powderham and the Chronicles, 1318", em *Church and Chronicle in the Middle Ages*, ed. Ian Wood e G. A. Loud (London, 1991), p. 150-4.

incomum, detalhado e longo sobre magia. Como frade dominicano, era provável que Bromyard tenha lido John de Freiburg e facilmente poderia tê-lo copiado, mas ele não o fez. Ao contrário, ignorou o *Ars Notoria* e as imagens astrológicas, e entrou em uma longa discussão sobre se as palavras e caracteres escritos que "necromantes" usavam realmente possuíam poder para controlar demônios. As práticas a que ele fazia referência eram as da magia ritual:

> Em caracteres de necromancia e outros símbolos parecem ser feitos, pelos quais os demônios aparentemente são forçados a se mostrar e responder a perguntas. E eles não parecem dispostos a contar a verdade, exceto quando são forçados a isso por palavras e ações dos encantadores e conjuradores, após eles [os demônios] terem aparecido para pessoas de escalão inferior e serem obrigados a fazer suas vontades.[257]

Outros escritores pastorais deram descrições parecidas sobre como os magos ritualísticos conjuraram demônios e os comandavam. O autor anônimo que contou a história citada no começo deste capítulo também se referiu aos "necromantes" que invocavam demônios em círculos e faziam imagens de cera para matar suas vítimas.[258] Um século depois, o autor anônimo do tratado em inglês *Dives and Pauper* também baseou sua discussão sobre textos mágicos no que ele dizia serem práticas reais e conhecimento comum. "Geralmente", ele disse, "homens sabem que clérigos os [demônios] fecham em anéis e outras coisas, e os deixam lá para falar e fazer muitas maravilhas". Ele continua explicando o que realmente aconteceu nesses casos. Às vezes, o Diabo de fato vinha quando era chamado, mas "*às vezes*, ele não estava pronto para responder ou fazer sua vontade", e "muitas vezes em que ele estaria, não aparecia, pois a vontade de Deus não permitia".[259] Esses escritores não inventaram tais detalhes. Os círculos, caracteres e anéis que descreviam podem ser todos encontrados em textos de magia ritual e (sem círculos) em magia por imagens astrológicas. Como veremos,

---

257. "*in necromantia videntur fieri characteres et alia signa per que* [minha correção: leia-se: '*que per*'] *demones videntur artari ad comparendum et ad respondendum ad interrogata. Qui et aliter non videntur velle vera dicere nisi ad hoc artarentur dictis vel factis incantatorum et coniuratorum postquam etiam eis comparuerint quasi inferioribus et ad faciendum imperium illorum obligantur*". John Bromyard, *Summa Praedicantium* (Nuremberg, 1518), "Sortilegium" 1, f. 356r.

258. Ver capítulo 4, nota 192.

259. *Dives and Pauper*, ed. Priscilla Heath Barnum, Early English Texts Society, ser. original, vol. 275 (London, 1976), vol. I, p. 156.

exempla também incluía numerosos detalhes sobre círculos mágicos e invocações para adicionar realismo às histórias de magia ritual. Esses escritores pastorais estavam, portanto, cientes do que havia nos textos mágicos, ou pelo menos o que o rumor popular dizia que tinha.

Apenas um número pequeno de escritores pastorais discutia textos mágicos desta forma. Eram um grupo seleto. Eles escreviam manuais longos e detalhados e, muitas vezes, entravam nos mínimos detalhes sobre muitos tipos de magia, baseando seus comentários no que afirmavam ser a realidade contemporânea, assim como fontes escritas anteriormente. Então, como já vimos, John Bromyard e o autor de *Dives and Pauper* deram muitos detalhes sobre magia de cura e adivinhação, enquanto Ranulph Higden e Alexander Carpenter descreviam o que "muitas pessoas" pensavam sobre os presságios. Para escritores pastorais que estavam interessados em magia, que gostavam de falar sobre crenças e práticas contemporâneas, e que buscavam ser compreensivos, textos mágicos valiam a discussão. Mas apenas aqueles que eram especialmente interessados os mencionavam detalhadamente. Fora esses poucos autores, a maior parte dos escritores pastorais não via os textos mágicos como uma prioridade.

Mesmo aqueles escritores que mencionavam textos mágicos não separaram nenhum deles para dar atenção especial. Eles os adicionavam a capítulos muito longos sobre magia, colocando-os ao lado de práticas menos especializadas como a adivinhação e a cura, em vez de tratá-las como distintas de outros tipos de magia. No capítulo de John de Freiburg sobre magia, o *Ars Notoria* e a magia por imagens astrológicas eram tratados nas questões dez e doze de um total de vinte e quatro; entre elas, a questão onze era uma discussão mais tradicional sobre orações e encantamentos de cura. De maneira semelhante, Ranulph Higden citou a descrição das imagens mágicas de William de Auvergne como parte de uma ampla discussão sobre o uso de objetos para propósitos mágicos e juntou práticas menos conhecidas, como fazer fogueiras com ossos de cavalo na noite anterior ao Dia de São João (um dia no meio do verão, dia 24 de junho).

Esses escritores pastorais também abordaram a questão sobre por que a magia estudada poderia ser vista como magia, em vez de uma forma de ciência, da mesma forma que faziam com outras práticas mágicas. John de Freiburg argumentou que não podiam funcionar naturalmente e Ranulph Higden também negou que imagens astrológicas funcionavam por causa de suas propriedades físicas. John Bromyard foi além e minou meticulosamente a ideia de que magia ritual pudesse funcionar, tanto por causa de seus poderes que eram inerentes ao mundo natural como pela invocação do poder de Deus. Magos ritualísticos, ele argumentou, não poderiam comandar demônios por meio de seus próprios poderes naturais porque demônios eram naturalmente superiores aos homens e, então, não poderiam ser comandados por eles. Nem poderiam fazê-lo por meio da virtude de sua própria santidade, da forma como Cristo e os santos podiam, porque isso não funcionaria com homens maus.[260] Portanto, esses escritores pastorais não distinguiam textos mágicos de outras formas mais tradicionais de magia. Pelo contrário, eles possuíam um modelo já existente para discutir magia e encaixavam os textos mágicos nele, muitas vezes com uma capacidade pequena. Eles não eram eminentes o suficiente para receber atenção separada.

Histórias de feiticeiros invocadores de demônios

Então, textos mágicos não eram uma grande preocupação para muitos clérigos ingleses medievais posteriores, quando pensavam em termos de cuidado pastoral. No entanto, os feiticeiros que usavam textos mágicos eram motivo de grande preocupação dentro de sua visão sobre magia. Enquanto muitos manuais de confissão e pregação não mencionavam o uso de textos mágicos, a maior parte das coleções *exemplum* continha duas ou três histórias sobre feiticeiros instruídos que invocavam demônios com a ajuda de círculos mágicos e encantamentos (eles eram muito menos interessados em magia por imagens astrológicas ou o *Ars Notoria*). A forma como esses feiticeiros eram retratados lança uma luz importante sobre como a magia era vista na Inglaterra medieval. Eles mostram que a magia poderia ser vista como algo acadêmico, exótico e fantástico, não apenas como uma "superstição" popular ou uma atividade abrangente que vinha da raiz de ansiedades comuns sobre saúde ou futuro. Precisamente porque textos mágicos não eram acessíveis à maioria da população, os autores de *exempla* eram livres para enfatizar esses elementos exóticos da magia ritual, contando histórias que eram coloridas e fora da experiência do cotidiano de muitas pessoas. Como veremos, a magia ritual do *exempla* não era provavelmente *tão bizarra ou inacreditável* para o público medieval como parece para os leitores modernos; no entanto, ainda permeava em algum lugar entre fantasia e

---

260. *"necromantici sancti non sunt nec miracula facere possunt"*. Bromyard, *Summa*, "Sortilegium" 1, f. 356r.

realidade e participava de ambas em um nível mais amplo do que outros tipos de magia medieval.

O feiticeiro ritualístico do *exempla* era uma figura exótica, que veio de muito além do mundo comum da Inglaterra medieval. Ele havia aprendido magia no exterior, em lugares onde os cristãos entravam em contato com pessoas de outras crenças. A Espanha aparecia com frequência como um centro de aprendizado de magia, e isso fazia um pouco de sentido, considerando que já vimos que alguns textos mágicos foram traduzidos na Espanha, assim como trabalhos árabes científicos e filosóficos. Esse cerne da verdade encontrou seu caminho para os *exempla* e outras histórias onde foi bastante enfeitado. Uma das histórias mais famosas é a lenda de Gerbert de Aurillac, que mais tarde se tornou papa com o nome Silvestre II (morto em 1002). Gerbert era matemático e astrônomo especialista, mas sua lenda cresceu com o tempo. No começo do século XII, o historiador William de Malmesbury estava descrevendo como ele havia aprendido magia na Espanha, e no fim do século XIII a história do feiticeiro-papa apareceu em coleções de *exempla*.[261] Histórias ambientadas em épocas mais recentes também retratam a Espanha como fonte de conhecimento mágico. Na década de 1220, o escritor e padre de Kentish, Odo de Cheriton, incluiu em um sermão a história sobre um clérigo inglês que aprendeu a invocar demônios na Espanha, enquanto uma coleção de *exempla* compilada na Inglaterra por um frade franciscano anônimo, na década de 1270, falava de um feiticeiro espanhol que invocava demônios em Paris.[262] Ocasionalmente, outro cenário e praticantes exóticos também apareciam. Um *exemplum* circulando na Inglaterra trazia um feiticeiro judeu e em outra coleção contava sobre um jovem que aprendeu magia enquanto era mantido como prisioneiro por muçulmanos no Oriente Médio.[263] Ele trouxe de volta uma cabeça cortada que, quando se falava os encantamentos certos, ela respondia a perguntas sobre o futuro: a cabeça, ele dizia, pertencia a um muçulmano que tinha morrido há cem anos. Como essas histórias deixam claro, o feiticeiro de *exempla* também era acadêmico, separado das pessoas comuns por seu aprendizado avançado do oculto. Muitas vezes, como na história de Gerbert de Aurillac, foi o desejo por conhecimento que o levou a visitar lugares longínquos

---

261. Peters, *Magician*, p. 28; J. T. Welter, ed., *Le Speculum Laicorum* (Paris, 1914), p. 104.

262. A. G. Little, ed., *Liber Exemplorum ad Usum Praedicantium* (Aberdeen, 1908), p. 22; trad. em David Jones, *Friars' Tales: Thirteenth-Century Exempla from the British Isles* (Manchester, 2011), p. 48-9.

263. bl ms Add. 33956, f. 83r; Welter, *Speculum Laicorum*, p. 35.

em busca de sabedoria que não era disponível na cristandade. De volta à Europa cristã, ele operava, acima de tudo, em cidades universitárias. Por esse motivo, Paris, que também era famosa por suas escolas de teologia, era o espaço favorito para *exempla* sobre magia ritual, e mesmo se as histórias não acontecessem lá, compiladores às vezes afirmavam tê-las ouvido em Paris.[264] Oxford também apareceu em um *exemplum* inglês que afirmou descrever eventos que ocorreram lá em 1298; a localização foi descrita com bastante precisão: "na paróquia de São Pedro, em Balliol, em um porão próximo à estrada, oposto à igreja daquela paróquia no alojamento chamado Billing Hall".[265] Como as histórias de feiticeiros que iam para a Espanha e a outros lugares exóticos, esse estereótipo do feiticeiro-acadêmico tinha alguma base de fato, pois os textos mágicos realmente circulavam nas universidades.

O exótico, a natureza erudita da magia ritual em *exempla* pode sugerir que era alheia à experiência do público inglês medieval padrão dos sermões – mais uma boa história do que uma possibilidade imediata. Isso provavelmente era verdade, mas algumas dessas histórias de fato descreviam formas pelas quais a magia ritual poderia se espalhar para além do ambiente acadêmico limitado. O feiticeiro era um homem que viajava e trazia seu conhecimento de volta da Espanha ou Oriente Médio para as cidades cristãs, como Paris e Oxford. Em suas viagens, ele às vezes demonstrava seus poderes mágicos para as pessoas que conhecia. Por exemplo, a história de Odo de Cheriton, sobre o clérigo inglês que foi à Espanha, mostra como a magia ritual poderia avançar para além do mundo acadêmico por meio do contato pessoal:

> Um clérigo que havia aprendido essas artes maléficas na Espanha estava voltando à Inglaterra com certo campesino impetuoso e audacioso, para que pudesse invocar demônios. Eles entraram em um círculo ao mesmo tempo [partindo de pontos diferentes] e, naquela noite, os demônios apareceram na forma de cavalos e outras bestas...[266]

---

264. D. L. d'Avray, *The Preaching of the Friars: Sermons Diffused from Paris before 1300* (Oxford, 1985), p. 202.

265. Welter, *Speculum Laicorum*, p. 54.

266. "*Quidam clericus in hiis malis artibus in Hispania edoctus rediens in Angliam cum quodam rustico impetuoso et audaci ut inuocaret demones. Circulum in biuio semel intrauerunt* [minha correção: leia-se '*intrauit*' no ms] *et in illa nocte demones in specie equorum et aliarum bestiarum apparuerunt.*" Odo of Cheriton, *Sermones in Epistolas*, sermão para o Dia de Ascensão, Lincoln Cathedral Library ms 11, f. 101r.

Tanto o clérigo como o campesino ficaram aterrorizados pelo comportamento ameaçador dos demônios; o clérigo correu do círculo e seu corpo foi carregado para o inferno. O campesino foi mais sensato e ficou dentro do círculo até o dia clarear, quando foi encontrado por transeuntes. Diversos *exempla* sobre magia do amor também contavam sobre feiticeiros fazendo magia ritual a pedido de clientes ou conhecidos, e esse final, em que alguém sai do círculo e é ou terrivelmente morto ou carregado para o inferno, não é incomum. Muitas vezes (e mais plausível) é o cliente que sai do círculo e é morto enquanto o feiticeiro permanece no lugar e sobrevive.[267] Essas histórias provavelmente não descrevem incidentes reais que aconteceram quando as pessoas tentaram invocar demônios. Estavam mais próximas de lendas urbanas, mas descrevem uma percepção de que a magia ritual era potencialmente acessível às pessoas que não tinham alto nível de instrução se pudessem persuadir um especialista a fazer por elas. O feiticeiro invocador de demônios era, portanto, uma figura exótica e erudita, mas não era necessariamente muito distante. Ao contrário, ele era alguém que veio de fora do mundo profano para operar dentro da cristandade medieval: em um porão de Oxford ou na estrada de volta para Espanha. As histórias de magia ritual em *exempla* também refletem o que sabemos sobre os leitores de textos mágicos vindos de outras fontes. Nesse sentido, eles *não estão tão distantes* da experiência do público de um sermão inglês medieval, como inicialmente pareciam estar. Eles sugerem que, apesar de provavelmente pouquíssimas pessoas terem lido ou visto um texto mágico em algum momento, estereótipos populares existiam e descreviam a magia ritual e os feiticeiros que a praticavam, e mostravam como as pessoas profanas *talvez* encontrassem essas figuras. Os estereótipos são exagerados, mas eles ainda assim possuíam alguma base factual.

Assim como ser um acadêmico e um detentor de conhecimento exótico, o feiticeiro de *exempla* também possuía poderes genuínos. Aqui ele era diferente daqueles praticantes de magia menos instruídos que apareciam em *exempla*, e como veremos no próximo capítulo, são aqueles que muitas vezes são retratados como fraudes. Diferente desses praticantes, o feiticeiro ritualístico geralmente é capaz de comprovar suas afirmações impressionantes. Os demônios aparecem quando ele os convoca, às vezes de forma alarmante ou dramática, como os cavalos e bestas na história de Odo de Cheriton. Para um leitor moderno, a aparência dos demônios enfatiza a natureza fantástica dessas histórias,

---

267. D'Avray, *Preaching*, p. 200-1.

em que a magia ritual traz consequências mais dramáticas do que qualquer outra coisa que pudesse acontecer na vida real. Para os ouvintes medievais, também essas histórias provavelmente incluíam um elemento fantástico. No entanto, a ideia de que feiticeiros que usavam textos sobre magia ritual realmente conseguiam invocar demônios de vez em quando, provavelmente, era aceita ao menos a princípio. Certamente os textos mágicos diziam que demônios apareceriam se seus rituais fossem seguidos corretamente, e alguns de seus autores afirmavam terem tido experiências tão fantásticas quanto os acontecimentos de *exempla*, gabando-se de viagens em cavalos alados, criando exércitos e banquetes ilusórios e fazendo sexo com lindas mulheres em lugares exóticos.[268] Mais ainda, como já vimos, a massa do Cristianismo medieval compartilhava a presunção de que palavras sagradas poderiam ser usadas para controlar demônios durante rituais legítimos, como um exorcismo; então, histórias sobre feiticeiros clericais instruídos que controlavam demônios de forma menos ortodoxa também poderiam parecer plausíveis.

Em última instância, na maior parte dos *exempla*, feiticeiros não conseguem os resultados que desejam. Às vezes, eles ficam simplesmente desapontados, mas no pior caso, acabam sendo enganados, mortos ou carregados para o inferno. No entanto, isso não acontece porque seus rituais não funcionam. Às vezes ocorre porque erros são cometidos, principalmente ao pisar fora do círculo mágico. Em outros casos, forças mais poderosas intervinham. Em especial, os sacramentos e objetos sagrados se mostram mais poderosos que os comandos do feiticeiro. Por exemplo, o feiticeiro na história de Oxford invoca um demônio e está falando com ele quando um padre passa pela janela carregando uma hóstia consagrada para uma visita à casa de uma pessoa doente. À medida que o padre passa, o demônio se ajoelha diante da hóstia, para surpresa do feiticeiro. A história sobre o necromante espanhol em Paris também fala de como os planos do feiticeiro foram interrompidos pelo poder divino. Nesse caso, o demônio demora a responder ao chamado do feiticeiro porque é dia da Festa de Ascensão. Quando ele finalmente chega, reclama, "eu admiro você. Pois os anjos no Céu estão celebrando a festa da Virgem Maria e você é incapaz de descansar na terra!".[269] A moral dessas duas histórias é que, se até os demônios

---

268. Kieckhefer, *Forbidden Rites*, p. 47-8, 51-3; Frank Klaassen, "Learning and Masculinity in Manuscripts of Ritual Magic of the Later Middle Ages and Renaissance", *Sixteenth-Century Journal*, 38 (2007), p. 64-9.

269. Little, *Liber Exemplorum*, p. 22; trad. Jones, *Friars' Tales*, p. 49.

respeitam a hóstia e são atentos aos dias de comemoração, a humanidade deveria fazer o mesmo. O poder de um feiticeiro para invocar demônios, primeiramente, é menosprezado.

A presunção de que magia ritual funciona (desde que fique dentro do círculo e não seja interrompida por padres passando com a hóstia) parece refletir uma visão comum sobre a magia ritual. De fato, muitos tratados ingleses medievais sobre confissão e pregação fizeram de tudo para contra-argumentar essa ideia, afirmando que, diferentemente da crença popular, feiticeiros que praticavam magia ritual não conseguiam de fato controlar demônios. Como já vimos, John Bromyard se esforçou para argumentar que, apesar de parecer que os feiticeiros realmente conseguiam controlar demônios, era apenas uma ilusão. O autor anônimo de *Dives and Pauper* também escreveu para contradizer o que ele dizia ser uma opinião comum sobre esse assunto: "homens sabem que clérigos... os fazem lá para contar e fazer muitas coisas incríveis". Como Bromyard, ele argumenta que o conhecimento comum estava errado: demônios apenas fingiam estar dominados. Mas ambos os autores eram forçados a argumentar sobre esse ponto com cuidado, contra o que "os homens sabem".

Os *exempla* sobre feiticeiros invocadores de demônios, portanto, baseavam-se em percepções amplamente aceitas da magia ritual, mesmo quando essas iam contra a visão oficial de que feiticeiros não podiam de fato comandar um demônio. Neste caso, no entanto, o clérigo que coletava e copiava os *exempla* não parece ter se preocupado em passar a mensagem errada e retratar a magia ritual como algo mais eficiente do que realmente era. Afinal de contas, na maioria das histórias, os feiticeiros não conseguiam os resultados que queriam e aquelas deixavam claro que as consequências do fracasso poderiam ser terríveis. As histórias seriam muito menos dramáticas se os rituais fossem apenas ineficientes. Em termos práticos, havia pouco risco de que essas histórias encorajassem as pessoas a tentarem a magia ritual porque a maioria delas não teria acesso a textos mágicos ou à educação necessária para usá-los.

Portanto, era menos necessário persuadir as pessoas a não usarem a magia ritual do que persuadi-las a não usarem magia para adivinhações ou cura, ou persuadi-las que interagir com seres sobrenaturais era errado. De fato, muitos *exempla* sobre magia ritual não tentavam persuadir seu público contra a magia diretamente. Afirma-se que alguns ilustravam os perigos da magia, tal como a história sobre o campesino e o clérigo no sermão de Odo de Cheriton, que faz parte de uma discussão maior sobre adivinhação, mas muitas vezes eram feitos para dar outras lições de moral, por exemplo, sobre a importância de reverenciar a hóstia ou a Festa da Ascensão, ou os perigos da luxúria. Nessas histórias, a magia deve funcionar como descrita porque é necessário que os demônios apareçam para que possam reverenciar a Eucaristia ou serem repelidos pela concupiscência do feiticeiro. Magia ritual dá cor e drama a esses contos, mas não é o ponto principal da história. Pelo fato de não ter sido uma preocupação pastoral imediata, pregadores estavam mais livres para arriscar em como apresentavam a história para seu público.

✳

Portanto, homens do clero focados no pastoral sabiam a respeito dos textos mágicos, especialmente os textos sobre magia ritual, mesmo que não falassem muito sobre eles. Eles pressupunham que o público dos sermões estaria ciente dos aspectos básicos da magia ritual e presumiam que a maioria acreditava na eficácia. No entanto, não era um grande problema pastoral e não parece ter deixado a maioria dos homens do clero preocupados. Essa situação levava o clero inglês medieval a retratar os textos mágicos de forma diferente em circunstâncias diversas. Quando manuais longos discutiam textos mágicos, muitas vezes faziam isso em um tom prático, detalhando o que eles afirmavam ser práticas e casos reais, e debatendo se a magia ritual poderia realmente controlar demônios como seus usuários afirmavam. Nesses manuais, os textos mágicos eram apresentados como problemas pastorais reais e recorrentes, mas que interessavam apenas àqueles escritores que queriam ser especialmente compreensivos.

Em contrapartida, *exempla* apresentava a magia ritual como algo dramático e eficiente, e faziam isso de forma muito mais regular porque criava uma boa história. É tentador dispensar esses *exempla* como fantasiosos ou bizarros, em oposição aos detalhes mais sóbrios dos textos e casos dos manuais longos, mas parece provável que o autor dos *exempla* refletisse sobre percepções da maioria sobre a magia ritual de forma mais minuciosa que os manuais sobre confissão e pregação faziam. Histórias sobre feiticeiros invocadores de demônios, portanto, proviam uma perspectiva incomum, mas importante, sobre a magia. Elas mostram o quanto a apresentação da magia em uma pregação conseguia se adaptar às crenças gerais, que poderiam diferenciar-se significativamente das ideias desenvolvidas por escritores pastorais quando examinavam os mesmos assuntos profundamente para um grupo de clérigos. Os poucos casos em que indivíduos eram acusados de usar textos mágicos na Inglaterra medieval apontam para a mesma situação: um reconhecimento de que o estudo da magia era errado e poderia ser perigoso, mas também uma ideia de que não era uma grande ameaça à vida cotidiana. Essas acusações devem ser usadas com cuidado porque é muito difícil saber, dos registros sobreviventes, quanta verdade está por trás das acusações e exatamente quais práticas estavam ameaçadas. Por exemplo, os rumores sobre Alice Perrers, a amante de Edward III já em sua velhice, pode muito bem ter sido isso. O cronista Thomas Walsingham, um monge de St. Albans Abbey, afirmava que ela contratara um frade, que era habilidoso como um médico, para fazer o rei amá-la por intermédio de efígies de cera, poções, encantamentos e anéis mágicos.[270] Os anéis, combinados com o *status* clerical do frade e o conhecimento medicinal, sugerem que Walsingham estava pensando em alguma forma de magia estudada. Os rumores podem ter sido sem embasamento, inventados por inimigos que ressentiam a influência de Alice sobre o velho rei (e havia muitos desses), no entanto, os rumores são baseados na pressuposição de que essas formas de magia eram tanto possíveis como potencialmente eficientes.

Mais bem documentadas e baseadas em evidências mais firmes estavam as acusações feitas contra Richard Walker, um capelão da diocese de Worcester, que foi levado diante da Convocação (o conselho nacional da Igreja inglesa) em 1429.[271] Walker foi acusado de possuir "dois livros em que estavam escritos e desenhados muitas conjurações e figuras saboreando, como foi dito, a arte da magia e da feitiçaria, e também uma caixa que continha uma pedra berilo artificialmente suspensa em um couro preto, três pequenos documentos e duas pequenas imagens em cera cor açafrão". Os dois livros com diagramas sugerem magia ritual, e Walker admitiu possuir um deles, assim como todos os outros itens. Após ouvir o testemunho, a Convocação enviou Walker para a prisão "até que pudesse ser deliberado pelos advogados com qual penalidade um feiticeiro como esse deveria ser punido, de acordo com o rigor da lei" – um atraso que sugere que eles não estavam prontos para lidar com casos de magia ritual. Eventualmente, ele foi sentenciado a se posicionar publicamente diante da cruz do pátio da Catedral St. Paul,

---

270. *The St. Albans Chronicle: the Chronica Maiora of Thomas Walsingham*, ed. e trad. J. Taylor, W. Childs e L. Watkiss (Oxford, 2003), vol. I, p. 47-9.

271. E. F. Jacob, ed., *The Register of Henry Chichele, Archbishop of Canterbury, 1414-1443* (Oxford, 1945), vol. III, p. 54-6.

com seus livros mágicos pendurados no pescoço "para que todas as pessoas em sua frente e atrás pudessem inspecionar e ver os caracteres e figuras feitas e desenhados nos mesmos livros" – uma atitude que, além de humilhar o próprio Walker, pretendia deter outros de seguir seu exemplo. Também deve ter espalhado a ideia de como um livro mágico era e, desta forma, fez parte do objetivo: as pessoas saberiam no futuro o que evitar. Walker também foi obrigado a renunciar à magia publicamente, e seus livros e equipamentos mágicos foram mais tarde queimados, mas depois disso ele foi libertado. Abjurações públicas similares eram usadas para hereges no século XV (se, como Walker, eles fossem infratores pela primeira vez e estivessem dispostos a se arrepender de seus erros), e serviam para o mesmo propósito duplo de educação e dissuasão.

Magia ritual poderia, portanto, ser tratada como um pecado sério, e seus usuários, punidos. No entanto, o caso de Richard Walker era isolado e os bispos não ficaram imediatamente seguros sobre como lidar com o caso, o que não sugere que eles estavam profundamente preocupados com a ameaça que a magia ritual fazia ao bem-estar espiritual da Inglaterra medieval como um todo. Isso parece ser típico das atitudes eclesiásticas em relação à magia ritual sendo praticada. Em um ensaio recente, Frank Klaassen aponta que os bispos poderiam ter buscado feiticeiros ritualísticos da forma como encontravam os hereges na Inglaterra do século XV, procurando por livros suspeitos e traçando as redes pelas quais esses livros eram compartilhados, mas eles não agiam assim, talvez porque perseguir hereges já era pesado o suficiente para seus recursos, ou talvez porque eram relutantes a condenar um companheiro clérigo.[272] Os *exempla* sugerem outra razão possível para a relutância das autoridades. Nessas histórias, magia ritual poderia ser arriscada, mas era de fato um perigo apenas para os próprios praticantes.

Isso apresenta implicações importantes em relação a como deveríamos interpretar visões eclesiásticas sobre a magia na Inglaterra medieval de forma mais geral. Escritores pastorais e talvez outros homens do clero também não prestassem muita atenção às práticas que eram mais obviamente erradas, tais como magia nociva e magia ritual. Ao contrário, eles focaram nas práticas em que a mistura de magia e religião legítima apresentava problemas pastorais: adivinhação que parecia profecia, ou encantamentos de cura que misturavam nomes desconhecidos com

---

272. Frank Klaassen, "The Middleness of Ritual Magic", em *The Unorthodox Imagination in Late Medieval Britain*, ed. Sophie Page (Manchester, 2010), p. 141.

aqueles de Deus e dos santos. Também focavam nas formas de magia que acreditavam ser difundidas amplamente entre os leigos. Portanto, textos mágicos mostram os limites das preocupações dos escritores pastorais em relação à magia. Quando eles ficavam preocupados com a educação da massa, uma prática limitada, socialmente restrita, que era obviamente errada, possuía pouco espaço, exceto como um fundo exótico e colorido para as lições de moral.

Capítulo 6
Argumentando Contra a Magia

No começo da década de 1220, Thomas de Chobham ofereceu seus conselhos aos padres sobre a temática da magia:

> Quase em todas as regiões e em qualquer lugar da Terra, certas idolatrias reinam, contra as quais os pregadores e padres deveriam estar armados. Pois existem muitos homens e mulheres que usam poções mágicas e feitiçarias e não acreditam que essas coisas sejam idolatria.[273]

Até agora este livro tem olhado para um leque de práticas mágicas individuais, para o modo no qual elas podem se misturar ou diferenciar da religião legítima, e para as outras questões que escritores pastorais instruídos tinham de lidar em relação à magia. Mas como o conselho de Thomas de Chobham mostra, combater a magia era uma preocupação prática, assim como uma área de discussão teológica. Para esse propósito, os padres não necessariamente precisavam de toda a informação que os longos manuais sobre confissão e pregação davam sobre magia, tal como as discussões detalhadas sobre como distinguir entre orações e encantamentos mágicos, porque a interpretação de sonhos era errada tal qual o conteúdo dos novos textos mágicos. Essa informação era importante para educar o clero para o cuidado pastoral, mas era improvável que tudo fosse usado com frequência quando pregavam

---

273. Thomas of Chobham, *Summa de Arte Praedicandi*, ed. F. Morenzoni, *Corpus Christianorum Continuatio Mediaevalis,* vol. LXXXII (Turnhout, 1988), p. 166.

ou falavam com os leigos. Um sermão poderia cobrir uma quantidade limitada de material, e não era prático pedir penitências sobre toda a forma de magia quando vinham para o confessionário. Então, como o clero transmitia o essencial de sua visão sobre magia para a grande população da Inglaterra medieval? O que ele enfatizava e o que deixava de fora? Em quais argumentos ele se baseava? Como já vimos com os textos mágicos, os homens do clero podiam apresentar a magia de forma diferente, dependendo se estavam pregando para um público geral ou escrevendo para outros clérigos instruídos. Em sermões, eles focavam no lado dramático e colorido dos rituais mágicos, em vez de suas misturas em potencial com a religião. Será que outras mudanças importantes aconteceram quando os pregadores e confessores adaptavam seus materiais sobre magia para um público mais geral?

Para responder a essas perguntas, devemos nos ater aos textos que foram escritos diretamente por padres para usar quando estavam pregando e ouvindo confissões: sermões, *exempla* e os manuais curtos sobre confissão, que listavam as perguntas importantes que um padre deveria fazer aos penitentes. Grandes quantidades destes sobreviveram na Inglaterra, do século XIII em diante, como aconteceu em outras partes da Europa. Pragmáticos, concisos e escritos em um estilo simples e acessível, esses textos são muitas vezes o mais próximo que podemos chegar de saber o que acontecia nas confissões e nos sermões medievais. No entanto, ainda havia uma lacuna entre eles e a prática. Manuais curtos sobre confissão, *exempla* e a maior parte dos sermões sobreviventes não eram transcrições de eventos reais. Isso não é surpreendente no caso dos manuais sobre confissão; padres medievais, como seus homólogos modernos, eram proibidos de revelar confissões, e os autores dos manuais pastorais não faziam tal coisa, apesar de, às vezes, escreverem em termos gerais sobre o que tinham escutado no confessionário, com nomes e detalhes removidos para proteger o anonimato do penitente.[274] Sermões e *exempla* também eram modelos que os padres deveriam adaptar às suas necessidades, em vez de terem roteiros para seguir precisamente. Mas mesmo que não sejam registros exatos do que acontecia em confessionários ou pregações reais, sermões, *exempla* e manuais curtos sobre confissão nos contam quais práticas os autores desses trabalhos pensavam ser mais importantes e os argumentos que gostariam que seus leitores praticassem quando

---

274. Alexander Murray, "Confession as a Historical Source in the Thirteenth Century", em *The Writing of History in the Middle Ages*, ed. R. H. C. Davis e J. M. Wallace-Hadrill (Oxford, 1981), p. 285-90.

estivessem falando com sua congregação. Eles também foram copiados em grande quantidade por diversos séculos, e em um tempo em que tudo tinha de ser copiado arduamente à mão, isso sugere que eles eram vistos como úteis. Portanto, é justo assumir que esses argumentos contra magia dos textos fossem usados em sermões e confissões, mesmo não sendo repetidos em todos os detalhes.[275]

Outra pergunta importante sobre as tentativas dos padres de persuadir seus ouvintes a não praticarem magia diz respeito ao seu impacto. Será que os argumentos encontrados em manuais curtos sobre confissão, sermões e *exempla* realmente mudaram as atitudes quanto às práticas mágicas? É difícil saber com certeza, já que as pessoas que ouviram os sermões e fizeram as confissões geralmente não escreviam sobre suas experiências, mas é possível ver algumas reações. Por outro lado, é óbvio que nem todos estavam completamente certos, assim como nem todos são convencidos por campanhas midiáticas atualmente. Thomas de Chobham não era o único homem do clero inglês medieval a reclamar que as pessoas não consideravam o que elas estavam fazendo como magia, especialmente se fosse usada para um bom propósito, e, como já vimos, até mesmo o clero tolerava às vezes formas de adivinhação e cura que vão para além das regras teológicas estritas. Além disso, muitas práticas mágicas persistiram por séculos após a Idade Média, o que sugere que a campanha contra não foi muito eficiente. Mas, por outro lado, escritores pastorais estavam confiantes de que pregação e confissão poderiam influenciar o público. De fato, eles estavam tão certos disso que aconselharam seus leitores que não revelassem muito. Muitos escritores pastorais advertiram padres a não perguntar sobre pecados sexuais detalhadamente, para não dar ideias aos penitentes, e o frade francês, Guillaume Peyraut, do século XIII, concluiu o mesmo sobre remédios mágicos: "O pregador deve ter cuidado que... ele não ensine às mulheres remédios que não conhecem, se ele acredita que elas irão usar".[276]

Houve alguns momentos também que sabemos que a pregação contra magia alvoraçou o público. Quando o pregador popular franciscano, São Bernadino de Siena, pregou contra a magia em Roma, na

---

275. D. L. d'Avray, *Medieval Marriage Sermons: Mass Communication in a Culture without Print* (Oxford, 2001), p. 29-30.

276. Joseph Goering, "The Summa of Master Serlo and Thirteenth-Century Penitential Literature", *Mediaeval Studies*, 40 (1978), p. 301; "*Caveat tamen predicator ne... mulieres doceat remedia que ipse nesciunt si credit quod eafacture sint*". Guilelmus Peraldus, *Summa Virtutum ac Vitiorum* (Mainz, 1618), Pride, parte 3, capítulo 36, p. 244.

década de 1420, ele persuadiu seus leitores a denunciar praticantes de magia às autoridades, apesar de ter sido muito menos bem-sucedido na própria Siena.[277] Não existe evidência de uma resposta tão extrema a uma pregação contra magia na Inglaterra, mas o sucesso de Bernardino mostra como um pregador carismático poderia influenciar um público, ao menos a curto prazo. A longo prazo, uma pregação menos dramática, porém mais regular, feita por padres e frades das paróquias, poderia ter sido mais eficaz para reforçar a mensagem e moldar as atitudes em relação à magia.

Portanto, a pregação e a confissão provavelmente influenciaram a visão do público sobre a magia, ao menos até certo ponto, mas o impacto teria dependido da frequência na qual essas atividades aconteciam. A quantidade de pregação na Inglaterra medieval é bastante debatida, mas a maior parte das paróquias parecia ter sermões pelo menos algumas vezes ao ano, e provavelmente eram mais comuns nas cidades, onde os frades estavam mais ativos.[278] Também houve oportunidades para fazer confissões, porém, da mesma forma que a pregação, é difícil determinar quão frequente eram. O Quarto Concílio de Latrão, de 1215, decretou que todos os leigos deveriam confessar uma vez por ano, na Quaresma, e a maior parte dos historiadores acredita que as confissões anuais tornaram-se norma na Inglaterra depois dessa época ou talvez antes.[279] No entanto, é questionável o quão detalhadas eram as confissões. Ouvindo as confissões da paróquia toda durante a Quaresma, talvez com outros penitentes fazendo fila nas redondezas, os padres tinham tempo limitado para perguntar quais pecados a pessoa tinha cometido.[280] Ou seja, padres ingleses medievais tinham a oportunidade de persuadir seus ouvintes contra a magia, mas ela não necessariamente era muito frequente: uma ou talvez algumas vezes por ano, em vez de toda a semana; e a magia era apenas um tema entre muitos. Como eles usavam essas oportunidades?

---

277. Franco Mormando, *The Preacher's Demons: Bernardino of Siena and the Social Underworld of Early Renaissance Italy* (Chicago, 1999), p. 56, 71.

278. Siegfried Wenzel, *Latin Sermon Collections from Later Medieval England* (Cambridge, 2005), p. 242.

279. Alexander Murray, "Confession before 1215", *Transactions of the Royal Historical Society*, 6th ser. vol. 6 (1993), p. 63; Norman Tanner e Sethina Watson, "Least of the Laity: the Minimum Requirements for a Medieval Christian", *Journal of Medieval History*, 32 (2006), p. 407-8.

280. Eamon Duffy, *The Stripping of the Altars: Traditional Religion in England, 1400-1580* (New Haven, CT, 1992), p. 60.

Argumentando contra a magia no confessionário

A melhor evidência sobre como os padres argumentavam contra a magia no confessionário vem dos manuais curtos sobre confissão, que resumiam as informações essenciais que um padre precisava para ouvir uma confissão e uma lista de perguntas para ele fazer. Esses manuais variam de tamanho, desde algumas páginas até um livro fino. Alguns eram lançados por bispos como parte de um esquema maior para melhorar o cuidado pastoral e a educação clerical em suas dioceses. Por exemplo, os bispos Alexander Stavensby de Conventry e Lichfield, Wlater Cantilupe de Worcester e Peter Quinel de Exeter lançaram manuais curtos sobre confissão para suas dioceses, em 1224-1237, 1240 e 1287 (Stavensby e Cantilupe produziram novos, enquanto Quinel relançou o manual de Walter Cantilupe). Esses manuais lançados pelos bispos são particularmente importantes porque foram escritos diretamente para os padres das paróquias usarem em suas congregações e, então, provavelmente eram o que os padres tinham maior propensão a terem lido em busca informações sobre cuidado pastoral. Mais ainda, alguns bispos tentaram ter certeza de que os padres realmente tinham cópias desses trabalhos: Walter Cantilupe ordenou a seus arquebispos que explicassem qualquer ponto complicado em seus tratados para os padres e também ameaçou multar qualquer padre da paróquia que, mais tarde, descobrisse não possuir uma cópia.[281] Assim como esses textos dos bispos, trabalhos semelhantes eram escritos não oficialmente por frades e outros clérigos, e copiados por leitores que os consideravam úteis. Um dos mais populares entre esses era o *Confessionale*, escrito pelo frade dominicano alemão, John de Freiburg, na década de 1290. Circularam amplamente, e mais de 150 cópias medievais sobreviveram; muitos outros provavelmente foram perdidos ou desgastados, já que padres e frades os carregavam para tudo e os usavam.

Muitos desses tratados curtos sobre confissão mencionavam a magia, apesar de não ser essencial que o fizessem — e muitos não faziam. Alguns simplesmente instruíam seus leitores a perguntar sobre a magia em termos muito genéricos. Por exemplo, um tratado anônimo do século XIII ou XIV em um manuscrito que uma vez pertenceu a Wroxton Abeey, em Oxfordshire, dizia aos padres para perguntarem "se [o penitente] acreditou algumas vezes em magia nociva, feiticeiras

---

281. J. Shinners e W. Dohar, ed., *Pastors and the Care of Souls in Late Medieval England* (Notre Dame, IN, 1998), p. 37; J. Goering e D. Taylor, "The *Summulae* of Bishops Walter de Cantilupe (1240) e Peter Quinel (1287)", *Speculum*, 67 (1993), p. 576-94.

e augúrios, conjurações de demônios e coisas similares".²⁸² Essa lista poderia cobrir um conjunto amplo de práticas, mas oferecia pouca orientação sobre quais deveriam ser classificadas como magia, em primeiro lugar. O que fazia de algo uma "feitiçaria" ou "augúrio" ou até uma "conjuração de demônios", que não a religião ou a observação legítima do mundo natural? Isso nem sempre era fácil decidir, e penitências podiam ficar incertas, como Thomas de Chobham reconheceu quando reclamou que muitas pessoas não acreditavam que certas coisas eram magia. No entanto, outros tratados curtos sobre confissão deram mais detalhes sobre exatamente de quais atividades eles estavam falando. Um segundo tratado curto sobre confissão, anexado ao mesmo manuscrito de Wroxton Abbey, perguntava:

> se [o penitente] deposita sua fé em feitiçarias e adivinhações usando as estrelas e os sonhos, ou outros instrumentos de quaisquer tipos. Ele deveria também confessar se às vezes invocava demônios com encantamentos verbais, com inscrição de caracteres, ao queimar sacrifícios e coisas similares.²⁸³

Walter Cantilupe (e o seguindo, Peter Quinel) era ainda mais específico. Ele advertia padres a perguntarem sobre:

> praticar magia (ou seja, ao recorrer a encantamentos, como é comum quando algo é roubado, ou usar uma espada ou bacia, ou ao escrever seus nomes, selando na lama e os colocando na água-benta e coisas semelhantes).

Ele também mencionava pessoas que acreditavam em presságios e sacrifícios aos demônios, "como alguns infelizes faziam pelo bem das mulheres por quem estavam cegamente apaixonados".²⁸⁴

Mesmo quando eles entravam em detalhes, a maior parte desses tratados mantinha suas listas bem curtas. Não é surpreendente que

---

282. "*Si aliquando credidit maleficiis* [minha correção: leia-se '*maleficis*' no ms], *sortilegiis et auguriis, incantationibus demonum et huiusmodi.*" bl ms Add. 24660, f. 5v.

283. "*Si fidem adibuerit sortilegiis et diuinacionibus per astra uel per sompnia, uel alia quecumque instrumenta. Debet etiam confiteri si aliquando demones inuocauerit per incantaciones verborum, per inscriptiones caractarum* [sic]*, per immolaciones sacrificiorum uel consimilium.*" bl ms Add. 24660, f. 131v.

284. *Councils and Synods with Other Documents relating to the English Church part II, AD., 1205-1313*, ed. F. M. Powicke e C. R. Cheney (Oxford, 1964), p. 1062; trad. Shinners e Dohar, *Pastors*, p. 172.

textos curtos tivessem muitos pecados para cobrir além da magia. No entanto, alguns escritores falam mais. A lista de práticas mágicas no *Confessionale,* de John de Freiburg, é incrivelmente longa e abrangente. Vale ser citada na íntegra, porque John estabelece o máximo que um escritor pastoral pode considerar ser conhecimento essencial sobre magia e porque seu trabalho circulou amplamente:

> Então, ao final [de uma confissão], você poderá perguntar sobre magia e superstição. Se fez muitas das coisas desse tipo ou arquitetou para que acontecessem, como exatamente as coisas que são feitas por muitas pessoas com amuletos, palavras, inscrições inúteis e diversas outras observâncias. Da mesma forma, especialmente se, através das estrelas, sonhos ou augúrios, ele quis possuir presciência sobre assuntos que coisas desse tipo não se estendem, tais como ações humanas que estão sujeitas ao livre-arbítrio. Da mesma forma, se ele usou alguns escritos ou os escreveu, nos quais alguma invocação de demônios ou adjuração são feitas, ou no qual são incluídos nomes ou alguns caracteres além do sinal da cruz, ou coisas do tipo são ilícitas. [Os "escritos" aqui, com suas palavras e caracteres desconhecidos, podem ser amuletos escritos, semelhantes aos discutidos no capítulo 2]. Particularmente você deveria fazê-lo explicar as práticas mágicas que ele tem feito e ao menos dizer com que materiais ele fez e quais são suas intenções; pois tais coisas são muitas vezes feitas com substâncias muito impuras e arriscando a vida das pessoas, às vezes mesmo com os sacramentos e outras coisas sagradas, que é um dos pecados mais sérios. Da mesma forma, perguntar se ele havia ensinado tais coisas ou apresentado alguém a ele. Faça com que lembre as coisas [ou: retomá-las] o máximo que você puder.[285]

John também evidenciou certos grupos de pessoas. Campesinos deveriam ser questionados sobre magia em geral, enquanto mestres da universidade deveriam responder sobre "necromancia" (o que provavelmente significava invocar demônios por meio da magia ritual) e

---

285. "*Deinde circa finem querere poteris de sortilegiis et superstitionibus. Si aliqua talia fecit uel fieri procurauit, sicut multa ualde que fiunt a pluribus in alligaturis, uerbis, uanis inscriptionibus et multis ac uariis obseruationibus. Item specialiter si per astra uel sompnia aut per auguria uoluit prescire ea ad que se huiusmodi non extendunt, puta ad actus humanos subiacentes libero arbitrio. Item si usus est aliquibus litteris uel scripsit in quibus fit aliqua adiuratio uel inuocatio demonum uel in quibus continentur nomina ignota uel aliqui caracteres preter signum crucis, huiusmodi enim illicita sunt. Facias enim specialiter sortilegia que fecit exprimere et modum dicere et cum quibus rebus fecerit et cum qua intentione, huiusmodi enim frequenter fiunt cum rebus immundissimis et cum periculo uite aliquorum, quandoque etiam cum sacramentis et aliis rebus sacris, quod grauissimum peccatum est. Item quere si aliqua talia docuerit uel ad talia aliquem induxit. Facias quantum potes reuocare.*" John of Freiburg, *Confessionale*, bl ms Add. 19581, f. 187v.

particularmente sobre um dos textos sobre magia ritual mais populares, o *Ars Notoria*.[286]

Mas John de Freiburg era estranhamente abrangente. Com frequência, tratados curtos sobre confissão focavam alguns tipos de magia e ignorava outros. Adivinhação é mencionada regularmente, assim como a escrita e a fala de "encantações". Isso não é surpreendente, já que essas práticas também aparecem regularmente nas confissões mais longas e em manuais sobre pregação. No entanto, os textos curtos sobre confissão são significativamente diferentes dos longos em relação ao tratamento dado às crenças não ortodoxas em vez das práticas. Eles falaram pouco sobre isso. Então, eles não perguntavam se penitentes acreditavam em mulheres voadoras e fadas, mesmo que manuais mais longos sobre pregação e confissão discutissem isso regularmente. Em vez disso, priorizaram atitudes acima das crenças, focando nas pessoas que tentavam prever o futuro por adivinhação ou pela leitura de presságios, que usavam encantamentos ou invocavam demônios. Atitudes eram mais fáceis de identificar e medir do que as crenças, e com tempo limitado no confessionário, provavelmente era mais importante assegurar que as pessoas estivessem se comportando como deveriam e evitando atividades pecaminosas do que examinar cada pensamento não ortodoxo.

Os textos curtos sobre confissão também omitiam muitos dos subtemas encontrados nos manuais mais longos. Eles não discutiam se certas práticas deveriam ser classificadas como magia, de alguma forma. Enquanto alguns tratados exploravam a fundo se todas as formas de cura ou de previsão do futuro realmente eram magia, os mais curtos simplesmente listavam o que era proibido. A atitude deles em relação às práticas proibidas também era muito menos diversificada. Como vimos, os manuais pastorais longos ofereciam diversas interpretações diferentes sobre magia. Às vezes, eles apresentavam como uma ilusão demoníaca, em que apenas pessoas ingênuas acreditavam – especialmente crenças relacionadas a presságios e mulheres noturnas voadoras. Em outros casos, eles reconheciam que a magia poderia ser uma tentativa de prática religiosa mal orientada, como quando William de Rennes afirmou que apenas pessoas "discretas" poderiam ser confiadas a fazer uso de orações de cura corretamente. Em outros momentos, novamente, magia era simplesmente um tráfico com demônios. Os autores dos manuais mais curtos repetiam apenas a última dessas visões. O manual sobre confissão de Walter Cantilupe, o mais detalhado dos dois tratados

---

286. Ibid., ff. 190v, 192r.

de Wroxton Cantilupe, e o *Confessionale,* de John de Freiburg, todos afirmavam explicitamente que a magia era invocar demônios.

Pelo fato de a magia invocar demônios, poderia ser vista como um tipo de adoração a eles. Diversos pequenos tratados sobre confissão então colocavam a magia em sua lista dos Dez Mandamentos, categorizando como um pecado contra o Primeiro Mandamento, "você não deverá possuir outro Deus diante de mim". Walter Cantilupe levantou isso e um tratado anônimo do século XIII, de posse da Catedral de Worcester, fez a conexão entre magia e adoração ao demônio explícita. Diziam ao padre que perguntasse "se [o penitente] mostrou adoração destinada a Deus para um demônio ou criatura, fazendo um sacrifício ou magia, ou consultando feiticeiros ou bruxos; o que transgride o Primeiro Mandamento".[287] O historiador John Bossy apontou que categorizar a magia como pecado contra o Primeiro Mandamento reforça a ligação entre magia e demônios de uma forma que não era tão óbvia se a magia fosse colocada sob outra definição, como foi feito em alguns manuais mais longos que eram divididos de acordo com os sete pecados ou seguiam a estrutura dos livros sobre a lei canônica.[288] Ao classificar a magia como um pecado contra o Primeiro Mandamento, esses tipos de tratados sobre confissões enfatizavam mais ainda que envolvia tráfico com demônios, em vez de apresentar isso como uma desilusão ou erro.

Então, como podemos esperar, os tratados curtos sobre confissão simplificavam os manuais mais longos, oferecendo uma visão mais abrangente da magia e da religião. Magia era importante o suficiente para merecer a menção em muitos tratados sobre confissão curtos, e a mensagem era clara: envolvia tráficos com os demônios e mostrar a eles uma veneração religiosa imprópria. Os autores desses trabalhos estavam muito menos interessados em como a magia poderia se misturar com a prática da religião legítima, exceto possivelmente para apontar (como John de Freiburg mencionou no *Confessionale*) que ela poderia envolver o mau uso de sacramentos. Eles também se concentraram em práticas, particularmente aquelas que acreditavam serem comuns, como presságios, adivinhações e encantamentos de cura, em vez de crenças. Esses eram os pontos mais claros da visão da Igreja medieval sobre a magia, e os que a maioria dos penitentes teria retirado da confissão.

---

287. "*Si demoni uel creature diuinum cultum exhibuit sacrificando uel sortilegia faciendo, seu prestigiatores aut sortilegos consulendos, quod est transgredi primum mandatum.*" Worcester Cathedral Library ms q.61, f. 1v.

288. John Bossy, "Moral Arithmetic: Seven Sins into Ten Commandments", em *Conscience and Casuistry in Early Modern Europe*, ed. E. Leites (Cambridge, 1988), p. 230.

Pregando contra a magia

A pregação deu espaço aos padres para entrar um pouco mais em detalhes sobre magia do que quando era mencionada na maioria das confissões. Sermões sobre os Dez Mandamentos ofereciam uma oportunidade de citar a magia, assim como as listas de pecados contra os Dez Mandamentos faziam manuais sobre confissão. Então, em 1281, quando John Pecham, arquebispo de Canterbury, listou os tópicos que os padres deveriam pregar para seus paroquianos, ele incluiu a magia dentro do Primeiro Mandamento: "Implicitamente ele proíbe todo tipo de feitiçaria, encantamentos e usos supersticiosos de cartas escritas ou outros tipos de imagem".[289] O esquema de Pecham influenciou a legislação posterior sobre pregação, e foi relançado e traduzido para o inglês em 1357, sob as ordens de John Thoresby, arquebispo de York, incluindo os comentários sobre magia.[290] Mantendo essas instruções, alguns pregadores de fato mencionaram a magia quando discutiam o Primeiro Mandamento. Um sermão latino anônimo do século XV ecoava as regras de Pecham, notando que o Primeiro Mandamento proibia "todas as idolatrias e encantamentos, e todas as feitiçarias".[291] Robert Rypon, um monge do prior da Catedral de Durham, no fim do século XIV e começo do século XV, também discutia a magia extensivamente em um sermão sobre o Primeiro Mandamento, como veremos.

Magia era algo, às vezes, mencionado em sermões em vários dias de festa do ano. O mais importante entre eles era a Festa da Circuncisão de Cristo, dia 1º de janeiro, uma data que estava associada a previsões e à busca da boa fortuna para o ano a seguir. Por volta de 1400, John Mirk, em uma coleção de sermões chamada o *Festial*, que circulava amplamente na Inglaterra do século XV, fazia referência aos costumes do Ano-Novo da época pagã, "que não seja dito entre os homens cristãos, para que não sejam levados ao uso". Como podemos ver, muitos autores pastorais afirmavam que pegar *hounsels* ou presentes de Ano-Novo que traziam sorte no próximo ano era uma prática recorrente

---

289. Powicke e Cheney, *Councils and Synods*, p. 902; trad. Shinners e Dohar, *Pastors*, p. 129.

290. *The Lay Folks' Catechism*, ed. T. F. Simmons e H. E. Nolloth, Early English Texts Society, ser. original 118 (London, 1901), p. 34-5.

291. "*in quo prohibentur omnes ydolatrie et incantaciones ac omnia sortilegia*". cul ms ii.iii.8, f. 45v. Veja nesse manuscrito Wenzel, *Latin Sermon Collections*, p. 175-81.

na Inglaterra medieval.[292] Outros pregadores foram além e disseram que as pessoas praticavam a adivinhação no Dia de Ano-Novo: um sermão anônimo do Ano-Novo, em um manuscrito do século XIV, proibia "todos os sacrilégios e adivinhaçõess nas quais os falsos cristãos estão acostumados a prestar atenção, buscando experiências de coisas futuras com operações diversas".[293] Outro dia de festa também estava particularmente associado à magia: Dia de São João, o Batista (24 de junho), provavelmente porque foi vinculada a um número de práticas não ortodoxas para trazer sorte e reprimir as influências ruins, e esse provavelmente era o caso na Inglaterra medieval também: no sermão do Dia de São João, o padre do século XIII, Odo de Cheriton, reclamou que "nesta noite os filhos do diabo estão acostumados a fazer magia nociva e feitiçaria".[294]

Fora desses dias de festa, a magia poderia ser mencionada de forma menos frequente. *Exempla* discutia muitos tipos diferentes de magia, desde presságios a crenças nos seres sobrenaturais até magia ritual feita por feiticeiros instruídos, e poderiam ser incluídos em sermões em diversos dias. Magia também aparecia em histórias contadas sobre alguns santos, especialmente santos cristãos antigos que viveram nos dias em que o Império Romano ainda era pagão. Esses santos mais antigos enfrentavam feiticeiros pagãos e superavam suas magias com milagres. Por exemplo, John Mirk incluiu em um sermão sobre São Tiago, o apóstolo, a história de como o santo foi atacado por demônios invocados pelo feiticeiro pagão Ermogines. Mas anjos vieram resgatar Tiago e dominar os demônios, fazendo com que Ermogines renunciasse à magia e se convertesse ao Cristianismo. A história dos santos Cipriano e Justina tinha uma lição semelhante: contava como a fé de Justina superou a magia do feiticeiro pagão, Cipriano, levando-o a se converter.[295]

Portanto, pregadores tinham a oportunidade de incluir a magia em seus sermões, mas não eram muitos que dedicavam atenção a isso. Não era obrigatório mencionar magia no Dia de Ano-Novo ou Dia de

---

292. *John Mirk's Festial*, ed. Susan Powell, Early English Texts Society, ser. original 334 (Oxford, 2009), vol. I, p. 44; ver também capítulo 1, nota 52.

293. *"omnia sacrilegia et diuinaciones quibus falsi christiani solent intendere, querentes in diuersis operacionibus experimenta futurorum"*. obl ms Bodley 440, f. 5r.

294. *"In hac nocte solent filie diaboli exercere maleficia et sortilegia."* Odo de Cheriton, *Sermones de Sanctis*, cul ms kk.i.11, f. 114v. Sobre Solstício de Verão, ver Stephen Wilson, *The Magical Universe: Everyday Ritual and Magic in Pre-Modern Europe* (London e New York, 2000), p. 40-42.

295. *Mirk's Festial*, part i, ed. T. Erbe, Early English Texts Society, ser. extra, 96 (London, 1905), p. 208-10. Para Cyprian, ver capítulo 4, nota 222.

São João, e muitos sermões para esses dias não citavam. Até sermões sobre os Dez Mandamentos não precisavam mencionar a magia porque era possível interpretar o Primeiro Mandamento de outras formas. Por exemplo, Thomas Brinton, um bispo de Rochester do século XIV, interpretou "ter outros deuses diante de mim", como uma crítica a todos que amavam seus pecados mais do que a Deus, e ele não aplicava isso a magia ou qualquer outro pecado.[296] Mesmo quando pregadores de fato mencionavam a magia, suas referências nem sempre eram muito detalhadas, e alguns dos autores citados anteriormente limitavam seus comentários a críticas como "sacrilégios e adivinhações" ou "magia nociva e feitiçaria".

Na verdade, além de *exempla* e histórias sobre os santos, encontrei três sermões sobreviventes da Inglaterra medieval que falavam sobre magia a fundo, e dois desses foram escritos pelo mesmo autor, Odo de Cheriton. Odo era padre e pequeno proprietário de terra de Kent, que havia estudado teologia em Paris antes de retornar à Inglaterra. Na década de 1220, ele escreveu diversas coleções de sermões que foram copiados por escritores posteriores, e mais tarde considerados úteis o suficiente para serem traduzidos para o inglês.[297] Assim como seu sermão sobre o Dia de São João, Odo discutiu magia em um sermão para o Dia da Ascensão. Seu ponto de partida era a afirmação feita por Jesus pouco depois que ascendeu ao Paraíso, que não era para a humanidade saber quando ele voltaria para restabelecer o reino de Israel (Atos 1:6-7). Odo interpretou isso como um aviso contra a tentativa de prever o futuro e foi em frente na condenação da adivinhação.[298] O terceiro sermão é de Robert Rypon sobre o Primeiro Mandamento. Já vimos algumas das coisas que Rypon fala sobre magia, como os detalhes que ele deu sobre cura mágica, presságios e seres voadores misteriosos chamados de *phitonissae*. Para algumas dessas informações, Rypon baseou-se fortemente em um tratado do século XIV, *Summa for Preachers,* do frade Bromyard de Hereford, mas ele também adicionou alguns detalhes próprios sobre magia. Esses três sermões provavelmente não eram pregados na forma como agora o temos. Todos os três estão em latim, e o único manuscrito sobrevivente do sermão de Rypon é

---

296. Mary Aquinas Devlin, ed., *The Sermons of Thomas Brinton, Bishop of Rochester (1373-1389)* (London, 1954), vol. I, p. 190.

297. H. Leith Spencer, *English Preaching in the Later Middle Ages* (Oxford, 1993), p. 319; Albert C. Friend, "Master Odo of Cheriton", *Speculum*, 23 (1948), p. 641-58.

298. Odo de Cheriton, *Sermones in Epistolas*, sermão para o Dia da Ascensão, Lincoln Cathedral Library ms 11, ff. 100v-101r.

grande e em boa qualidade, com iniciais destacadas e folha de ouro, o que sugere que não foi carregado por pregadores.[299] No entanto, esses sermões mostram para nós como dois homens do clero inglês da Idade Média, escrevendo em momentos diferentes, em diversas partes do país, adotavam a tarefa de pregar sobre magia.

Pecham, principalmente, havia enfatizado vários esquemas de doutrina: os Catorze Artigos da Fé, os sete pecados capitais, os Dez Mandamentos e assim por diante.[300] A pregação dessas doutrinas podia se referir à magia, mas apenas como parte de um esquema maior. No entanto, ao juntar as passagens de referência, histórias e o sermão longo ocasional sobre magia, podemos construir a imagem de como a magia era representada na pregação – tanto por pregadores que estavam particularmente interessados como por aqueles que não estavam.

Primeiramente, muitos dos sermões que mencionavam magia não eram principalmente *sobre* magia. Odo de Cheriton e Robert Rypon devotaram partes substanciais de seus sermões ao tema, mas eles eram incomuns. Em vez disso, a maior parte dos pregadores mencionava a magia como parte das histórias e *exempla* em sermões que eram direcionados principalmente a outros temas. Essas histórias transmitiam várias mensagens sobre magia ao seu público, mas eles o faziam incidentalmente. Então, histórias sobre santos como Tiago, que confrontavam feiticeiros pagãos, enfatizavam que a magia poderia parecer um milagre, mas na verdade era fundamentalmente diferente porque dependia de demônios em vez de Deus. Por esse motivo, era sempre inferior a um verdadeiro milagre, e um feiticeiro jamais poderia vencer um santo. Essas histórias dramáticas ilustravam o poder de Deus e o triunfo do Cristianismo sobre o Paganismo. No entanto, eles podem não ter sido especialmente bem-sucedidos na perseguição de seu público para evitar práticas mágicas. Eles estavam em um passado distante e apresentavam a magia como algo que estava há tempos removido da Inglaterra medieval, e não lidaram com práticas que o clero inglês medieval posterior afirmou ser recorrentes em seu próprio tempo, como a adivinhação e a cura. Isso significava que eles não refletiam a preocupação expressada por muitos escritores pastorais que a magia poderia se misturar perigosamente com práticas religiosas aceitas. Um pequeno

---

299. Para visões divergentes, ver Wenzel, *Latin Sermon Collections*, p. 68, e Margaret Harvey, *Lay Religious Life in Late Medieval Durham* (Woodbridge, 2006), p. 129.

300. Powicke e Cheney, *Councils and Synods*, p. 900-1; Shinners e Dohar, *Pastors*, p. 127-32.

perigo, o público pode achar, quando a magia era a preservação de feiticeiros pagãos mortos há muito tempo.

Exempla sobre magia contavam ao público mais sobre as práticas contemporâneas. Novamente, poucos eram contados puramente para ilustrar os perigos da magia, como as histórias em que o feiticeiro que invoca demônios encontra-se com um destino terrível (Odo de Cheriton contou uma dessas), ou em que as pessoas cometem erros terríveis após acreditar em sonhos ou presságios (Robert Rypon contou muitas desse tipo).[301] Mas, em outros casos, a magia era novamente incidental, informação de fundo. Então, como já vimos, histórias de magia ritual poderiam ser usadas para mostrar a importância de venerar a hóstia ou a pecaminosidade da luxúria. *Exempla* sobre formas mais populares de magia poderiam trabalhar de maneira parecida. Por exemplo, diversas histórias amplamente copiadas contavam sobre pessoas (geralmente mulheres) que não engoliam a eucaristia quando recebiam a comunhão, em vez disso a levavam para casa a fim de usá-la em uma variedade de propósitos mágicos dúbios, incluindo magia do amor e aumento da fertilidade das plantações ou animais. Nessas histórias, o pão consagrado sempre se revelava, eventualmente, ser o Corpo de Cristo. Se as pessoas escondiam isso em si próprias, transformava-se em uma massa de carne sangrenta; e se a pessoa colocasse dentro de uma colmeia para aumentar a produção de mel, as abelhas construíam uma miniatura de relicário de favo de mel ao redor.[302] Essas histórias, é claro, advertiam seus ouvintes contra o mau uso da hóstia para propósitos mágicos, mas seu objetivo principal era enfatizar que o pão consagrado realmente era o Corpo de Cristo, como a Igreja medieval posterior ensinou. Por esse motivo, uma coleção de *exempla* do século XIV, copiada na Inglaterra, incluía uma história desse tipo sob o título "Sobre o Poder da Eucaristia", em vez de um título que se referia à magia.[303]

Histórias sobre magia poderiam também ser usadas para enfatizar outras lições morais. Por exemplo, um *exemplum* do início do século XIV, que falou de uma mulher que estava enfeitiçada para odiar seu marido, mas foi curada ao fazer uma confissão completa de seus pecados, mostrava como a confissão poderia livrar as pessoas da influência

---

301. Ver capítulo 5, nota 266, e capítulo 2, nota 97.

302. Miri Rubin, *Corpus Christi: the Eucharist in Late Medieval Culture* (Cambridge, 1991), p. 341.

303. bl ms Burney 361, f. 149r. Veja nesse manuscrito Annette Kehnel, "The Narrative Tradition of the Medieval Franciscan Friars on the British Isles: Introduction the Sources", *Franciscan Studies*, 63 (2005), p. 501-2.

do Diabo. É claro para o colecionador que copiou a história que o principal objetivo era a confissão em vez da magia, porque ele a colocou entre duas histórias não mágicas que também ilustravam o poder da confissão para quebrar o controle do Diabo sobre alguma pessoa.[304] A popularidade de histórias como esta provavelmente nos conta mais sobre as dúvidas que o povo medieval poderia ter sobre a transubstanciação ou confissão do que sobre práticas mágicas na Inglaterra medieval. No entanto, eles ainda descreviam certas práticas que afirmavam ser recorrentes e assumiam que algumas pessoas acreditavam nelas. Por exemplo, eles consideraram que a magia ritual funcionava ou que a magia poderia causar ódio entre um casal.

Se a magia era ou não o ponto principal dessa história, essas *exempla*, porém, retrataram a magia de formas específicas, projetadas para influenciar como o público as via. Em certos aspectos, a abordagem deles era parecida com a usada pelos manuais curtos sobre confissões. Novamente, eles não entraram em discussão teológica detalhada sobre o que a magia era. Não definiram exatamente por que algumas práticas poderiam ser classificadas como magia, ou explorar as formas como a magia podia se misturar com a religião legítima. Apenas os sermões longos e raros, como os que Rypon fez. Rypon incluiu, por exemplo, parágrafos tirados de John Bromyard em que ele explica por que feiticeiros ritualísticos não poderiam controlar demônios como os santos poderiam, e por que as pessoas não deveriam tentar interpretar sonhos da forma como figuras bíblicas, como José, fizeram.[305] Mas a maior parte dos sermões e *exempla* tomava a magia como algo dado, descreviam-na e mostravam o que havia de errado com ela.

Em outros aspectos, no entanto, sermões e *exempla* apresentavam a magia de forma bem diferente dos manuais curtos sobre confissão. Eles descreviam um leque muito maior de práticas mágicas. Isso incluía algumas (como magia do amor e magia ritual), que apareceram relativamente pouco em manuais de confissão, especialmente os curtos. *Exempla* eram também mais dispostos a discutir crenças não ortodoxas, assim como as práticas. Então, como já vimos, eles falaram das *bonae res*, mulheres misteriosas voadoras que acreditavam entrar nas casas durante a noite e levar prosperidade aos donos. Crenças sobre seres sobrenaturais também apareciam em sermões fora dos *exempla*: Robert Rypon descreveu como seres chamados *phitonissae* poderiam voar para Bordeaux, beber vinho e voltar para casa. Como os *exempla* sobre as

---

304. Ver capítulo 4, nota 196.
305. Robert Rypon, *Sermons*, bl ms Harley 4894, ff. 33r-v, 34v.

bonae res, Rypon enfatizou que as pessoas que acreditavam voar estavam dormindo, citando um velho trecho da lei canônica que estabelecia que experiências de voo eram, na verdade, ilusões demoníacas, uma mensagem que não era apresentada pelos manuais curtos sobre confissão.[306]

Exempla e sermões também comunicavam outros pontos importantes que os manuais sobre confissão enfatizavam com mais força: magia era perigosa, tanto para o corpo como para a alma. Como Odo de Cheriton coloca:

> Em relação a adivinhos, augúrios, necromantes e feiticeiros, raramente acontece de eles terminarem suas vidas com um bom final porque são capturados vivos por demônios, ou sufocados por uma morte repentina, ou morrem obstinados em sua malícia.[307]

Exempla eram capazes de ilustrar os perigos da magia especialmente com eficácia ao descrever as pessoas que colocam sua fé em presságios e sonhos e morrem inesperadamente como resultado, ou aqueles que invocam demônios e acabam sendo carregados para o inferno. Uma das mais dramáticas entre essas histórias sobre praticantes de magia que tiveram destinos terríveis era a da Bruxa de Berkeley. Tem sua origem na *History of the English Kings*, de um monge do século XII, William de Malmesbury, e foi incorporada como ajuda de pregações, incluindo o manual sobre pregação do começo do século XII, o *Fasciculus Morum*.[308] Nessa lenda, uma mulher tinha uma vida devota à magia, mas em seu leito de morte ela se arrependeu e pediu que seu filho e filha (um padre e uma freira) rezassem por ela e tomassem as medidas necessárias para impedir que o Diabo possuísse seu corpo. Seu corpo foi devidamente colocado em um caixão de pedra, trancado com três correntes de ferro, e clérigos rezaram ao redor por três noites antes do enterro. Mas apesar dessas precauções, na terceira noite, demônios invadiram a igreja, quebraram as correntes, abriram o caixão e levaram seu corpo para o inferno. Nenhum aviso simples contra a magia

---

306. Ibid., bl ms Harley 4894, f. 34v. Para *phitonissae,* ver capítulo 3, nota 149.

307. "*De diuinatoribus, auguriis et nigromanciis et de mulieribus sortiariis raro inueniuntur quod bono fine uitam suam concludant, quoniam aut uiui a demonibus rapiuntur, aut subitanea morte suffocantur, aut obstinati in malicia moriuntur.*" Odo de Cheriton, *Sermones de Sanctis*, ff. 114v-116r (f. 115 é uma interpolação com outro tópico).

308. Siegfried Wenzel, ed. e trad., *Fasciculus Morum: a Fourteenth-Century Preacher's Manual* (University Park, PA, 1989), p. 583-5.

na confissão ou no sermão poderia evitar o destino cruel que aguardava praticantes mágicos tão graficamente quanto uma história como essa.

Portanto, sermões e *exempla* descreviam um leque amplo de práticas e crenças mágicas, do mundano ao exótico e do real ao ilusório, mas eles apenas discutiam raramente em detalhes o relacionamento entre magia e religião. Até certo ponto, eles reforçavam as mensagens que os clérigos ingleses da Idade Média queriam vincular à confissão, ao discutir algumas das mesmas práticas comuns, como presságios e deixando claro que a magia era errada. No entanto, eles também apresentavam a magia de formas distintas, dando mais espaço do que os manuais sobre confissão (especialmente os manuais curtos) para práticas e crenças que eram dramáticas, mas talvez mais incomuns: magia do amor, crenças sobre mulheres que voavam à noite e magia ritual. Esses tópicos emprestavam a si mesmos para histórias coloridas, que ilustravam um conjunto de argumentos morais – às vezes sobre magia, mas bastante sobre outros assuntos.

Pregando sobre praticantes mágicos

Existe mais uma diferença importante entre como a magia é retratada em sermões, e especialmente em *exempla*, por um lado, e como aparece em tratados sobre confissão, do outro. Sermões e *exempla* muitas vezes descreviam as pessoas que praticavam magia. Não eram completamente únicos nisso. Como já vimos, manuais sobre pregação e confissão às vezes descreviam praticantes mágicos e, de vez em quando, evidenciavam mulheres, campesinos e, para magia ritual, acadêmicos. No entanto, sermões e *exempla* especial descreviam praticantes mágicos em mais detalhes, indo além desses comentários gerais para dizer quem essas pessoas eram e por que buscaram a magia. Alguns desses detalhes eram importantes porque *exempla* eram histórias, e a maior parte das histórias sobre magia precisava de alguma descrição de quem estava fazendo magia e por quê. Mas, além disso, as descrições dos praticantes mágicos serviam a um propósito maior. Elas eram uma forma de persuadir as pessoas a não fazerem magia. Além da magia ritual, que era um pouco esotérica, os autores de sermões e *exempla* associavam a magia a grupos de baixo *status* – mulheres, velhos, pobres e estúpidos – para persuadir seus públicos a rejeitarem-nos.

Referências a pessoas que eram propensas a fazer magia eram mais proeminentes em um tipo específico de sermão, o sermão *ad status*.

Esses sermões eram direcionados aos grupos sociais individuais, como as mulheres, o clero ou os cavaleiros. Esse tipo de sermão não era particularmente comum – a maioria do público provavelmente estava misturada, então a maior parte dos sermões tinha de refletir isso – mas algumas coleções circularam amplamente, destacadamente aquelas dos frades do século XIII, Guibert de Tournai e Humbert de Romanos.[309] Como alguns manuais sobre confissão, esses sermões destacavam as mulheres, em especial as pobres, e acadêmicos, como as pessoas que estavam especialmente inclinadas a usar magia, mas eles davam mais detalhes. Então, como Humbert de Romanos explicou em seu sermão para mulheres do vilarejo:

> Mulheres desse tipo geralmente são bastante inclinadas à magia, tanto por elas mesmas ou por várias situações, ou por seus filhos quando estão doentes ou para os animais, para que sejam protegidos dos lobos, e coisas similares.[310]

Mais tarde, em um sermão para acadêmicos, Humbert menciona que "necromancia" era uma das muitas ramificações de estudo que era proibida porque levava os estudiosos ao pecado; proibido também era o estudo de *The Art of Love*, de Ovídio, e outras invenções poéticas que incitavam a luxúria.[311] Guibert de Tournai também evidenciou os acadêmicos como praticantes da magia estudada:

> Acadêmicos depositavam sua fé em coisas incríveis que eles deveriam rejeitar imediatamente como inacreditáveis, por exemplo, [a ideia] que as constelações influenciam nossas decisões, [ou] que certos caracteres ou tal e qual invocação ou contemplação de um diagrama possui tal e qual resultado.[312]

---

309. D. L. d'Avray, *The Preaching of the Friars: Sermons Diffused from Paris before 1300* (Oxford, 1985), p. 127.

310. "*huiusmodi mulieres solent esse multum pronae ad sortilegia vel pro se, vel pro aliquibus casibus, vel pro filiis cum infirmantur, vel pro animalibus suis ut a lupis custodiantur, et similibus.*" Humbert of Romans, *De Eruditione Praedicatorum*, em *Maxima Bibliotheca Veterum Patrum*, ed. M. de la Bigne (Lyons, 1677), vol. XXV, p. 505.

311. Ibid., p. 487.

312. "*Scolares incredibilibus fidem adhibent que statim sicut imponibilia abiicere debuerant, ut quod constellationes argumento nostro inferant, quod talis effectus sit circa tales caracteres vel ad talem inuocationem vel figure aspectionem.*" Guibert of Tournai, *Sermones ad Omnes Status* (Lyons 1511), f. 70r.

As referências a constelações, invocações, caracteres e contemplação de diagramas sugerem que Guibert estava pensando em magia por imagens astrológicas, e talvez também na magia ritual ou o *Ars Notoria* (que exigia que o operador meditasse diante de uma série de diagramas). Para Humbert e Guibert, esses grupos eram levados à magia pelas circunstâncias de suas vidas. Acadêmicos praticavam magia porque tinham a oportunidade de estudar textos mágicos que os desvirtuavam, enquanto mulheres campesinas o faziam em resposta aos problemas que enfrentavam, como crianças doentes e animais em perigo diante de lobos. *Exempla* destacavam os mesmos grupos de pessoas e novamente os descreviam usando magia por razões que refletiam as circunstâncias de suas vidas, suas necessidades e ansiedades. Acadêmicos faziam rituais por curiosidade sobre o futuro e um desejo de ver demônios ou seduzir mulheres. Por outro lado, eram as mulheres que praticavam magia conectada ao amor e à fertilidade: para conseguir bons maridos, fazer o casamento mais feliz ou conceber uma criança. Por exemplo, no começo do século XIII, o pregador Jacques de Vitry contou a história que ridicularizava a reivindicação de mulheres velhas para praticar magia do amor. Nessa história, uma mulher velha se ofereceu para conseguir, por meio da magia, maridos bons e ricos para um grupo de mulheres jovens – até que uma das jovens mulheres apontou que sua magia poderia não ser tão boa, já que seu próprio marido era pobre.[313] Tanto a praticante como suas possíveis clientes eram mulheres; histórias equivalentes com homens procurando boas esposas parecem não existir.

Sermões e *exempla* não diziam que a magia era feita apenas por esses grupos, mas eles representavam acadêmicos e mulheres, especialmente mulheres pobres e velhas na maior parte das vezes. No caso de acadêmicos fazendo magia ritual, isso pode muito bem ter correspondido às experiências dos próprios pregadores. Acadêmicos e clérigos eram os grupos que faziam magia ritual porque eram mais propensos a terem a educação necessária. Pregadores provavelmente eram bem cientes disso: muitos autores de sermões e *exempla*, especialmente os frades, frequentaram a universidade e poderiam muito bem ter conhecimento de pessoas usando textos mágicos lá. No retrato das mulheres velhas, no entanto, os *exempla* podem refletir estereótipos mais do que a realidade. O estereótipo da mulher velha supersticiosa era amplamente usado nos escritos religiosos medievais, nos quais os

---

313. T. F. Crane, ed., *The Exempla or Illustrative Stories from the Sermons Vulgares of Jacques de Vitry* (London, 1890), p. 112.

autores usavam a imagem da "pequena velha senhora" para representar tanto uma fé simples como uma superstição crédula.[314] Por contraste, evidências sobreviventes para muitas práticas mágicas indicam que elas eram usadas não apenas por pequenas velhas senhoras, mas por muitos grupos sociais diferentes.[315]

Tambem havia outra tensão na forma como os *exempla* retratavam as mulheres praticantes de magia, em particular. Muitas vezes argumentavam que as crenças mágicas de uma mulher eram desilusões, e as mulheres que acreditavam eram simplesmente estúpidas e erradas. Essa ideia pode ser encontrada em outros tratados sobre confissão e pregação e na lei canônica, por exemplo, quando o clero instruído discutia crenças sobre mulheres que voavam durante a noite com estranhos seres sobrenaturais. No entanto, é especialmente proeminente nos *exempla*, e seus autores aplicaram esse raciocínio em muitos tipos diferentes de magia. Algumas histórias contavam como crentes na magia cometiam alguns erros e enganavam a si mesmos: por exemplo, na história da mulher que acreditava que o canto de um pega-rabilonga poderia dizer o quanto ela teria ainda para viver e, como resultado, quem acabou morrendo sem receber os últimos sacramentos.[316] Em outros casos, elas retrataram praticantes fraudulentos que tentaram enganar outras pessoas, como na história de Jacques de Vitry, em que a mulher velha oferece encontrar maridos ricos para outras mulheres por meio da magia do amor. Para pregadores, isso era uma forma útil de persuasão do público para evitar magia. Quem, eles questionavam, seria estúpido o suficiente para acreditar em fraudes tão óbvias? Como Robert Rypon coloca:

> pois algumas pessoas (tanto homens como mulheres) são tão estúpidas que acreditam em trivialidades do tipo mais do que nas Escrituras ou nas palavras dos santos, e [acreditam] em uma mulher velha mais do que o melhor doutor em teologia.[317]

---

314. Jole Agrimi e Chiara Crisciani, "Savoir Médical et Anthropologie Religieuse: les Représentations et les Fonctions de la Vetula (XIIIE-XVE siècle)", *Annales*, 48 (1993), p. 1289-95.

315. Richard Kieckhefer, *Magic in the Middle Ages* (Cambridge, 1989), p. 56-7.

316. Ver capítulo 1, nota 43.

317. "*nam quidam tam fatui, quam viri quam mulieres, plus credunt talibus truffis quam scripturis vel sanctorum dictis, plus vetule quam doctori optimo theologie*". Robert Rypon, *Sermons*, ff. 34v-35r.

Aqui, Rypon estava citando um escritor antigo e pregador, John Bromyard, que havia dito algo semelhante.[318] Ao fazer isso, os dois homens davam uma grande ênfase à educação e à autoridade religiosa do clero, e contrastavam com a estupidez da mulher velha e as pessoas que acreditavam nela.

Os *exempla* não descartavam todos os tipos de magia como ineficazes. Como já vimos, eles muitas vezes afirmavam que a magia ritual poderia de fato funcionar, mesmo que nem sempre funcionasse da forma como o feiticeiro esperava. No entanto, enfatizavam o lado fraudulento e ineficaz da magia com mais força do que outros manuais sobre pregação e confissão – especialmente quando a magia era praticada por mulheres não instruídas. Essa visão da magia, como fraude ou desilusão oferecida por pregadores em uma forma divertida de desmistificar as afirmações dos adivinhos, também pode ter ressoado no público dos sermões porque existem alguns casos de tribunal em que adivinhos eram acusados de fraude. Por exemplo, um praticante de magia que prometeu identificar um ladrão, mas falhou em conseguir, foi levado diante do tribunal em Londres, em 1375, quando seu cliente o processou por quebra de promessa.[319] É difícil saber o quanto a maioria dos praticantes de magia realmente acredita em seus próprios poderes, mas casos como esse mostram que as pessoas estavam cientes da possibilidade de alguns poderem ser fraudes, e os *exempla* apostavam nisso.

Portanto, ridicularizar era um meio poderoso de persuadir as pessoas a não se engajarem em práticas mágicas. Unia-se ao argumento mais tradicional de que toda a magia era errada porque envolvia tráfico com demônios e, provavelmente, era muito útil contra praticantes mágicos cujas atividades não eram obviamente demoníacas, ou que adaptaram rituais e orações cristãs. Isso permitia que o clero instruído afirmasse que apenas ele poderia ser confiado para oferecer religião legítima e depreciar aqueles menos instruídos que agiam de forma não oficial.

Então, enquanto manuais curtos sobre confissão ofereciam uma mensagem simplificada que focava em demônios e em algumas práticas mágicas, sermões e *exempla* davam ao público uma visão mais variada da magia. Magia podia ser uma fraude humana consciente, uma crença enganada, uma ilusão inspirada por demônios ou uma tentativa real e perigosa de invocá-los. Pode até ter mais de uma dessas coisas

---

318. John Bromyard, *Summa Praedicantium*, "Sortilegium" 8, f. 358r.
319. A. H. Thomas, ed., *Calendar of Plea and Memoranda Rolls of the City of London, 1364-1381* (Cambridge, 1929), p. 188.

simultaneamente. Em cada caso, as pessoas que a ofereciam não eram confiáveis. Acadêmicos que praticavam magia ritual estavam claramente traficando com demônios, e os riscos que corriam era descritos graficamente. Enquanto isso, praticantes menos instruídos eram expostos como fraudes ou tolos.

Assim, o clero instruído da Inglaterra medieval tentava persuadir seu público – clérigos e também leigos – a não praticar magia. Não está claro quão bem-sucedido foi. O público provavelmente ouvia sobre magia de tempos em tempos, em momentos desconexos: como parte de um *exemplum*, em uma história sobre um santo ou um dos muitos meios de ir contra o Primeiro Mandamento. Na confissão, também, as pessoas podiam não ouvir de forma rotineira ou em grandes detalhes. No entanto, os trechos dessas fontes comunicam o resumo das visões eclesiásticas: magia era demoníaca, era errada e (em sermões e *exempla*) muitas vezes praticada por pessoas despreparadas e tolas, ou por acadêmicos que deveriam saber melhor antes de se arriscarem com demônios. Com a repetição, essa mensagem teria alcançado ao menos algumas pessoas da Inglaterra medieval. Além disso, apesar de existirem variações entre escritores e pregadores individuais, a mensagem geral não parece ter mudado substancialmente com o tempo. Pregadores individuais em todos os lugares da Europa, no século XV, tais como Bernardino de Siena, levantaram campanhas contra magia, mas existem poucas evidências do entusiasmo reformista dos sermões e *exempla* ingleses.

A Igreja, portanto, realmente usou as oportunidades que possuía para espalhar suas mensagens sobre magia, mas seus ensinamentos eram esporádicos e é provável que isso tenha limitado sua eficácia. O capítulo final deste livro irá examinar o que aconteceu quando homens reformistas do clero foram para além da persuasão e buscaram prevenir ativamente, punindo leigos e clérigos que se interessassem por magia.

Capítulo 7
Ação Contra a Magia

Na maior parte do tempo, homens do clero inglês medieval que ocupavam posição superior pareciam estar contentes apenas por falar aos leigos e a outros clérigos para não praticarem magia. Eles perguntavam sobre isso em confissões e, às vezes, contavam histórias em sermões que advertiam contra, mas geralmente deixavam a questão lá. Eles tinham muitas outras preocupações além da magia, como tempo e recursos limitados para persuadir as pessoas sobre suas visões, e eles talvez não tivessem levado todas as formas de magia a sério, especialmente quanto mais bizarra era, parecia que mais esgarçada ficava a credibilidade. Como já vimos, eles às vezes expressavam dúvidas sobre a realidade da magia que permitia às mulheres voarem durante a noite ou transformarem pessoas em animais, argumentando que essas coisas eram impossíveis ou, ao menos, pouquíssimo prováveis. Mas houve tempos em que o clérigo instruído de fato levou a magia mais a sério que isso e tentou-se suprimir e punir as pessoas que eram pegas praticando-a. O papel da Igreja na ação contra magia foi crucial porque existe pouca evidência de que as autoridades seculares estavam interessadas nisso, exceto quando foi usada contra o rei. Na maior parte do tempo, a magia era vista como uma ofensa moral, e então foi deixada para a Igreja.

Aqui, a Inglaterra faz parte de uma história muito maior da ação contra magia pela Igreja medieval. Muitas das medidas que os clérigos ingleses tomavam – pregação contra magia, perguntar durante a confissão e processar casos no tribunal da Igreja – foram levadas pelo clero ao redor da Europa. Em muitos casos, esses clérigos estavam lendo os mesmos livros de lei canônica, sermões e manuais pastorais que seus compatriotas ingleses. No entanto, contra esse embasamento geral, mudanças importantes estavam acontecendo em alguns círculos e em algumas partes da Europa, nos séculos XIV e XV, o que fez a magia ser levada mais a sério e punida mais severamente. Em universidades do século XIII em diante, teólogos estavam começando a depositar uma ênfase cada vez maior no papel do Diabo para fazer a magia funcionar.[320] Alguns deles também estavam começando a ver a magia como uma forma de heresia: não apenas uma atividade pecaminosa, mas também uma rejeição de Deus e da Igreja a favor das crenças religiosas erradas. Esses teólogos argumentavam que a magia apelava ao Diabo em vez de a Deus e, portanto, praticantes de magia estavam reverenciando ele – apenas um pequeno passo distante da adoração do Diabo. O ponto transformador aconteceu no começo do século XIV, quando o papa João XXII (1316-1334) foi especialmente instrumental ao classificar algumas formas de magia que envolviam o mau uso de sacramentos (porque o mau uso da hóstia ou outros objetos sagrados poderia ser visto como uma rejeição ou aceitação da Igreja). Isso também tinha implicações importantes para as formas como esses tipos de magia poderiam ser julgados. Ao classificá-las como heresia, João XXII levou-as para a jurisdição da Inquisição, o que havia sido instituído no século XIII para investigar hereges.

Inicialmente isso não teve muita eficácia, e a Inquisição continuou a focar nos hereges, e não em feiticeiros.[321] No entanto, um século depois, a Europa ocidental estava sentindo os efeitos de uma cisma no papado, com dois e então três papas rivais, de 1378 até 1417. Os reformistas da Igreja convenceram-se de que, não apenas a Igreja, mas também a Cristandade toda, precisava ser purificada e reformada, e para alguns a magia fazia parte desse programa. Então, diversos teólogos escreveram tratados contra "superstição" como parte de um esforço para melhorar o cuidado pastoral e a observância religiosa. Essa era a novidade: anteriormente, homens do clero haviam escrito sobre magia e superstição dentro de manuais pastorais amplos, em vez de destacar

---

320. Sobre esses desenvolvimentos, veja Michael Bailey, "From Sorcery to Witchcraft: Clerical Conceptions of Magic in the Later Middle Ages", *Speculum*, 76 (2001), p. 960-90; Alain Boureau, *Satan Hérétique: Naissance de la Démonologie dans l'Occident Médiéval* (Paris, 2004).

321. Jean-Patrice Boudet, *Entre science et nigromance: astrologie, divination et magie en l'Occident médiéval* (Paris, 2006), p. 454-5.

como um problema especial.[322] Pregadores reformistas também denunciaram praticantes de magia em termos violentos, com outros grupos que acreditavam estar poluindo a Cristandade, como os hereges, judeus e homossexuais. Esses novos medos não substituíram completamente visões mais antigas e não eram compartilhados por todos, mas nas mãos de um pregador carismático, como o frade franciscano italiano Bernardino de Siena, às vezes iam para julgamentos e execuções.[323] Fora dos círculos reformistas também havia uma crescente preocupação sobre o uso de magia nas cortes reais e aristocráticas, particularmente na França, onde a doença mental de longa data do rei Carlos VI levou a acusações de que ele estaria enfeitiçado, e tentativas mágicas foram feitas para tentar curá-lo.[324]

Juntas, essas mudanças contribuíram para a criação de um novo crime que os historiadores com frequência chamam de "bruxaria" para distinguir das outras formas de magia.[325] "Bruxaria" juntava magia, adoração ao Diabo e heresia em um poderoso coquetel. Acreditava-se que as bruxas não faziam apenas magia nociva, mas também haviam renunciado Deus a favor do Diabo. Diziam que praticavam uma série de crimes terríveis, que antes eram ligados aos hereges, incluindo organizar reuniões secretas chamadas *sabbaths*, quando elas adoravam o Diabo, faziam orgias, matavam e comiam bebês. Acreditava-se que, muitas vezes, iam voando para esses *sabbaths* – um detalhe emprestado de crenças mais antigas sobre mulheres que voavam durante a noite com seres sobrenaturais. Os primeiros julgamentos por bruxaria parecem ter acontecido nos Alpes, nas décadas de 1420 e 1430 (onde se desenvolveram a partir de antigas campanhas contra magia e heresia), e pouco depois o novo crime estava descrito em diversos tratados elaborados pelos clérigos e um grupo de juízes que estavam envolvidos nos julgamentos. À medida que o século XV seguia, julgamentos começaram a se espalhar um pouco mais e a bruxaria começou a ter mais coisas escritas a respeito. Também atraiu a atenção de artistas, e desenhos de bruxas do século XV mostram como magia, heresia, adoração do Diabo e voar vieram a ser combinadas. Uma ilustração na margem de um dos

---

322. Michael D. Bailey, "Concern over Superstition in Late Medieval Europe", em *The Religion of Fools? Superstition Past and Present*, ed. S. A. Smith e Alan Knight, *Past and Present*, Supplement 3 (Oxford, 2008), p. 117.

323. Sobre Bernardino, veja capítulo 6, nota 277.

324. Jan. R. Veenstra, *Magic and Divination at the Courts of Burgundy and France* (Leiden, 1998), p. 58-77.

325. Sobre isso, veja Bailey, "Sorcery to Witchcraft".

antigos tratados sobre bruxaria retrata duas mulheres voando em vassouras, mas as rotula como "vaudoises", ou seja, valdensianas hereges em vez de bruxas (figura 14). (Os valdenses eram um grupo herege que apareceu no século XII e se provou bastante persistente: inquisidores ainda os perseguiram nos Alpes no começo do século XV.) No fim do século XV, um artista flamengo estava retratando um grupo de bruxas, novamente com vassouras, adorando o Diabo em forma de uma cabra, enquanto outras bruxas voavam, quase invisíveis contra o fundo escuro do céu (figura 15).

Essa imagem genérica variava consideravelmente em diferentes regiões. Mesmo na região dos Alpes, que viu os primeiros julgamentos, as atitudes em relação à bruxaria variavam, no século XV em diante. Desde os anos 1990, pesquisas nos registros suíços de julgamentos de bruxas do século XV também mostram a importância dos fatos locais que estavam por trás dos julgamentos individuais.[326] Às vezes, julgamentos começavam pelas autoridades por motivos pessoais: o bispo de Lausanne, especialmente zeloso, encorajou julgamentos de bruxas em sua diocese, entre as décadas de 1440 e 1460, enquanto em outros casos, senhores locais ou clérigos talvez usassem os julgamentos para estabelecer sua própria autoridade. No entanto, nem todos os ímpetos vinham de cima, e uma variedade de brigas e invejas levaram as pessoas a acusarem seus vizinhos de bruxaria.[327] Mais ainda, nem todos da autoridade estavam dispostos a processar bruxaria. Algumas pessoas continuaram céticas sobre isso, e julgamentos, às vezes, encontravam uma oposição: o inquisidor Heinrich Kramer, autor de um dos tratados mais conhecidos sobre bruxaria, *Malleus Maleficarum*, foi ordenado a sair da cidade austríaca de Innsbruck, em 1486, quando o bispo local o acusou de conduzir o julgamento de forma errada e causou um escândalo.[328]

À primeira vista, não está claro onde a Inglaterra se encaixa nessa imagem. Na verdade, comparativamente, pouca atenção foi dada

---

326. Sobre esses estudos, veja Kathrin Utz Tremp, "Witches' Brooms and Magic Ointments: Twenty Years of Witchcraft Research at the University of Lausanne (1989-2009)", *Magic, Ritual and Witchcraft*, 5 (2010), p. 173-87.

327. Georg Modestin, *Le Diable chez l'Evêque: Chasse aux Sorciers dans le Diocèse de Lausanne* (Lausanne, 1999), p. 5-6; Arno Borst, "The Origins of the Witch-Craze in the Alps", em Arno Borst, *Medieval Worlds: Barbarians, Heretics and Artists in the Middle Ages*, trad. Eric Hansen (Cambridge, 1991), p. 109; Laurence Pfister, *L'Enfer sur Terre: Sorcellerie à Dommartin (1498)* (Lausanne, 1997), p. 33.

328. Hans Peter Broedel, *The Malleus Maleficarum and the Construction of Witchcraft: Theology and Popular Belief* (Manchester, 2003), p. 16-8.

Figura 14. Bruxas hereges voando, do Le Champion des Dames de Martin le Franc (*c.* 1450).

à magia na Inglaterra do século XV. O relacionamento entre magia e religião estava mudando lá também, com a magia começando a ser vista como uma forma de heresia, e as autoridades cada vez mais dispostas a julgar e executar suspeitos? Em 1977, o historiador e acadêmico literário inglês H. A. Kelly sugeriu que isso poderia ter acontecido.[329] Ele aponta que algumas das condições que os historiadores identificaram como importantes nos Alpes também estavam presentes na Inglaterra. Havia heresia no formato do Lollardismo. Os ensinamentos desses grupos eram baseados de forma abrangente nas ideias do teólogo John

---

329. H. A. Kelly, "English Kings and the Fear of Sorcery", *Mediaeval Studies*, 39 (1977), p. 207.

Figura 15. Bruxas hereges voando e adorando ao Diabo na forma de um bode, de um manuscrito flamengo do século XV.

Wyclif (morto em 1384), e eles criticavam muitas práticas religiosas instituídas como supersticiosas. Na Inglaterra, assim como nos Alpes, a presença da heresia levou a Igreja e o governo a se oporem ao desvio religioso por meio de pregação, julgamentos e algumas execuções. Havia também ao menos um pouco de medo da magia nociva, conforme mostrado nos julgamentos políticos, como o de Eleanor Cobham, Duquesa de Gloucester. Somando a isso, os homens do clero inglês que ocupavam posições elevadas podem muito bem terem ouvido sobre o novo crime de bruxaria por intermédio de suas conexões com o continente. Muitos bispos ingleses estiveram no Concílio de Basel, na Suíça, na década de 1430, um concílio reformista da Igreja que parecia ter sido responsável por espalhar o novo conceito de bruxaria entre o clero instruído.[330] Mas, apesar disso tudo, não existe evidência de que a nova imagem da bruxa adoradora do Diabo teve um impacto significativo na Inglaterra antes da Reforma.

Então como a Igreja na Inglaterra medieval tentou suprimir a magia? Quais métodos estavam disponíveis e como eles trabalhavam? As respostas para essas perguntas nos oferecem um *insight* sobre um aspecto importante de como o clérigo inglês medieval via o relacionamento entre magia e religião: como ele via o dever da devoção dos clérigos e dos leigos para reprimir a magia. Ele também lançou luz sobre uma questão mais ampla na história da magia medieval, o que por muito tempo foi negligenciado por historiadores que estudam julgamentos de bruxas: o tratamento da Igreja em relação à magia em lugares e períodos onde os novos medos da bruxaria ainda não haviam chegado.

Ação na paróquia

Um manual sobre confissões de um anônimo do século XIII ou início do século XIV, mantido pelo prior da Catedral de Durham, incluía entre as perguntas que os padres poderiam fazer para "quase todo mundo" no confessionário, "se ele havia praticado, ensinado ou consentido artes da magia".[331] A confissão era uma das formas mais poderosas pela qual a Igreja poderia combater a magia. Dava aos padres a oportunidade

---

330. Michael D. Bailey e Edward Peters, "A Sabbat of Demonologists: Basel, 1431-1440", *The Historian*, 65 (2003), p. 1377.

331. "*Generaliter fere* [minha correção: Leia-se '*fare*' no ms] *ab omnibus queri possunt... an fecerit artes sorciarias docuerit uel consenserit.*" obl ms Rawlinson c.4, ff. 7r-v.

de explicar individualmente aos penitentes quais práticas eram magia, por que estavam errados e passar-lhes a penitência. As penitências que os manuais sobre confissão sugeriam para magia variavam consideravelmente, mas para alguns tipos dela eles podiam ser severos. Por exemplo, o manual sobre confissão do Mestre Serlo, do século XIII, reproduz uma passagem de fontes mais antigas que diziam que uma mulher que misturasse o sangue menstrual na comida ou bebida do marido, para que ele a amasse mais, deveria pagar a penitência em certos dias por um período de sete anos.[332]

O sistema penitencial também agia como um impedimento em outros momentos. Buscar a absolvição por magia provavelmente tem que envolver publicidade e inconveniência, pois muitos bispos do século XIII em diante categorizaram a magia como um "pecado reservado", de um grupo de pecados graves que padres das paróquias não estavam qualificados para absolver. Absolvição para esses pecados poderia ser concedida apenas pelo bispo ou seu representante, o penitenciário; e ir até esses homens exigiria esforço e também espalharia pela vizinhança que ele ou ela teriam cometido um pecado grave. Confessar a magia também pode levar a mais penalidades. O padre da paróquia e penitenciário, William de Pagula (de Paull em Yorkshire), cujo manual para padres circulou amplamente no século XIV, na Inglaterra, estabelece algumas dessas em uma passagem tirada de uma lei canônica mais antiga: assim como pagar penitência por 40 dias, leigos que praticaram magia poderiam ser excomungados e clérigos poderiam perder seus benefícios.[333] Recusar a confessar pode não ser muito fácil também. Algumas pessoas evitam, mas a evidência sugere que, na antiga Inglaterra medieval, confessar-se era visto como norma; então as ausências provavelmente seriam percebidas.[334] Se os penitentes se recusassem a confessar ou pagar penitências, ou eram julgados pelo padre por não terem feito uma confissão completa, o padre teria mais uma sanção. A confissão acontecia durante a Quaresma, a fim de preparar os cristãos para receberem a comunhão no domingo de Páscoa (na Idade Média, comunhão era geralmente um evento anual, e na maioria dos domingos era esperado que os cristãos simplesmente fossem à missa). Nesse

---

332. Joseph Goering, ed., "The Summa de Penitentia of Magister Serlo", *Mediaeval Studies*, 38 (1976), p. 26.

333. "*Sortilogus* [sic] *xl diebus peniteat. Si clericus fuerit, officio vel beneficio potest privari. Si laicus fuerit, privetur communione ecclesie.*" William de Pagula, *Oculus Sacerdotis*, cul ms gg.iv.10, f. 52v.

334. Ver capítulo 6, nota 279.

domingo especial, o padre poderia recusar a comunhão para penitentes que ainda estavam em estado de pecado, uma forma bem pública de destacar alguém e mobilizar uma pressão social contra ele.

O risco de ter a comunhão negada ou receber penitências graves sugere que a confissão era potencialmente uma forma poderosa de desencorajar as pessoas a praticarem magia. Mas a palavra "potencialmente" é crucial, porque muitas perguntas não respondidas sobre como a confissão medieval funcionava na prática permanecem. Padres provavelmente perguntavam sobre a magia nas confissões, já que aparece em muitos manuais curtos sobre confissão, mas é difícil dizer exatamente com que frequência o faziam ou quão detalhadas eram. Também existe muita coisa que não sabemos sobre como os penitentes respondiam a esses questionários. Na teoria, todos deveriam ir ao confessionário regularmente, mas isso significava apenas uma vez ao ano. Alem disso, eles podem não ter necessariamente confessado cada pecado, apesar dos esforços do padre: de fato, o risco de receber penitências pesadas ou inconvenientes pode muito bem ter desencorajado as pessoas de fazê-lo. Finalmente, não sabemos como as penitências funcionavam na prática: por exemplo, com que frequência os penitentes que confessavam praticar magia ou outros pecados graves eram mandados para a penitenciária do bispo. Um autor de um manual sobre confissão do século XIII reclamou que, apesar das regras, muitos padres absolviam eles mesmos os pecados reservados. Os frades eram particularmente culpados por absolver qualquer pecado confessado para eles: "Deus", o autor reclamou, "é testemunha".[335] Na prática, portanto, apesar de a confissão ter influenciado atitudes e comportamentos das pessoas, não sabemos quão eficiente realmente era como uma forma de detectar ou impedir a magia.

O mesmo é verdade sobre outros métodos para se opor à magia (e outros pecados graves) disponíveis aos padres. Do início do século XIII em diante, *sortiarii*, uma palavra que poderia descrever tanto os adivinhos como os praticantes de magia em geral, era um dos grupos de pecadores listados na Sentença Geral de Excomungação que os padres deveriam pronunciar em suas paróquias, três ou quatro vezes ao ano.[336] Essa era uma declaração que qualquer pessoa que cometesse certo pecado era automaticamente excomungada. Algumas

---

335. "*Sed ista non aduertunt quamplures confessores moderni... maxime de ordinibus mendicancium qui de singulis casibus sibi confessatis se intromittunt absoluendo indistincte et hoc male. Deus est testis.*" obl ms Selden Supra 39, f. 9r.

336. *Councils and Synods with Other Documents relating to the English Church part II, AD., 1205-1313*, ed. F. M. Powicke e C. R. Cheney (Oxford, 1964), p. 33.

versões da Sentença Geral também incluíam qualquer pessoa que conhecesse alguém que era culpado por magia (ou outro pecado sério, como a heresia) e não havia denunciado.[337] Excomungação era um assunto sério, já que outros cristãos deveriam se afastar da pessoa excomungada. Nem sempre isso era observado na prática, mas muitas pessoas tentaram evitar as excomungadas e ficavam preocupadas quando não conseguiam.[338] A ameaça de excomungação devia pressionar as pessoas a fazer a confissão ou denunciar um vizinho, mas exigia que padres fossem conscienciosos ao pronunciar a Sentença Geral, e os paroquianos deveriam prestar atenção.

Há também um problema mais fundamental. A Sentença Geral listava os *sortiarii* sem dizer quem eram essas pessoas ou o que faziam. Como já vimos, alguns guias curtos para confissão faziam o mesmo, dizendo aos padres que perguntassem se as pessoas tinham realizado "feitiços" ou "artes da magia" sem aprofundar muito. Sem dar maiores detalhes sobre o que magia era, as pessoas que ouviam essas condenações talvez não tenham identificado a si ou a outras como *sortiariis*, especialmente se fizessem uso de práticas que usavam rituais religiosos e eram vistos como benéficos. Por exemplo, em 1431, John Stafford, bispo de Bath e Wells, reclamou das pessoas simples que confundiam curandeiros com profissionais da medicina.[339] Autores dos manuais de confissão e pregação diziam o mesmo: as pessoas confundiam encantamentos mágicos com "palavras sagradas" e adivinhos com profetas inspirados divinamente. Portanto, sem uma instrução extensiva sobre pregação e confissão, proibições amplas como as da Sentença Geral poderiam ter apenas uma eficácia limitada; mas uma vez que existisse um consenso sobre o que a magia era, poderiam ser muito mais eficientes.

Outra forma de combater certos tipos de magia poderia ter sido mais confiável porque dependia menos de educação e persuasão. Homens do clero há tempos se preocupavam com a possibilidade de as pessoas roubarem substâncias consagradas, especialmente a Eucaristia, a Crisma (óleo consagrado) e a água-benta da frente, e usarem para propósitos mágicos. *Exempla* advertiram contra isso e, em 1215, o Quarto

---

337. Ian Forrest, "William Swinderby and the Wycliffite Attitude to Excommunication", *Journal of Ecclesiastical History*, 60 (2009), p. 264.

338. D. L. d'Avray, *Medieval Religious Rationalities: a Weberian Analysis* (Cambridge, 2010), p. 45-6.

339. T. S. Holmes, ed., *The Register of John Stafford, Bishop of Bath and Wells, 1425-1443* (London, 1916), vol. II, p. 104.

Concílio de Latrão ordenou que os padres as mantivessem trancadas. A mensagem foi reforçada por diversos bispos ingleses do século XIII, que repetiram as instruções em seus concílios das igrejas.[340] Também parece que algumas paróquias seguiram isso à risca, o que nos dá um raro *insight* sobre como uma forma de agir contra a magia pode ter funcionado na prática. A Catedral de São Paulo, em Londres, conduziu visitações (inspeções) às paróquias sob sua jurisdição em 1249-1251, e novamente em 1297. Em ambas as visitas, os visitantes notaram o estado dos equipamentos da igreja, incluindo a âmbula (recipiente para a hóstia), a pia batismal e o cibório (recipiente para o óleo de Crisma). Das catorze igrejas inspecionadas em 1249-1251, cinco não possuíam trancas nas portas da frente, sete não possuíam trancas nos sacrários e quatro não possuíam âmbula com trava. Apesar de o estado desses itens nas outras igrejas serem raramente registrados, disseram que nenhuma possuía portas com tranca, apenas uma afirmava possuir âmbula com tranca e apenas uma possuía um cibório com tranca. Das vinte e duas igrejas inspecionadas em 1297, por contraste, dez possuíam trancas em suas portas, quinze tinham trancas em seus cibórios e onze em suas âmbulas.[341] Essa é uma amostra pequena, mas sugere que as trancas estavam sendo usadas com maior frequência nessas áreas e que os representantes dos bispos estavam começando a checá-las. Muito depois, uma visitação de paróquias na diocese de Hereford, em 1397, inclui apenas dez casos de portas destrancadas e um cibório destrancado, de um total de 281 paróquias (na paróquia de Weston, um dos padres, John, havia pegado a tranca da porta da frente).[342] Essas figuras podem não estar completas, já que visitações dependiam de paroquianos reportando defeitos em suas igrejas, mas novamente eles sugeriam que as substâncias sagradas estavam sendo cada vez mais trancafiadas e que os bispos estavam questionando isso.

A Igreja, portanto, tinha algumas formas de se opor à magia e a outros pecados em nível paroquial, em conjunto com a pregação e as perguntas durante a confissão discutidas no capítulo 6. Tais medidas teriam sido muito mais eficientes quando eram capazes de mobilizar

---

340. Thomas de Chobham, *Summa Confessorum*, ed. F. Broomfield (Louvain, 1968), p. lv-lvi; Powicke e Cheney, *Councils and Synods*, p. 68, 146, 210.

341. W. Sparrow Simpson, "Visitations of Churches Belonging to St. Paul's Cathedral, 1249-52", *Camden Miscellany*, 9 (1895); W. Sparrow Simpson, *Visitations of Churches Belonging to St. Paul's Cathedral in 1297 and 1458*, Camden Society, ser. novo 55 (London, 1895).

342. A. T. Bannister, "Visitation Returns of the Diocese of Hereford in 1397", *English Historical Review*, 44 (1929), p. 279-89, 444-53, e *English Historical Review*, 45 (1930), p. 92-101, 444-63. Weston, p. 282.

uma pressão social e a consciência individual contra as pessoas que estavam fazendo coisas que todo mundo concordava ser errado. Contra práticas que eram amplamente aceitas, no entanto, e que faziam uso da linguagem religiosa e objetos de formas que não eram obviamente mágicas, condenações abrangentes da magia em manuais sobre confissões e a Sentença Geral de Excomungação provavelmente fizeram pouco progresso.

Ação dos bispos

Bispos também eram responsáveis pelo combate à magia; eles mesmos ou por meio dos administradores de suas dioceses. Ocasionalmente, eles atacavam a magia diretamente porque (conforme eles mesmos afirmavam) era extremamente pecaminosa, ameaçadora e predominante. Então, em agosto de 1311, o bispo de Londres lançou um mandato ordenando que um dos oficiais de seu arquebispo pregasse contra a magia e reportasse a ele os nomes dos indivíduos que existissem rumores de ser feiticeiro, porque esses crimes estavam ficando mais comuns.[343] Um dos casos antigos mais conhecidos que combinavam acusações de magia com adoração ao Diabo também era investigado pelo bispo. Esse era o caso de Alice Kyteler, de Kilkenny, Irlanda, em 1324. O bispo local, Richard Ledrede, havia passado um período na corte do papa João XXII e parece que absorveu a visão dele de que a magia era uma questão séria e uma forma de heresia. Quando ele foi indicado a bispo de Ossory, estava determinado a erradicar a heresia de sua diocese, e foi bem-sucedido em lançar um julgamento por magia nociva e adoração do Diabo contra Alice, seu filho William e seus serventes. Ledrede tinha o apoio dos enteados de Alice, que sentiram ter sofrido privações em favor do próprio filho de Alice, mas ele também teria de encarar uma oposição local forte dos familiares e apoiadores dela. Alice e William escaparam, mas uma de suas serventes, Petronella de Meath, foi queimada – a primeira pessoa queimada por bruxaria nas Ilhas Britânicas.[344] Esse julgamento mostra um bispo determinado a

---

343. Powicke e Cheney, *Councils and Synods*, p. 1349-50.
344. Anne Neary, "The Origins and Character of the Kilkenny Witchcraft Case of 1324", *Proceedings of the Royal Irish Academy*, 83c (1983), p. 333-50; Norman Cohn, *Europe's Inner Demons: the Demonization of Christians in Medieval Christendom* (3. ed., London, 1993), p. 135-41.

levar a magia nociva muito a sério, mas igualmente notável é a relutância de muitos locais ilustres a ajudá-lo.

O caso de Alice Kyteler é altamente incomum e parece ter sido o resultado da persistência de um bispo. Mas, no século XV, os bispos tentavam agir contra a magia com maior frequência, talvez porque fossem mais sensíveis aos desvios religiosos do que em séculos anteriores, resultado do Lollardismo. Eles provavelmente também eram mais atentos em relação à magia por causa do número de acusações crescentes no tribunal real. Às vezes era óbvio que a preocupação viesse do tribunal. Por exemplo, em 1409, Philip Repingdon, bispo de Lincoln, foi ordenado pelo Concílio Privado a investigar os registros de magia em sua diocese.[345] Em outros casos, a ação foi iniciada pelos próprios bispos, mas já que muitos deles estavam envolvidos na política, as preocupações políticas e religiosas estavam frequentemente conectadas. Então, em 1431, o bispo John Stafford, que se tornaria o Senhor Chanceler no ano seguinte, ordenou que os arquebispos de sua diocese organizassem uma pregação contra feiticeiros, perjúrios e lollardistas.[346] Stafford afirmava estar seguindo as injunções de um concílio da Igreja recente, realizado em Londres, mas parece provável que sua preocupação com a magia também fosse motivada pela prisão de sete pessoas em Londres, um ano antes, por supostamente conspirar a morte do jovem rei Henrique VI com magia.[347]

O linguajar que esses bispos usavam para descrever magia merece uma atenção séria. O mandato de 1311 reclamava que "em nossa cidade e diocese de Londres, percebemos que os crimes impiedosos de feitiçaria, encantamentos e arte da magia têm se fortalecido, tanto que grandes ruínas ameaçam muitos de nossos súditos, assim como o perigo para suas almas". De acordo com Stafford, em 1431, magia ocorreu com "frequência execrável", e aqueles que fizeram parte tinham "abandonado Deus, seu Criador". No entanto, existe uma lacuna significativa entre a retórica dos bispos e suas atitudes. Não existe evidências de que algum desses pronunciamentos tenha levado a julgamentos, apesar de sempre ser possível que os registros não tenham sobrevivido. Após as investigações de 1406, apenas um caso de magia aparece nos registros de Philip Repingdon, e é datado de onze anos depois, em 1417: o caso de um adivinho chamado John Smith de Alconbury, Cambridgeshire, que identificou ladrões por

---

345. Margaret Archer, ed., *The Register of Bishop Philip Repingdon, 1405-1419* (Hereford, 1963-5), vol. I, p. xxxiii.
346. Holmes, *Register of John Stafford*, p. 103-8.
347. Kelly, "English Kings", p. 220.

intermédio da magia.³⁴⁸ De maneira semelhante, apesar de seu linguajar forte, em 1431, os registros de John Stafford contêm apenas um caso de magia, em 1438: o de três curandeiras, incluindo Agnes Hancock, que afirmavam conseguir fazer contato com fadas.³⁴⁹ O tempo que havia passado torna esses casos improváveis de terem sido resultados diretos das exigências anteriores do bispo por ação contra a magia.

Ao lado dessas medidas diretas e raras, cada diocese possuía mecanismos de rotina para detectar e punir magia e outros pecados. O mais importante eram os tribunais da Igreja. Um número alto de registros dos tribunais da Igreja sobreviveu à Inglaterra medieval, a maior parte do século XV e começo do século XVI, mas eles variam bastante na quantidade de detalhes que dão sobre os casos e as ofensas que foram julgadas lá. A maioria dos casos de tribunais da Igreja lembra os processos civis modernos, no sentido de que eram levantados por uma das partes contra a outra. Os livros da lei canônica muitas vezes embelezavam suas colunas de texto com ilustrações desses casos, mostrando os participantes discutindo em frente ao bispo: um, em um manuscrito do *Decretum,* de Graciano, que se passava na Inglaterra, no século XIV, mostra uma esposa afirmando que seu marido é impotente, retratado no começo do capítulo sobre impotência causada por magia (figura 16). Existem também alguns casos em que as pessoas iam ao tribunal voluntariamente, para limpar seu nome após rumores terem sido espalhados. Em ambos os tipos de casos, o tribunal responde às demandas dos leigos e clérigos locais, e não à iniciativa do bispo. Mas alguns casos foram iniciados pelos administradores do bispo agindo diante de rumores gerais ou relatórios que receberam durante as visitações.

Visitações eram inspeções periódicas de paróquias e monastérios que bispos ou seus representantes deveriam realizar. Os homens do bispo inspecionavam o estado da igreja da paróquia e seus equipamentos (às vezes checando as trancas em pias de batismo e cibórios) e, então, questionavam um grupo de paroquianos proeminentes se tinham algum problema na paróquia, tanto com o padre ou com os leigos que habitualmente cometiam ofensas morais. As questões variavam consideravelmente, assim como as respostas dos paroquianos. Com muita frequência, eles simplesmente diziam *omnia bene,* "está tudo bem" – e talvez estivesse, mas alguns paroquianos poderiam simplesmente não estar dispostos a começar algum problema delatando os vizinhos ou um padre de que gostassem. Como os registros do tribunal da Igreja,

---

348. Archer, *Register of Philip Repingdon,* vol. III, p. 194-6.
349. Ver capítulo 3, nota 132.

Figura 16. Marido e mulher discutindo o caso diante do bispo e seu Tribunal Consistório: ilustração no topo do capítulo sobre impotência causada por magia em um manuscrito do *Decretum*, de Graciano, o manual da lei canônica.

registros de visitações variam em conteúdo e nível de detalhes, mas eles dizem muito sobre o que preocupava os paroquianos do fim da época medieval, incluindo, ocasionalmente, a magia. Por fim, casos de magia também apareciam ocasionalmente nos próprios registros do bispo (registros de negócios), como os de John Smith e Agnes Hancock. Esses eram provavelmente os casos vistos como particularmente sérios ou que, por alguma razão, não podiam lidar com eles pelos métodos usuais do tribunal da Igreja e da visitação.

Ação formal contra magia por meio de qualquer um desses mecanismos não era muito comum. Muitos registros de bispos e relatórios de visitações não a mencionam em nenhum momento, e aqueles que a incluíam eram apenas um punhado de casos. Isso não significa necessariamente que magia era rara, mas sugere que os bispos não a perseguiam rotineiramente. Casos eram mais frequentes em tribunais da Igreja, com uma média de uma em cada três pessoas por ano acusadas nessas dioceses que foram investigadas a fundo. Apesar de não ser negligentes, esses números são muito mais baixos do que o de pessoas julgadas por outros pecados, como ofensas sexuais e maritais.[350] Novamente, isso sugere que a magia não era a prioridade principal, tanto para os bispos como para os leigos que levantavam muitos casos.

As formas como os casos chegavam até a atenção do bispo sugerem o mesmo. Muitas vezes, a magia não chamava a atenção de tribunais da Igreja ou visitações isoladamente. Muitos dos casos registrados não são apenas sobre magia e, em alguns, não são nem a primeira alegação. Por exemplo, em janeiro de 1280, o arquebispo William Wickwane, de York, conduziu uma visitação em Selby Abbey, Yorkshire. Os monges de lá relataram que seu abade, Thomas de Whalley, tinha muitas falhas. Ele não (disseram eles) observava a Regra de São Benedito ou participava da vida coletiva do monastério como deveria. Ele havia doado parte da propriedade do monastério para seus parentes e dormido com duas mulheres. Mais a fundo, havia se envolvido com magia. Ao fim de uma lista longa de mau comportamento, é relatado:

> O abade procurou Elias Fauvelle, um encantador e praticante de magia, para procurar o corpo de seu irmão morto, que havia afundado na água do Rio Ouse. Ele gastou uma grande quantia de dinheiro nisso.[351]

---

350. Jones e Zell, "Divels Speciall Instruments", p. 51; Houlbrooke, "Magic and Witchcraft", p. 118.
351. William Brown, ed., *The Register of William Wickwane, Lord Archbishop of York, 1279-1285* (Durham, 1907), p. 22-4.

A consulta de Thomas com um adivinho é apenas uma de longa lista de razões por que ele era um abade inadequado e, mesmo assim, a parte do problema estava no fato de que ele perdera uma grande quantia de dinheiro, talvez o dinheiro do abade. Se não fosse pelos seus outros defeitos, é duvidoso que apenas a tentativa de Thomas com a adivinhação teria sido relatada ao arquebispo. Diante dessa grande lista de infrações, Wickwane depôs Thomas e ordenou que fosse pagar as penitências no prior da Catedral de Durham; mas ele ainda estava em Selby dois meses depois, quando pegou alguns bens e cavalos do abade e fugiu durante a noite.[352] Essa foi a última vez que ouvimos falar dele.

O próximo arquebispo de York também teve de lidar com um monge desobediente acusado de magia. Em 1286, o arquebispo John le Romeyn ordenou que o reitor de Birkin, em North Yorkshire, procurasse Godfrey Darel, um monge de Rievaulx Abbey que havia largado o monastério e estava praticando "encantamentos e feitiços de magia nociva e nefasta", "para o mal de sua própria salvação e escândalo manifestado pelo ortodoxo".[353] Nesse caso, Darel parece ter vindo para a chamada do arquebispo, inicialmente não por causa da magia, mas porque ele havia fugido de seu monastério: a carta pedindo ao reitor que o encontrasse é descrita nos registros do arquebispo como uma "carta para recuperar um apóstata", ou seja, um monge fugitivo. Bispos perguntavam rotineiramente aos monastérios sobre fugas durante a visitação e, às vezes, tomavam atitudes em relação a elas, então o caso de Darel provavelmente teria chegado até o arquebispo mais cedo ou mais tarde, mesmo sem mencionar o escândalo da magia.[354]

Os tribunais da Igreja também ouviram casos em que a magia aparece como apenas uma das muitas alegações. O exemplo mais notável é o de William Netherstrete, um chapelão de Fullbourn, perto de Cambrigde, que foi convocado para o tribunal do bispo Ely, em 1377. Netherstrete foi acusado de fazer sexo com muitas mulheres, cortando uma delas em suas partes íntimas porque suspeitava de que estivesse dormindo com outro homem, e bateu em três outros clérigos na igreja de Fullbourn. Ele também foi acusado de ir a tavernas com pessoas suspeitas, dia e noite, e trocar trigo. Além de tudo isso, foi acusado de usar magia em mais uma mulher:

---

352. Ibid., p. 211.

353. William Brown, ed., *The Register of John Le Romeyn, Lord Archbishop of York, 1286-1296* (Durham, 1913), vol. I, p. 158.

354. F. Donald Logan, *Runaway Religious in Medieval England, c. 1240-c. 1540* (Cambridge, 1996), p. 132-3.

O mesmo *Sir* William [*Sir* é o título honorífico para um padre] praticou máfia, ou seja, ao empregar conjurações e encantamentos com os quais implorou e solicitou a Katherine, a esposa de Henry Molle de Fulbourn, que fosse até seus aposentos à noite, para que ele pudesse violentamente oprimi-la em um adultério.[355]

Diante desse conjunto de acusações, William admitiu ter dormido com algumas mulheres alguns anos antes e batido em um dos clérigos, mas negou as outras acusações, incluindo a de magia. Ele foi ordenado a encontrar 12 testemunhas que jurariam que ele falava a verdade, um processo conhecido como compurgação. As pessoas que negavam as acusações no tribunal da Igreja muitas vezes eram solicitadas a isso, e o número de testemunhas variava, dependendo da pessoa e da ofensa: doze era um número relativamente alto, o que reflete a natureza grave das acusações. Se você falhasse em encontrar testemunhas o suficiente para jurar sobre sua sinceridade, o tribunal presumiria que você era culpado. Em uma sessão posterior no tribunal, Netherstrete conseguiu suas testemunhas, apesar de continuar em uma disputa à parte com um dos clérigos de Fullbourn, a quem ele tinha sido acusado de bater.[356]

William Netherstrete provavelmente não havia se comportado bem e tinha feito inimigos. Dois anos antes dessa acusação, ele fazia parte de um grupo de homens que processou William Fool, o vicário de Hinton, próximo dali: eles afirmavam que Fool os havia acusado de roubo e os excomungara injustamente.[357] Não é impossível que ele tenha mexido um pouco com a magia do amor, já que alguns clérigos possuíam textos mágicos, mas a acusação pode simplesmente ter sido um modo conveniente de sujar mais ainda o nome do padre já pouco popular, enquanto, ao mesmo tempo, explica qualquer comportamento estranho da parte de Katherine Molle. Se esse fosse o caso, então a acusação de magia do amor refletia em percepções existentes sobre quem era responsável, reforçando a imagem de Netherstrete como um homem violento e sexualmente agressivo.

Leigos também poderiam ser acusados de magia como um dos diversos crimes que chamava a atenção de seus vizinhos. Em 1482,

---

355. "*idem dominus Willelmus sortilegium commisit utendo videlicet coniurationibus et incantationibus per quas nitebatur et sollicitauit Katerinam uxorem Henrici Molle de Ffulbourn ad cameram ipsius noctanter venire, ut sic eam in adulterio opprimeret violenter.*" cul Ely Diocesan Records, d/2/1, f. 84v.

356. Ibid., f. 87r.

357. Ibid., f. 22r.

Joanna Beverley, de Londres, foi acusada de usar a magia do amor em dois homens, e de também ser vadia e alcoviteira.³⁵⁸ Em 1445, uma mulher chamada Christina East tomou medidas preventivas quando ouviu rumores sobre ser culpada de uma combinação semelhante de crimes. Ela chegou diante do tribunal do bispo de Rochester para inocentar a si mesma de adultério, prostituição e magia. Especificamente, disse que um rumor malicioso estava sendo espalhado de que ela era uma *hagge* – uma palavra que poderia significar uma bruxa, um espírito maligno feminino, ou apenas uma mulher velha e maliciosa.³⁵⁹ Ela encontrou diversas testemunhas de seu bom caráter, todas elas mulheres, e deixou sua reputação oficialmente restaurada.

Alguns casos de magia também eram ligados à heresia. Isso não é surpreendente porque, como já vimos, desde o começo do século XIV, algumas formas de magia eram condenadas como heréticas por teólogos e advogados canônicos. Em 1417, o adivinho John Smith foi obrigado a renunciar à heresia, assim como à magia, após falsamente ter nomeado outro homem como ladrão. As três mulheres, incluindo Agnes Hancock, que eram acusadas de magia, diante de John Stafford em 1438, também foram obrigadas a renunciar à heresia, enquanto em 1419, Isabel Gartrygge, da diocese de Winchester, foi acusada de acreditar e ensinar "feitiços hereges".³⁶⁰ Nesses casos, a combinação de heresia e magia pode ter surgido porque o acusado tinha associado suas práticas mágicas com o ensinamento de falsas crenças. John Smith havia "declarado e pregado, aberta e publicamente, que era lícito usar conjurações e magia, pois São Pedro e São Paulo haviam feito isso",³⁶¹ enquanto Isabel Gartrygge tinha ensinado feitiçaria e então pôde ter sido vista desviando o caminho de outros. Casos como esse potencialmente poderiam ter trilhado um caminho para os tribunais da Igreja unir a magia e a heresia em apenas um crime de bruxaria, mas na Inglaterra eles se mantinham como minoria. Geralmente, as autoridades eclesiásticas aderiam à visão mais antiga de que a magia era algo separado do desvio doutrinal.

---

358. William Hale, *A Series of Precedents and Proceedings in Criminal Causes extending from the Year 1475 to 1640* (1. ed. 1847, repr. Edinburgh, 1973), p. 7.

359. "*Comparet Christina East et producit compurgatrices super crimine adulterii quod ipsa Christina fuisset communis meretrix... Item purgauit se eadem Christina super crimine sortilegii ei ut asserit nequiter et maliciose imposito videlicet quod ipsa esset et est una hagge.*" Maidstone, Centre for Kentish Studies, Drb/Pa/2, f. 29r.

360. Houlbrooke, "Magic and Witchcraft", p. 122-3.

361. Archer, *Register of Philip Repingdon*, vol. III, p. 195.

Em todos esses casos, magia não era a única razão pela qual essas pessoas chamaram a atenção das autoridades. Geralmente também podemos ver por que acabaram no tribunal. Algumas das pessoas acusadas, especialmente Thomas de Whalley e William Netherstrete, parecem ter alienado muitos indivíduos ao seu redor, então eram passíveis de ser relatados por alguma coisa, mais cedo ou mais tarde. Também era pouco provável ser uma coincidência que diversos casos envolvessem membros do clero. Monges eram supervisionados de mais perto pelo bispo do que os leigos, e fugitivos como Godfrey Darel seriam percebidos. Fora do monastério, esperava-se que os padres aderissem a uma conduta de padrão mais alto que a de leigos, então o mau comportamento de um padre, como William Netherstrete, estava mais propenso a receber reclamações de paroquianos do que o mau comportamento de um leigo.

Magia também era algo mais propenso a chamar a atenção do bispo, se causasse um escândalo. Estudos sobre os tribunais da Igreja têm enfatizado como eram acusações seletivas, confirmando a importância da desaprovação pela comunidade para determinar quais acusações eram registradas, e isso acontecia da mesma forma com a magia.[362] Diziam que Godfrey Darel havia causado um escândalo com sua adivinhação, e escândalo era também relatado às vezes nos registros do tribunal da Igreja. Por exemplo, Elena Dalok, uma mulher de Londres, foi acusada, em 1493, de (entre outras coisas) ser feiticeira e dizer que qualquer pessoa que ela amaldiçoasse morreria logo. Foi descrita como uma "escandalizadora" entre seus vizinhos – sem surpresas, já que estava afirmando poder amaldiçoá-los fatalmente.[363]

No caso de Elena Dalok e outros similares, não havia apenas escândalo, mas publicidade. Em Whalley, Lancashire, em 1519, Elizabeth Robynson foi acusada de ter "declarado abertamente em público e para todos que ela pretende manter um jejum, chamado de jejum negro, para invocar uma vingança contra Edmund Parker".[364] Um caso que chegou diante do tribunal do decanato de Wisbech, em Norfolk, em 1462, mostra como ameaças como essas poderiam se tornar acusações formais:

---

362. Sandra Lee Parker e L. R. Poos, "A Consistory Court from the Diocese of Rochester, 1363-4", *English Historical Review*, 106 (1991), p. 655.
363. Hale, *Precedents*, p. 36.
364. Margaret Lynch, trad., *Life, Love and Death in North-East Lancashire, 1510 to 1537* (Manchester, 2006), p. 95.

Os curadores da Igreja [da paróquia de Leverington] apresentaram que Agnes, esposa de William Chamberlain, assumiu publicamente que quem quer que ela amaldiçoe, morrerá de uma forma ruim, assumindo, portanto, um crime de magia.[365]

Nesse caso, os curadores locais da Igreja transformaram a afirmação pública de Agnes em uma acusação de magia, provavelmente ao relatá-la aos representantes do bispo durante uma visitação.

Assim como declarar seus poderes publicamente, Elena Dalok, Elizabeth Robynson e Agnes Chamberlain também asseguravam que poderiam usar magia para ferir os outros – afirmações que eram especialmente confiáveis para criar tanto publicidade como escândalo. Mas publicidade também poderia levar pessoas que praticam formas mais benignas da magia até o tribunal. "A esposa de John Herryson, como reportado pelo conhecimento comum, faz encantamentos e conta as fortunas", registra o tribunal comandado por Whalley Abbey, em Lancashire, para as paróquias sob sua jurisdição, em 1519.[366] De forma semelhante, em março de 1520, Henry Lillingstone, da paróquia de Broughton, foi levado para diante do tribunal porque "ele é frequentemente apontado como usuário da arte da magia para curar diversas pessoas".[367]

Curandeiros como a esposa de Herryson e Henry Lillingstone caminhavam por uma linha fina: eles precisavam de um pouco de publicidade para conseguir clientes, mas muita atenção poderia ser indesejada vinda da Igreja. No entanto, muitas vezes não é claro por que esses curandeiros em particular acabaram no tribunal quando, presumidamente, os outros não foram. Como já vimos, o caso de Henry Lillingstone parece ter sido um foco para a preocupação do tribunal sobre se um praticante não instruído tinha o direito de oferecer encantamentos de cura, mas isso não explica por que ele chamou a atenção do bispo. Talvez ele e a esposa de John Herryson tivessem uma reputação ampla que os representativos do bispo estavam fadados a ouvir durante as visitas. Alternativamente, eles podem ter sido delatados por clientes ou pela vizinhança, se um paciente que estivessem tratando piorasse, ou se eles se envolvessem nos tipos de argumentos que levavam a acusações

---

365. L. R. Poos, ed. e trad., *Lower Ecclesiastical Jurisdiction in Late Medieval England* (Oxford, 2001), p. 352-3.
366. Lynch, *Life, Love and Death*, p. 53.
367. E. M. Elvey, ed., *The Courts of the Archdeaconry of Buckingham, 1483-1523* (Welwyn Garden City, 1975), p. 257-8.

de bruxaria. As duas coisas ocasionalmente aconteceram com curandeiros em séculos seguintes.[368]

Uma última forma pela qual acusações de magia chegavam aos tribunais da Igreja era quando as pessoas que foram publicamente acusadas de magia processavam seus acusadores por difamação. Então, em 1435, Margaret Lyndysay processou três homens no tribunal da Igreja de Durham por dizerem que ela havia deixado um homem impotente por meio da magia.[369] Ocasionalmente, fica claro de onde a acusação de difamação veio, porque encontramos alguém que foi acusado de magia no tribunal lançando imediatamente um processo difamatório contra a pessoa que o acusou. Por exemplo, nos registros do tribunal do bispo de Londres, uma Eleanor Dulyne foi citada por usar "artes da adivinhação" em uma tentativa de matar seu marido. Ela passou por compurgação com duas testemunhas, e o próximo caso nos registros era um processo difamatório de Eleanor contra Anna Miller, que a havia acusado de tentar envenenar seu marido, uma acusação que sugere que Anna também era a fonte da acusação de magia.[370]

Esses processos apontavam um mundo de rumores e acusações de magia que não eram seguidos automaticamente pelas autoridades eclesiásticas, e chegavam aos tribunais apenas quando a pessoa difamada escolhia processar ou ir até o tribunal voluntariamente para ter seu nome limpo, como Christina East fez. Magia provavelmente não era a acusação mais comum em casos locais de fofoca-difamação; insultos sexuais e acusações de outros crimes eram muito mais frequentes.[371] No entanto, rumores e acusações de magia eram provavelmente muito mais comuns do que o número de acusações formais sugere, e eram plausíveis e sérios o suficiente para levar algumas pessoas que receberam a processarem seus acusadores.

Esses casos sugerem que, na maior parte do tempo, a Igreja não buscava a magia para seu próprio bem, apesar de alguns bispos ocasionalmente fazerem tentativas disso. Ao contrário, havia em muitos casos razões claras pelas quais os indivíduos eram acusados – que levavam algumas pessoas à atenção das autoridades ou encorajavam seus vizinhos a delatá-los. Muitos outros casos provavelmente passaram sem

---

368. Owen Davies, *Cunning Folk: Popular Magic in English History* (London, 2003), p. 12-3.

369. Ver capítulo 4, nota 214.

370. Hale, *Precedents*, p. 77-8.

371. L. Poos, "Sex, Lies and the Church Courts of Pre-Reformation England", *Journal of Interdisciplinary History*, 25 (1995), p. 594.

ser registrados, se as pessoas não processassem por difamação ou se fossem menos proeminentes ou, ainda, tivessem altos níveis de apoio dentro da comunidade.

Penalizando a magia

Como os bispos e seus representantes tratavam esses casos que iam para o tribunal? Como um padrão de acusações, as penalidades dadas sugeriam que, tipicamente, a magia não era vista como grande preocupação, mas dentro de certas circunstâncias poderiam ser levadas muito mais a sério. Acusações ligadas à família real eram tratadas com seriedade especial e poderiam levar a punições severas, incluindo a morte, mas eram pouquíssimo típicas entre a maioria dos julgamentos da magia na Inglaterra medieval: eram de alta visibilidade, geralmente motivações políticas claras estavam em movimento, e até mesmo no século XV não eram relativamente frequentes. Também existem poucas evidências de que tinham qualquer impacto no julgamento regular da magia, no nível da diocese.

No entanto, alguns praticantes de magia em níveis sociais mais baixos receberam penitências pesadas nos tribunais da Igreja. O curandeiro John Wilmot, de Winchester, recebeu uma penitência substancial por usar magia de cura, equivalente à penitência da heresia, talvez porque ele tivesse uma clientela maior e dissesse ser bem-sucedido.[372] Henry Lillingstone também recebeu uma penitência relativamente pesada, mais uma vez, talvez por causa de sua clientela. Foi ordenado que ele jurasse publicamente que nunca mais usaria sua medicina; ofereceria uma vela, descalço e usando apenas uma camisa, na igreja de sua paróquia, todos os domingos na Quaresma; jejuaria apenas com pão e água todas as quartas e sextas-feiras, por um ano; e faria uma peregrinação descalço até o santuário da Virgem Maria, em Walsinggham. Mas esses casos não eram a norma, e muitas vezes as pessoas que eram julgadas culpadas da magia recebiam penitências leves.[373]

Além disso, se o réu falhasse em aparecer no tribunal, quando chamado, não era perseguido rigorosamente. Esse era um problema geral os tribunais da Igreja: se as pessoas ignorassem intimações para aparecer no tribunal, elas poderiam ser excomungadas, mas se

---

372. Houlbrooke, "Magic and Witchcraft", p. 129-30.
373. Jones e Zell, "Divels Speciall Instruments", p. 51.

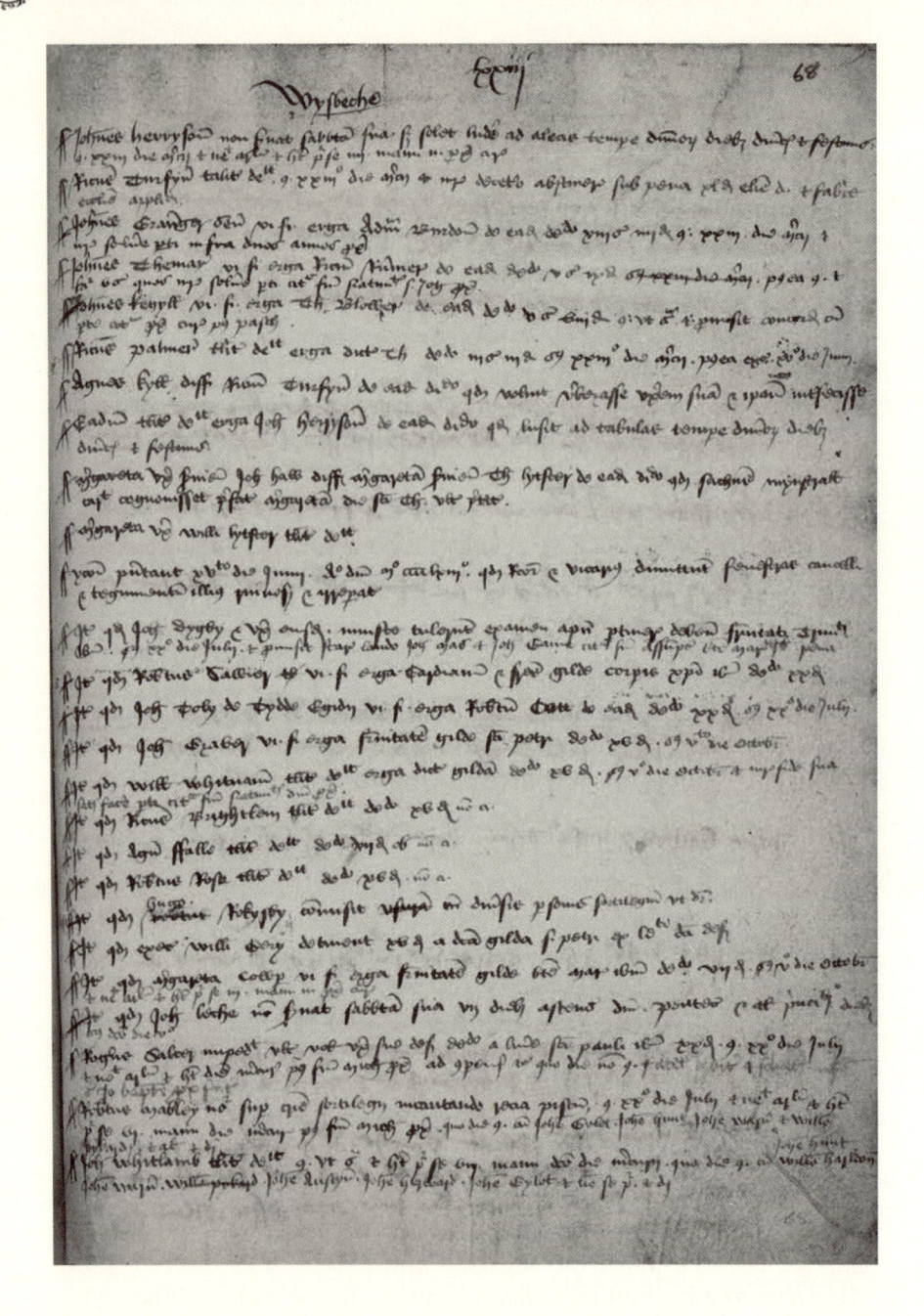

Figura 17. Um registro do tribunal da Igreja do decanato de Wisbech, Cambridgeshire, com atualização posterior feita por um escriba.

ignorassem isso ou deixassem a área, haveria pouca coisa que a Igreja poderia fazer.[374] No entanto, os tribunais da Igreja acompanhavam os casos de magia o tanto quanto possível. Nos registros de Ely, o caso de William Netherstrete reapareceu em diversas sessões do tribunal até que eventualmente se resolveu. No decanato de Wisbech, em Norfolk, um escriba voltou aos registros originais de casos de magia de novembro de 1463, para registrar como eles haviam acabado. Além do caso de Hugo Rokysby, que havia sido acusado de fazer magia com "diversas pessoas", ele percebeu quando o caso era fechado com a palavra *recessit*, "ele desistiu", espremida e quase invisível na margem. Seguindo a página, onde Robert Mabley foi acusado de falar encantamentos diante de redes de pesca, o escriba notou que no dia marcado Robert se livrou ao fazer a compurgação, então o caso foi encerrado (figura 17).[375] No geral, apesar de o tribunal da igreja não querer perseguir os casos de magia, especialmente de forma rigorosa, ele lidava com o mesmo cuidado que tinha com as outras ofensas.

✽

Existem diversas razões pelas quais a magia não atraía nenhuma atenção. Bispos estavam ocupados e tinham recursos limitados, e no século XV eles provavelmente viam os lollardistas como uma ameaça muito maior que a magia. Dentro dessas circunstâncias, perseguir a magia não era uma prioridade, a não ser que alguém fizesse uma reclamação ou um caso provocasse rumores abrangentes ou escândalos. Também era possível que muitas pessoas não identificassem suas práticas ou as de seu vizinho como magia, considerando que fossem rituais religiosos legítimos, ou que tivessem uma visão menos estrita delas do que os teólogos, especialmente se a intenção por trás de uma prática parecesse devota, e o praticante, "discreto" (nas palavras amplamente citadas do escritor pastoral do século XIII, William de Rennes), sem fazer escândalo.

Mas tolerância não era universal, e algumas pessoas que usavam encantamentos de cura, que incluíam linguagem religiosa, eram delatadas para o tribunal da Igreja. Portanto, algumas pessoas classificavam essas práticas como magia; ou pelo menos poderiam dar a elas bases para acusação de magia no tribunal. Um exato limite entre magia e religião pode ser difícil identificar, às vezes, mas algumas pessoas pelo

---

374. Parker e Poos, "Consistory Court", p. 654.
375. Poos, trad., *Lower Ecclesiastical Jurisdiction*, 463.

menos estavam cientes de quais práticas estavam próximas do limite e poderiam levar a acusações. Também está claro que a atitude tomada contra a magia nem sempre corresponde precisamente aos comentários feitos em tratados sobre confissão e pregação. Não era simplesmente um caso de avaliar se práticas particulares chegavam às definições teológicas de "magia", apesar de não haver dúvida de que isso fez a sua parte. Igualmente, se não mais importantes, eram os muitos fatores específicos que levavam as autoridades eclesiásticas a agir ou não contra magia em casos individuais.

A resposta da Igreja para a magia na Inglaterra medieval, portanto, continuava conservadora no início do século XVI. Existem poucas evidências de que a magia e a heresia estavam se fundindo da forma como estavam em algumas partes da Europa. Nem existem muitas evidências de que a magia era vista como um crime terrivelmente incomum, da forma como a bruxaria era. Apesar de tentativas ocasionais dos bispos de lançarem ações contra a magia, também existe pouca evidência de que era uma preocupação crescente, em geral. Mesmo no século XV, bispos eram geralmente reativos ao invés de proativos, lidando com casos quando eles surgiam, em vez de ir atrás dos praticantes de magia. Bispos podiam ter sentimentos fortes em relação à magia: alguns escreviam a esse respeito usando termos de ódio e, quando casos chegavam até eles, lidavam de forma tão cuidadosa quanto as outras ofensas. Mas não viam como merecedora de atenção especial.

Na sociedade inglesa medieval em geral, casos de magia apareciam de forma regular o suficiente nos registros para sugerir que as acusações fossem uma parte reconhecida, senão frequente, das fofocas locais. Também havia algumas circunstâncias que tornavam as acusações formais mais prováveis: rumores espalhados amplamente, processos difamatórios; ou quando a magia aparecia como um grupo de acusações contra um indivíduo nada popular. No entanto, os registros são sempre breves, e as circunstâncias individuais por trás de muitos casos continuam obscuras. Como em períodos posteriores, relacionamentos locais, tensões e reputações provavelmente têm sido cruciais para determinar quando as pessoas escolhiam rotular certas práticas como "magia" e denunciá-las em uma visitação ou no tribunal da Igreja, e também fundamentais para determinar se as autoridades locais considerariam tais acusações merecedoras de perseguição.

Mesmo que a maior parte do clero inglês instruído provavelmente acreditasse que a magia poderia ter efeitos reais, então padrões de perseguição não sugerem que ele achasse tão terrível, de modo que precisasse ser erradicada ativamente. Mecanismos existiam, por meio dos quais casos sérios poderiam ser relatados e resolvidos, e eles provavelmente coexistiam com modos menos formais de proteger-se contra magia nociva, do tipo descrito no capítulo 4. A atitude em relação à magia na Inglaterra medieval, portanto, parece muito com a conduta em relação aos outros crimes e pecados. Isso talvez não seja surpreendente. Os julgamentos de bruxas do começo do período moderno podem ter distorcido nossa visão de como a magia era encarada pela maioria das pessoas, na maior parte dos períodos históricos, levando-nos a esperar que a magia será vista como uma ameaça incomum e um pecado grave, que provoca horror especial. Alguns estudos sobre julgamentos de bruxas têm questionado o quanto desse cenário é verdadeiro mesmo nos séculos XVI e XVII, apontando que muitos lugares não viam números altos de julgamentos de bruxas, e muitas elites locais não davam alta prioridade para a bruxaria.[376] Na Inglaterra medieval, antes de a magia nociva ser comumente ligada a outros crimes terríveis, poderia se esperar que elites locais dessem prioridade baixa similar na maior parte do tempo. Isso parece ter sido mais típico entre as atitudes medievais em relação à magia do que o intenso medo encontrado em alguns lugares no século XV e posteriormente.

---

376. Robin Briggs, "Many Reasons Why: Witchcraft and the Problem of Multiple Explanation", em *Witchcraft*, ed. Barry, Hester e Roberts (Cambridge, 1996), p. 55-6.

Conclusão
Religião e Magia: Inglaterra Medieval e Além

Este livro traçou as atitudes do clero instruído da Inglaterra medieval em relação a várias práticas e crenças que eram vistas como magia. Algumas delas estavam no limite das práticas religiosas ortodoxas ou em meios legítimos de interpretar e manipular o mundo natural, especialmente métodos para curar doentes ou prever o futuro. Mas outras se diferenciavam mais radicalmente dos rituais religiosos oficiais. O uso de magia para prejudicar pessoas e animais, a crença em elfos, fadas e mulheres sobrenaturais que voavam pela noite com seus seguidores, e a magia ritual feita pelos feiticeiros instruídos que tentavam invocar demônios eram todos mais difíceis de integrar com a crença cristã oficial. Podemos aprender tudo sobre essas práticas e crenças, e mais, pelos tratados que foram escritos pelos clérigos medievais instruídos, sobre como pregar e como ouvir confissões. Esses tratados descrevem alguns dos tipos de pessoas que usavam magia, o que faziam e por quê. As informações fornecidas são, às vezes, incompletas e escritas para servir a uma pauta específica: para condenar as práticas que mais incomodavam o clero instruído. No entanto, esses tratados sobre cuidado pastoral davam vislumbres de um mundo de práticas e crenças que, de outra forma, saberíamos muito pouco a respeito.

Fica claro, a partir dos manuais sobre confissão e pregação e com base em outras fontes, que a magia adotou muitas formas diferentes. Poderia ser tão mundana quanto proferir encantamentos diante de redes de pesca ou prever boa ou má sorte para o dia, ou tão bizarra quanto a magia ritual que buscava invocar demônios e que era apresentada pelos *exempla* como tendo efeitos espetaculares e uma tendência terrível a dar errado. Mas se era lugar-comum ou exótica, muito da magia correspondia a medos e esperanças cotidianas que eram compartilhados pela maioria: conseguir prosperidade e boa fortuna; prever e evitar má sorte; encontrar bens perdidos ou roubados; curar doenças; explicar um azar e afastar influências malignas que poderiam fazer mal a você ou ao seu sustento. Outras formas de magia respondiam a preocupações mais específicas ou grupos sociais específicos. Por exemplo, magia ritual respondia às ansiedades de seus usuários instruídos do sexo masculino, como seus desejos de serem mais instruídos ou mais bem-sucedidos com superiores e com mulheres, enquanto muitos homens do clero retratavam a magia do amor como uma resposta ao desejo das mulheres de encontrar um bom marido, manter um casamento feliz ou conceber uma criança.[377] Portanto, na maioria dos casos, a magia era uma resposta pragmática a preocupações gerais, uma forma de tentar controlar eventos e melhorar a vida.

Provavelmente também era comum. Homens do clero inglês da Idade Média muitas vezes reconheciam que a magia era amplamente espalhada, apesar de acharem conveniente às vezes denunciá-la como uma preservação dos leigos ignorantes ou mulheres velhas e supersticiosas. Métodos para prever o futuro e encantamentos para cura eram copiados por muitos tipos de pessoas diferentes, incluindo clérigos, e muitos outros eram provavelmente transmitidos oralmente para um público grande. Magia nociva e crenças em relação a fadas também poderiam ser levadas a sério, tanto por clérigos como por leigos, apesar de existir certo ceticismo. O historiador Richard Kieckhefer descreve essas práticas como "tradições comuns" da magia, conhecidas e praticadas por um leque amplo de pessoas, e homens do clero inglês da Idade Média parecem que também achavam isso.[378] Mas mesmo a magia ritual, que era restrita aos instruídos, é provável que tenha feito parte do conhecimento comum sobre a magia, e pregadores usavam estereótipos sobre feiticeiros exóticos, acadêmicos e invocadores de demônios para colorir uma variedade de histórias com lição de moral.

Quando eles escreveram sobre essas práticas em comum, homens do clero inglês medieval pegaram emprestadas algumas de suas infor-

---

377. Frank Klaassen, "Learning and Masculinity in Manuscripts of Ritual Magic of the Later Middle Ages and Renaissance", *Sixteenth-Century Journal*, 38 (2007), p. 62.
378. Richard Kieckhefer, *Magic in the Middle Ages* (Cambridge, 1989), p. 56-7.

mações de fontes antigas. Livros como o *Decretum,* de Graciano, do século XII, moldou as ideias do clero instruído sobre quais práticas deveriam ser vistas como magia, estabelecendo por que essas coisas eram condenadas, enquanto outras não eram. Mas o clero inglês medieval, que escreveu sobre cuidado pastoral, não copiou simplesmente as fontes mais antigas. Um número significante deles também deu novos detalhes sobre práticas mágicas que eles diziam existir em seu próprio tempo. Alguns escritores descreviam o que afirmavam ser casos e crenças reais – apesar de alguns desses casos "reais" de feiticeiros invocadores de demônios e mulheres velhas e supersticiosas estarem mais perto de lendas urbanas do que acontecimentos reais. Outros escritores copiavam esses detalhes sobre práticas específicas e incidentes. Mesmo se eles não registrassem suas próprias observações em primeira mão, então ficava claro que muitos homens instruídos do clero colocavam um valor alto em exemplos e experiências, que traziam um tom prático para a discussão sobre magia. Além disso, eles continuaram a fazer isso no século XV, apesar de ter uma pilha eternamente crescente de trabalhos mais antigos em que se basear. Informações sobre práticas recorrentes ou em que se acreditava serem as práticas recorrentes continuam uma parte importante da escrita pastoral.

Os detalhes sobre práticas recorrentes em manuais pastorais revelavam muito sobre a magia e seus praticantes na Inglaterra medieval, apesar de a informação fornecida ser muitas vezes fragmentada. Manuais sobre confissão e pregação ingleses da Idade Média não estão nenhum pouco próximos da extensão, por exemplo, de registros mantidos pela Inquisição na Itália dos séculos XVI e XVII, o que muitos historiadores têm usado para reconstruir as práticas mágicas do começo da Era Moderna a fundo e examinar o que eles queriam dizer às pessoas que as executavam ou as temiam.[379] Existem também poucos julgamentos de magia registrados para generalizarmos com segurança sobre quão comum os diferentes tipos de magia eram, ou por que instâncias particulares iam para o tribunal quando, provavelmente, muitas outras não iam, apesar de conseguirmos ver alguns fatores que tornaram o caso mais propenso ao tribunal. Fontes posteriores, como os registros da

---

379. Para exemplificar, veja Carlo Ginzburg, *The Night Battles: Witchcraft and Agrarian Cults in the Sixteenth and Seventeenth Centuries*, trad. J. e A. Tedeschi (New York, 1985); Guido Ruggiero, *Binding Passions: Tales of Magic, Marriage and Power at the End of the Renaissance* (New York, 1993); David Gentilcore, *From Bishop to Witch: the System of the Sacred in Early Modern Terra d'Otranto* (Manchester, 1992); Mary O'Neil, "Magical Healing, Love Magic and the Inquisition in Late Sixteenth-Century Modena", em *Inquisition and Society in Early Modern Europe*, ed. S. Haliczer (London, 1987), p. 88-114.

Inquisição e os registros dos julgamentos de bruxas do começo da Era Moderna nos alertam sobre o quanto deve ter passado sem registros na Idade Média, e deveríamos ter cuidado em assumir que as crenças e práticas mágicas da Inglaterra medieval eram menos ricas ou complexas que aquelas dos séculos seguintes. No entanto, manuais pastorais, registros do tribunal da Igreja e outras fontes nos permitem esboçar as linhas gerais da magia na Inglaterra medieval: tanto algumas das crenças e práticas que existiam como as atitudes dos homens instruídos do clero em relação a elas.

Como os registros mais detalhados dos períodos posteriores mostram, muitas das práticas mágicas que clérigos ingleses da Idade Média encaravam não eram exclusivas da Inglaterra medieval. De fato, seria surpreendente se fossem, já que a magia muitas vezes atendia a necessidades e ansiedades universais. Clérigos em outras partes da Europa achavam muito úteis os mesmos tratados sobre cuidado pastoral, e eles provavelmente confrontavam tipos semelhantes de magia, sujeitas a variações locais. Clérigos em outros períodos da história também encontravam práticas semelhantes, desde o início da Igreja até depois da Reforma. No final da década de 1890, o reverendo John Christopher Atkinson, que ministrou muitos anos na área rural de North Yorkshire, publicou os registros de sua estadia lá, o que incluía descrições de curandeiros e a crença na magia maléfica – apesar de, diferentemente do clérigo medieval, que via essas coisas como superstições populares que deveriam ser erradicadas, Atkinson escreveu para registrar os últimos traços de um mundo de crença popular que estava desaparecendo.[380] Nossa compreensão da magia na Inglaterra medieval e a atitude da Igreja em relação a ela, portanto, têm implicações em relação a como vemos a magia em outros períodos e lugares da Europa pré-moderna. A que os homens do clero resistiam, onde eles se acomodaram e como eles tomaram tais decisões?

Quando o clero medieval escreveu sobre práticas mágicas, eles o fizeram como parte de uma missão muito maior, de espalhar o que eles viam como crença religiosa e observância corretas. Como já vimos, muitas práticas "mágicas" tinham uma dimensão religiosa: encantamentos de cura muitas vezes invocavam Deus e os santos; adivinhação,

380. William Shiels, "Nature and Modernity: J. C. Atkinson and Rural Ministry in England, c. 1850-1900", em *God's Bounty? The Churches and the Natural World* (Studies in Church History, vol. 46), ed. Peter Clarke e Tony Claydon (Woodbridge, 2010), p. 385-7.

especialmente baseada em sonhos, relembrava os sonhos proféticos da Bíblia; os seres sobrenaturais podiam ser interpretados como fantasmas do Purgatório cristão. Até magia ritual fazia uso de linguagem religiosa com o propósito de controlar demônios, apesar de ser menos fácil argumentar que isso era um exercício religioso legítimo. Escrevendo sobre o sul da Itália em um período posterior, o historiador David Gentilcore tem descrito uma gama de práticas como um "sistema do sagrado", em que a linguagem religiosa, rituais e ideias eram adaptados não oficialmente para prover ordem e segurança para a vida cotidiana das pessoas.[381] Outros historiadores têm apontado que na Inglaterra medieval, também, a linguagem cristã e os rituais eram amplamente usados para auxiliar nas preocupações cotidianas, levando a religião legítima além do que os teólogos estritos gostavam. Keith Thomas chamava isso de "a mágica da Igreja medieval", porém historiadores mais recentes têm afirmado que muitos desses rituais não oficiais não teriam sido vistos como magia na época.[382]

Escritores pastorais e outros clérigos interessados em cuidado pastoral, portanto, encaravam uma situação em que os limites da religião eram permeáveis e a magia nem sempre era fácil de definir. Isso não era um novo problema, mas homens do clero medieval dos séculos XIII ao XV abordavam isso de forma distinta. Primeiramente, eles desenvolveram definições mais claras da magia, então o clero podia aplicá-las às práticas que encontravam no mundo ao seu redor. Eles também estabeleceram em mais detalhes, do que os escritores mais antigos, exatamente quais práticas deveriam ser categorizadas como magia e, ainda mais importante, o porquê. Por um lado, eles distinguiram práticas mágicas daquelas que funcionavam naturalmente, aqui refletindo um interesse crescente dos círculos intelectuais no mundo natural. Por outro, eles identificaram fatores específicos que definiram atividades aparentemente religiosas como mágicas: as até então orações ortodoxas. Esse critério para definir magia era desenvolvido não apenas na Inglaterra, mas em conjunto com outros clérigos instruídos e preocupados com o cuidado pastoral ao redor da Europa ocidental. Os manuais pastorais mais influentes circulavam internacionalmente, e instruções internacionais como as de ordens de frades, universidades e até papados encorajavam o movimento do clero e, com eles, moviam-se textos e ideias.

---

381. David Gentilcore, *Bishop to Witch*, p. 15-6.
382. Ver introdução, notas 4-7.

Isso focava o estabelecimento de critérios claros para definir crenças e práticas, já que a magia também tinha um lado reverso: concentrava a atenção dos padres em um grupo relativamente pequeno de práticas que se encaixavam em suas definições. Práticas que não se encaixavam nesse critério eram por implicação aceitas e raramente discutidas. Como já vimos, muitos encantamentos, em particular, não se encaixavam na definição dos escritores pastorais sobre magia e eram copiados por escritores médicos, alguns dos quais eram clérigos também.

Escritores pastorais da Inglaterra medieval estavam, portanto, incertos em relação aos limites entre magia, religião e o mundo natural. Ao contrário, eles desenvolveram um consenso básico sobre onde esses limites deveriam estar e trabalharam duro para fechar algumas ambiguidades e para oferecer meios mais claros de distinguir entre magia e práticas legítimas. A abordagem deles foi essencialmente prática e direcionada para equipar os leitores com as ferramentas para definir magia quando estiverem diante de um conjunto de práticas questionáveis. Dessa forma, com a diversidade de visões possíveis, podemos ver uma única atitude da Igreja em relação à magia tomando forma.

Qual era, então, essa atitude? Em primeiro lugar, é notável que escritores pastorais não mencionassem geralmente muitas das práticas que os protestantes mais tarde denunciaram como supersticiosas ou mágicas, e que Keith Thomas definiu como "a magia da Igreja medieval". Incluía o uso de bênçãos e sacramentais (objetos consagrados, como a água-benta e o sal abençoado) para curar, afastar espíritos maléficos ou promover a fertilidade agrícola; e os milhares associados com os santuários dos santos. O clero inglês medieval poderia ter visto algumas dessas práticas como magia se tivessem escolhido isso, já que eram correntes intelectuais, especialmente no século XV, que levantaram dúvidas sobre elas. Em partes da Europa continental, alguns teólogos do século XV que escreveram tratados sobre superstição e bruxaria não se preocuparam com a apropriação e o uso errado dos sacramentais e bênçãos feitos pelos leigos, e na Inglaterra os lollardistas foram além e os apontaram como magia do século XIV em diante. Mas esse não era o caso com a maior parte do clero. De fato, uma vez que os lollardistas começaram a adotar uma visão menos tolerante das bênçãos e dos sacramentais, isso provavelmente desencorajou outros clérigos ingleses de criticá-los porque fazer tal coisa seria próximo demais da heresia. Mas não foram apenas os lollardistas que desencorajavam a maior parte dos clérigos de discutirem sacramentais e bênçãos. Muitos escritores pastorais tinham adotado a mesma abordagem muito antes do século XV, tanto na Inglaterra como na Europa continental. Para esses escritores, o uso de rituais oficialmente promovidos para proteger contra o azar ou garantir as bênçãos na Terra não valia nem discutir no contexto de magia. Em vez de focar em bênçãos e sacramentais que poderiam ser encontrados em livros litúrgicos e eram geralmente supervisados por padres, os escritores pastorais estavam primeiramente preocupados com o que acontecia quando rituais ou substâncias religiosas eram transformados da sua configuração oficial e adaptados de forma não oficial.

Pelo fato de eles se preocuparem com as formas como as pessoas adaptavam os rituais religiosos e as ideias de modo não oficial, muitos escritores pastorais focavam na questão de autoridade pessoal e confiança. As pessoas que adaptavam rituais religiosos poderiam ser confiadas para fazê-lo de forma responsável? Um padre era mais propenso a ser considerado responsável, e outros especialistas, como médicos, também eram vistos como mais confiáveis que a maioria, mas muitos escritores pastorais reconhecem que alguns leigos, tanto homens como mulheres, poderiam possuir a "discrição" e bom caráter que qualifica alguém para usar encantamentos de cura. Não existia consenso absoluto sobre isso, no entanto, e alguns escritores expressaram suspeitas específicas em relação às mulheres e aos pobres; o frade John Bromyard, século XIV, que atacou mulheres pobres que atuavam como golpistas ou que acreditavam voar à noite, era um dos mais radicais. Como Kathleen Kamerick havia sugerido, essas atitudes conflitantes em relação ao quanto diferentes grupos de leigos poderiam ser confiados para adaptar os rituais religiosos refletem um debate maior dentro da cultura clerical medieval sobre o quão competentes os leigos eram para compreender questões religiosas.[383] Sem nenhuma visão oficial disponível sobre os limites entre magia e religião, os escritos pastorais refletem a mesma tensão.

Para o clero inglês medieval e o clero em todo o restante da Europa no fim da época medieval, parte da preocupação sobre magia era em relação ao quanto de diversidade religiosa poderia ser tolerada. A resposta deles a isso nem sempre era direta, mas como já vimos, um consenso geral de fato emergiu, o que evidenciou certas práticas específicas como a magia e outras que, como tais, não são dignas de serem discutidas. Esse consenso funcionava melhor para as práticas-limites, as que podemos argumentar serem consideradas crenças e rituais religiosos legítimos ou meios de manipular o mundo natural: encantamentos de cura e amuletos, tiragem de sorte e presságios, e em uma escala menor, contato

---

383. Kathleen Kamerick, "Shaping Superstition in Late Medieval England", *Magic, Ritual and Witchcraft*, 3 (2008), p. 30.

com espíritos dos mortos. Escritores pastorais passaram boa parte do tempo discutindo esses casos-limites, provavelmente porque eram difíceis de categorizar e contra-argumentar, e provavelmente também porque eram os mais comuns: mais pessoas são propensas a fazer algo que pensam ser aceitável do que algo que consideram ser demoníaco ou pecaminoso. Aqui, a evidência inglesa reflete atitudes eclesiásticas mais amplas em relação à magia; por exemplo, Mary O'Neil apontou que a Inquisição na Modena do século XVI, norte da Itália, perseguia curas, adivinhações e magias de amor com uma frequência maior que outras magias que esperamos que sejam levadas a sério.[384]

No entanto, essa não era a única forma pela qual os homens do clero medieval abordavam a magia. Nem todas as práticas que apareciam nas discussões sobre magia dos manuais pastorais podem ser facilmente vistas como parte do "sistema do sagrado", uma adaptação potencialmente legítima dos rituais religiosos. Era mais difícil argumentar que a magia nociva, a magia ritual e, em menor escala, as crenças sobre seres sobrenaturais estavam no limite da religião (apesar de alguns textos sobre magia ritual tentarem), e ainda assim todas possuíam um espaço reconhecido nos escritos pastorais, mesmo se menos comumente mencionadas do que a adivinhação e a cura. Esses tipos de magia nos estimulam a olhar para além dos debates sobre a "magia da Igreja medieval" e sobre como os homens do clero medieval decidiram se iriam sancionar práticas rituais específicas como religiosas ou rejeitá-las como magia. Quando fazemos isso, outros padrões começam a surgir.

Com a magia nociva, magia ritual e, às vezes, com seres sobrenaturais, os homens do clero não tentaram estabelecer distinções entre magia e religião. Ao contrário, eles apresentavam tais práticas como uniformemente demoníacas (apesar de haver algum escopo para flexibilidade, no caso de fantasmas). Eles também abordaram essas crenças e práticas com grande ceticismo, às vezes lançando dúvidas sobre o quanto dariam certo: se a magia nociva poderia fazer todas as coisas que dizia fazer, se feiticeiros ritualísticos realmente conseguiam controlar demônios e se as pessoas que afirmavam ter contato com fadas estavam apenas sonhando ou iludindo a si mesmas. Escritores pastorais permitiam algumas misturas entre práticas mágicas e religiosas.

Como já vimos, essas práticas atraíam menos atenção do clero. Uma razão para isso provavelmente estava no fato de não ser muito difícil persuadir as pessoas de que estavam erradas. Outra razão poderia ser que, apesar de a magia nociva e a magia ritual parecerem especialmente

---

384. O'Neil, "Magical Healing", p. 89.

perturbadoras para os leitores modernos, as pessoas medievais talvez não vissem dessa forma. Estudos antropológicos de algumas sociedades do século XX que acreditam em magia argumentam que é possível tirar os perigos da magia nociva seriamente, sem ficar permanentemente ansioso, em especial se existirem métodos bem estabelecidos para contra-atacar ataques mágicos hostis.[385] A tensão do ceticismo correndo pela visão do clérigo instruído sobre essas práticas pode também ter encorajado algumas pessoas, tanto clérigos como leigos, a olhar para elas como menos do que uma ameaça. Esse ceticismo não era total ou consistente, mas poderia ter sido o suficiente para levantar dúvidas nas mentes das pessoas. De fato, alguns homens do clero podem ter pensado que denunciar e processar as pessoas que afirmavam fazer magia nociva ou falar com fadas poderia dar maior crédito a elas do que mereciam. Processos lançados contra praticantes de magia também mostravam que, apesar de poder haver uma incerteza em relação à mistura entre magia e religião, aquela tem limites. Alguns julgamentos de curandeiros, como Henry Lillingstone no tribunal da Igreja, realmente refletem o fato de que o limite entre cura religiosa, natural e mágica poderia ser questionável, e nesses casos decisões sobre o que era legítimo, às vezes, eram baseadas em fatores como o *status* e a educação do praticante, assim como as exatas práticas que realizaram. No entanto, outros casos, como o de Richard Walker, o chapelão de Worcester que mexeu um pouco com magia ritual, ou as mulheres que afirmaram curar com a ajuda de fadas e elfos, não se encaixam muito bem nesse padrão. Alguns clérigos e leigos foram muito além da quebra de regras e, em vez disso, deram início a práticas que eram geralmente conhecidas como erradas, e os bispos que julgaram Walker e as curandeiras nunca argumentaram que suas atividades pudessem ser confundidas com religião. Portanto, clérigos instruídos não viam a necessidade de toda a prática "mágica" ser definida e distinguida da religião. Ao contrário, suas respostas variavam das avaliações cuidadosas à zombaria e à rejeição total.

Acima de tudo, é evidente que o clero instruído da Inglaterra medieval e a Europa medieval de forma geral estavam interessados em magia, mas existe pouca evidência de que era uma grande fonte de preocupação para a maioria deles, em grande parte do tempo. Não era uma fração essencial dos manuais sobre confissão e pregação, apesar de muitos escritores terem incluído ao menos uma breve referência, e alguns terem dito ainda mais. Tambem é relativamente incomum nos

---

385. E. E. Evans-Pritchard, *Witchcraft, Oracles and Magic Among the Azande* (2. ed., Oxford, 1960), p. 84.

registros dos tribunais das Igrejas e em outras fontes, incluindo crônicas e os registros de milagres realizados em santuários de santos, que talvez fosse esperado mencionar magia com mais frequência, caso fosse uma preocupação geral. Algumas acusações de magia realmente levaram a punições violentas, em especial quando a magia supostamente teria sido usada contra o rei, mas no geral a falta de proeminência sugere que era familiar, mas não obstrutiva. Ao contrário, o clérigo instruído da Inglaterra medieval focou em outros problemas. Eles incluíam ter certeza de que padres eram propriamente ordenados e se comportavam como deveriam (o alvo de muitos concílios da Igreja); que os leigos fizessem suas confissões regular e completamente (o alvo de muitos *exempla*); que as regras do casamento fossem seguidas (o alvo de muitos casos do tribunal da Igreja); e que, no século XV, lollardistas fossem detectados e forçados a desistir. Comparada a essas preocupações, magia era uma prioridade relativamente baixa.

A pouca evidência dada à magia pelos clérigos ingleses parece ter persistido durante o século XV, apesar das mudanças que estavam acontecendo por todo o lugar na Europa. Havia algumas indicações de mudança, principalmente a grande proeminência de acusações políticas de magia, no século XV. Alguns acadêmicos também identificaram alterações nas atitudes em tipos específicos de escrita. Por exemplo, Heidi Breuer sugeriu que *Sir* Thomas Malory, que escreveu uma versão famosa da lenda do rei Arthur, o *Morte Darthur*, no século XV, apresentasse os muitos feiticeiros da lenda como mais demoníacos do que as versões anteriores.[386] No entanto, essas mudanças não são encontradas nos escritos pastorais sobre magia ou, o que podemos dizer até então, nos registros dos tribunais da Igreja. Eles podem refletir mudanças de atitudes entre alguns membros da elite, em vez de ser na população geral.

Portanto, manuais sobre confissões e pregações lançam uma luz no leque de atitudes em relação à magia encontradas na Inglaterra medieval e em outras partes da Europa medieval. Em muitos casos, essas atitudes persistiram em períodos posteriores, e assim também as práticas que os homens do clero medieval descreviam. Por séculos depois da Idade Média (e provavelmente antes também), as pessoas usavam magia para identificar ladrões e bens roubados, utilizavam palavras poderosas e objetos para curar doenças e afastar influências malignas, e às vezes, por temer os danos que vizinhos malévolos poderiam fazer. A história dessas práticas e crenças mágicas às vezes envolvia repressões e perseguições,

---

386. Heidi Breuer, *Crafting the Witch: Gendering Magic in Medieval and Early Modern England* (New York, 2009), p. 97.

mas com maior frequência isso não acontecia. Em vez da preocupação de sempre, ao menos para o clero, havia a definição de quais práticas poderiam ser consideradas mágicas, de modo que pudessem ser pregadas aos leigos. Além disso, eles condenavam e, às vezes, zombavam de outras práticas mágicas, mas sem muita perseguição. Dessa perspectiva, os julgamentos de bruxas parecem anômalos. A típica atitude de muitos clérigos medievais e leigos em relação à magia era muito menos ansiosa e mais preocupada em situar a magia dentro de compreensões maiores da religião e do mundo natural, e isso provavelmente era uma característica de muitas pessoas no passado pré-moderno.

Bibliografia Selecionada

Fontes primárias impressas

ARCHER, Margaret, ed., *The Register of Bishop Philip Repingdon, 1405-1419* (Hereford, 1963), 3 vols.

AUGUSTINE, *De Doctrina Christiana,* ed. and trans. R. P. H. Green (Oxford, 1995).

BARNUM, Priscilla Heath, ed., *Dives and Pauper*, Early English Texts Society 275 (London, 1976).

BROMYARD, John, *Summa Praedicantium* (Nuremberg, 1518).

BRUNNE, Robert Mannyng of, *Handlyng Synne*, ed. Idelle Sullens (Binghamton, NY, 1983).

CARPENTER, Alexander, *Destructorium Viciorum* (Paris, 1516).

CHOBHAM, Thomas of, *Summa Confessorum*, ed. F. W, Broomfield (Louvain, 1968).

ELVEY, E. M., ed., *The Courts of the Archdeaconry of Buckingham, 1483-1523* (Welwyn Garden City, 1975).

FREIBURG, John of, *Summa Confessorum* (Lyons, 1518).

GRATIAN, *Decretum*, in *Corpus Iuris Canonici*, ed. E. Friedberg, vol. I (Leipzig, 1879, repr. Graz, 1959).

HALE, William, *A Series of Precedents and Proceedings in Criminal Causes extending from the Year 1475 to 1640; extracted from the Act-Books of Ecclesiastical Courts in the Diocese of London* (1. ed. 1847, repr. Edinburgh, 1973).

HOLCOT, Robert, *In Librum Sapientiae Regis Salomonis Praelectiones* (Basel, 1586).

HOLMES, T. S., ed., *The Register of John Stafford, Bishop of Bath and Wells, 1425-1443* (London, 1915).

JACOB, E. F., ed., *The Register of Henry Chichele, Archbishop of Canterbury, 1414-1443* (Oxford, 1945), 4 vols.

JAMES, M. R., ed., "Twelve Medieval Ghost Stories", *English Historical Review*, 37 (1922), p. 413-22.

LITTLE, A. G., ed., *Liber Exemplorum ad Usum Praedicantium* (Aberdeen, 1908), trans. David Jones, *Friars' Tales: Thirteenth-Century Exempla from the British Isles* (Manchester, 2011).

LYNCH, Margaret, trans., *Life, Love and Death in North-East Lancashire, 1510 to 1537* (Manchester, 2006).

PEÑAFORT, Raymond of, *Summa de Paenitentia*, ed. X. Ochoa and A. Diez (Rome, 1976).

PERALDUS, Guilelmus, *Summa Virtutum ac Viciorum* (Mainz, 1618).

POOS, L. R., ed., *Lower Ecclesiastical Jurisdiction in Late Medieval England* (Oxford, 2001).

POWICKE, F. M. and Cheney, C. R., eds. *Councils and Synods with Other Documents relating to the English Church part II, ad. 1205-1313* (Oxford, 1964).

RENNES, William of, glosses on Raymond of Peñafort's *Summa*, printed in Raymond of Peñafort, *Summa de Penitentia* (Rome, 1603, repr. Farnborough, 1964).

ROMANS, Humbert of, *De Eruditione Praedicatorum*, in *Maxima Biblioteca Veterum Patrum*, ed. M. de la Bigne (Lyons, 1677), vol. XXV.

TOURNAI, Guibert of, *Sermones ad Omnes Status* (Lyons, 1511).

WELTER, J. T., ed., *Le Speculum Laicorum* (Paris, 1914).

WENZEL, S., ed. and trans., *Fasciculus Morum: a Fourteenth-Century Preacher's Handbook* (University Park, PA, 1989).

Fontes secundárias

BAILEY, Michael, "A Late-Medieval Crisis of Superstition?", *Speculum*, 84 (2009), p. 633-61.

——, "Concern over Superstition in Late Medieval Europe", in *The Religion of Fools? Superstition Past and Present*, ed. S. A. Smith and Alan Knight, Supplement 3 (2008), p. 115-33.

——, "The Disenchantment of Magic: Spells, Charms and Superstition in Early European Witchcraft Literature", *American Historical Review*, 111 (2006), p. 383-404.

——, "From Sorcery to Witchcraft: Clerical Conceptions of Magic in the Later Middle Ages", *Speculum*, 76 (2001), p. 960-90.

BARRY, Jonathan, "Introduction: Keith Thomas and the Problem of Witchcraft", in *Witchcraft in Early Modern Europe: Studies in Culture and Belief*, ed. Jonathan Barry, Marianne Hester and Gareth Roberts (Cambridge, 1996), p. 1-45.

BARTLETT, Robert, *The Natural and the Supernatural in the Middle Ages* (Cambridge, 2008).

BAUMANN, Karin, *Aberglaube für Laien: zur Programmatik und Überlieferung mittelalterlicher Superstitionenkritik* (Würzburg, 1989).

BOUDET, Jean-Patrice, *Entre science et nigromance: astrologie, divination et magie en l'Occident médiéval* (Paris, 2006).

BOUREAU, Alain, *Satan Hérétique: Naissance de la démonologie dans l'Occident Médiéval* (Paris, 2004).

BOYLE, Leonard, *Pastoral Care, Clerical Education and Canon Law, 1200-1400* (London, 1981).

——, "Summae confessorum", in *Les Genres littéraires dans les sources théologiques et philosophiques médiévales: définition, critique et exploitation* (Louvain-la-Neuve, 1982), p. 227-37.

BRIGGS, Robin, "Many Reasons Why: Witchcraft and the Problem of Multiple Explanation", in *Witchcraft in Early Modern Europe: Studies in Culture and Belief*, ed. Jonathan Barry, Marianne Hester and Gareth Roberts (Cambridge, 1996), p. 49-63.

——, *Witches and Neighbours: the Social and Cultural Context of European Witchcraft* (2. ed., Oxford, 2002).

BURNETT, Charles, "Talismans: Magic as Science? Necromancy among the Seven Liberal Arts", in Charles Burnett, *Magic and Divination in the Middle Ages* (Aldershot, 1996), p. 1-15.

CAMERON, Euan, *Enchanted Europe: Superstition, Reason and Religion, 1250-1750* (Oxford, 2010).

COHN, Norman, *Europe's Inner Demons: the Demonization of Christians in Medieval Christendom* (3. ed., London, 1993).

COOPER, Helen, *The English Romance in Time: Transforming Motifs from Geoffrey of Monmouth to the Death of Shakespeare* (Oxford, 2004).

DAVIES, Owen, *Cunning Folk: Popular Magic in English History* (London, 2003).

D'AVRAY, D. L., *The Preaching of the Friars: Sermons Diffused from Paris before 1300* (Oxford, 1985).

DE MAYO, Thomas B., *The Demonology of William of Auvergne: by Fire and Sword* (Lewiston, NY, 2007).

DUFFY, Eamon, *Marking the Hours: English People and their Prayers, 1240-1570* (New Haven, CT, and London, 2006).

——, *The Stripping of the Altars: Traditional Religion in England, c. 1400-c. 1580* (New Haven, CT, 1992).

FILOTAS, Bernadette, *Pagan Survivals, Superstitions and Popular Cultures in Early Medieval Pastoral Literature* (Toronto, 2005).

FLINT, Valerie, *The Rise of Magic in Early Medieval Europe* (Oxford, 1991).

GEERTZ, Hildred, "An Anthropology of Religion and Magic, I", *Journal of Interdisciplinary History*, 6 (1975), p. 71-89.

GOERING, Joseph, *William de Montibus: the Schools and the Literature of Pastoral Care* (Toronto, 1992).

HARMENING, Dieter, *Superstitio: Überlieferungs-und theoriegeschichtliche Untersuchungen zurkirchlich-theologischen Aberglaubensliteratur des Mittelalters* (Berlin, 1979).

HOULBROOKE, Ralph A., "Magic and Witchcraft in the Diocese of Winchester, 1491-1570", in *Cross, Crown and Community: Religion, Government and Culture in Early Modern England, 1400-1800*, ed. D. Trim and P. Balderstone (Bern, 2004), p. 113-41.

HUNT, Tony, *Popular Medicine in Thirteenth-Century England* (Cambridge, 1990).

JOLLY, Karen, *Popular Religion in Late Saxon England* (Chapel Hill, NC, 1996).

——, Catharina Raudvere and Edward Peters, *Witchcraft and Magic in Europe: The Middle Ages* (London, 2002).

JONES, Karen and Michael Zell, "The Divels Speciall Instruments": Women and Witchcraft before the Great Witch Hunt', *Social History*, 30 (2005), p. 45-63.

——, Peter Murray and Lea T. Olsan, "Middleham Jewel: Ritual, Power and Devotion", *Viator*, 31 (2000), p. 249-90.

KAMERICK, Kathleen, "Shaping Superstition in Late Medieval England", *Magic, Ritual and Witchcraft*, 3 (2008), p. 29-53.

KELLY, H. A., "English Kings and the Fear of Sorcery", *Mediaeval Studies*, 39 (1977), p. 206-38.

KIECKHEFER, Richard, *Forbidden Rites: a Necromancer's Manual of the Fifteenth Century* (Stroud, 1997).

——, *Magic in the Middle Ages* (Cambridge, 1989).

——, "The Specific Rationality of Medieval Magic", *American Historical Review*, 99 (1994), p. 813-36.

KITTREDGE, G. L., *Witchcraft in Old and New England* (Cambridge, MA, 1929).

KLAASSEN, Frank, "English Manuscripts of Magic, 1300-1500: a Preliminary Survey", in *Conjuring Spirits: Texts and Traditions of Medieval Ritual Magic*, ed. Claire Fanger (Stroud, 1998), p. 3-31.

——, "Learning and Masculinity in Manuscripts of Ritual Magic of the Later Middle Ages and Renaissance", *Sixteenth-Century Journal*, 38 (2007), p. 49-76.

——, "The Middleness of Ritual Magic", in *The Unorthodox Imagination in Late Medieval Britain*, ed. Sophie Page (Manchester, 2010), p. 131-65.

KLINGSHIRN, William, "Defining the Sortes Sanctorum: Gibbon, Du Cange and Early Christian Lot Divination", *Journal of Early Christian Studies*, 10 (2002), p. 77-130.

——, "Isidore of Seville's Taxonomy of Magicians and Diviners", *Traditio*, 58 (2003), p. 59-90.

MICHAUD-QUANTIN, Pierre, *Sommes de Casuistique et Manuels de Confession au Moyen Age (XII-XVI siècles)* (Louvain, 1962).

NEARY, Anne, "The Origins and Character of the Kilkenny Witchcraft Case of 1324", *Proceedings of the Royal Irish Academy*, LXXXIII, section C (1983), p. 333-50.

OLSAN, Lea, "Charms and Prayers in Medieval Medical Theory and Practice", *Social History of Medicine*, 16 (2003), p. 343-66.

OWST, G. R., "*Sortilegium* in English Homiletic Literature of the Fourteenth Century", in *Studies Presented to Sir Hilary Jenkinson*, ed. J. Conway Davies (London, 1957), p. 272-303.

RIDER, Catherine, "Medical Magic and the Church in Thirteenth-Century England", *Social History of Medicine,* 24 (2011), p. 92-107.

——, *Magic and Impotence in the Middle Ages* (Oxford, 2006).

SALMÓN, Fernando and Montserrat Cabré, "Fascinating Women: the Evil Eye in Medical Scholasticism", in *Medicine from the Black Death to the French Disease*, ed. Roger French et al. (Aldershot, 1998), p. 53-84.

SAUNDERS, Corinne, *Magic and the Supernatural in Medieval English Romance* (Woodbridge, 2010).

SCHMITT, Jean-Claude, *Ghosts in the Middle Ages*, trans. Teresa Lavender Fagan (Chicago, 1998).

SKEMER, D., *Binding Words: Textual Amulets in the Middle Ages* (University Park, PA, 2006).

THOMAS, Keith, *Religion and the Decline of Magic* (London, 1971).

——, "An Anthropology of Religion and Magic, II", *Journal of Interdisciplinary History*, 6 (1975), p. 91-109.

TSCHACHER, Werner, "Der Flug durch die Luft zwischen Illusionstheorie und Realitäts – beweis: Studien zum sog. Kanon Episcopi und zum Hexenflug", *Zeitschrift der Savigny-Stiftung für Rechtsgeschichte*, kan. Abt. 85 (1999), p. 225-76.

WATKINS, C. S., *History and the Supernatural in Medieval England* (Cambridge, 2007).

WEILL-PAROT, Nicolas, *Les 'images astrologiques' au moyen âge et à la Renaissance: spéculations intellectuelles et pratiques magiques* (Paris, 2002).

WENZEL, Siegfried, *Latin Sermon Collections from Later Medieval England: Orthodox Preaching in the Age of Wyclif* (Cambridge, 2005).